中共济南市委宣传部
中共济南市委对外宣传办公室
济南日报报业集团

孙元文 / 主编

济南范儿

77 个城市文化符号

济南出版社

图书在版编目（CIP）数据

济南范儿：77个城市文化符号/孙元文主编.
—济南：济南出版社，2016.1
ISBN 978-7-5488-2004-8

Ⅰ.①济… Ⅱ.①孙… Ⅲ.①城市文化–济南市
Ⅳ.①G 127.521

中国版本图书馆 CIP 数据核字（2016）第 005132 号

济南范儿：77个城市文化符号　孙元文/主编

责任编辑　戴梅海　朱　琦　范玉峰
装帧设计　戴梅海　宋鹏飞

出版发行　济南出版社
地　　址　济南市二环南路1号
邮　　编　250002
网　　址　www.jnpub.com
电　　话　0531–86131726
传　　真　0531–86131709
经　　销　各地新华书店

印　　刷　济南黄氏印务有限公司
开　　本　710×1000毫米　1/16
印　　张　19.25
字　　数　210千
版　　次　2016年1月第1版
印　　次　2016年1月第1次印刷
定　　价　59.00元

发行电话　0531–86131730/86131731/86116641
传　　真　0531–86922073

《济南范儿》编委会

序/天下泉城 济南范儿

谭延伟

提起济南，你先想到了什么？说起什么，你就会想起济南？济南范儿是什么？什么就是济南范儿？继"泉城新八景"评选活动、济南泉水节之后，这又是一次全民参与的文化盛事——"济南范儿"评选活动。这次活动已历时两个年头，还要开展下去，这册《济南范儿》就是对这次活动的阶段性总结和概括。

天下泉城，济南范儿。济南是一座历史古城，文化丰厚，生态独特，享誉八方，驰名中外。近现代以来，济南这座城市更是以自己博大的襟怀，对各种文化兼容并蓄，形成了自己独具风情的潇洒范儿。

济南，正处于一个健康、快速发展与日新月异的变革时代。今天的济南作为有着 8000 年可考人类活动史、4500 年文明史和 2600 年建城史的历史文化名城，作为山东省政治、经济、文化中心，其地位是历史上任何一个时期都不能比拟的。亮亮城市范儿，就是对这座城市进行一次自然的、人文的、历史的全面梳理、挖掘、提炼、概括，这无疑是一项功在当代、利在千秋的盛大文化工程。

范儿是一种气度，是一种风范。世界上有粗犷不羁，开着越野车喝着可乐一路狂奔的美范儿；还有叼着大烟斗，言语幽默的英范儿；更有崇尚理性又喜爱啤酒的德范儿。一方水土养育一方人，一方人也可以造就一方水土。儒雅与土俗，豪爽与礼数，理性与义气，朴野与巧智，开放与坚守，委婉与率直，这些看似矛盾的双重性在济南这座城市的骨子里融合交汇成一体，形成了济南独特而富有磁性的气度和风范。

范儿是一种情愫，是一种乡愁。济南这座城市没有峥嵘的头角，也不算时髦风流，但济南人并不平板，济南人有挺直的脊梁，有厚实的腰板，有勤劳的双手，有憨直的笑脸，有智慧的头脑……济南人的神韵不在眉目之间，不在话语之中，而在于其背景中透出的厚重的历史感，在于济南人喜爱的油旋、甜沫、大葱猪肉包中，在于蕴含在其丰厚文化中古老而悠长的情愫和乡愁。

范儿是一种美学经典，是一种城市 style。细细品味济南，我们可以深切地感受到这一方热土的远古与未来、妩媚与粗犷、机智与敦厚、礼仪与阔达、富足与幸福、平凡与辉煌！这座从泉水里冒出来的城市有着百样华姿、千般奇景、万种风情。摄人心魄的文化特质滋润了济南，给这座城市带来了数不尽的气派、说不尽的意蕴、讲不完的故事……

范儿是一座城市的软实力，是一座城市的精气神儿。晒晒这座城市的范儿，是一种美的展示，也是一种美的享受，更是提振广大市民的文化自信、文化自觉、文化自豪，加快建设现代泉城的精神动力。

（本序作者系中共济南市委常委、宣传部长）

The city of springs   The unique style

Tan Yanwei

When you think of Jinan, what comes to your mind first? What are your memories of Jinan? What is Jinan style? Jinan style is about what? After "the New Eight Sights of Jinan"selection and the first Jinan Spring Water Festival, there's another grand cultural event that everyone ought to take part in! "The JiNan style"selecting activity has lasted almost two years, and keep on going. *The JiNan style* book is a periodic summary of this event.

Jinan, the city of springs, has a unique style. Jinan is a historically old city with rich cultural history. It's a special place that is very popular across all of China with a special reputation at home and abroad. Jinan City incorporates all kinds of different cultures whose people have a vast and open mind even in modern and contemporary times and it has a very unique, elegant and unconventional style of her own.

Jinan is a very healthy vibrant city that is rapidly developing and is currently undergoing a number of great changes. As a famous city with rich in history and culture, Today's Jinan has 8000 years of traceable human activity history, 4500 years of civilization, and 2600 years of construction. It is the political, economic, and cultural center of the Shandong Province and is definately unmatched in Shandong Province at any time. To find the real style of Jinan, it's important to understand the city itself. It takes a great deal of understanding to explore and explain the style of Jinan, because it takes a deep understanding of its surroundings, its people and its history. It might be one of the greatest cultural stories in China and one that will be cherished by each generations.

Style is a kind of attitude, a kind of demeanor. The American style is an image of a kid who drives an cross country vehicle while chugging down a cola. There's the British style that might be characterized by a stately gentleman holding a tobacco who likes to tell, witty jokes. And there's the German style that perhaps a virile young man who has a keen sense of logic and reason but also like a good stout beer. Water and soil can nurture the culture of people, at the same time, people can also build the environment. Elegant and vulgar, archaic and civilized, sensible and silly, wary and gullible, liberal and conservative, polite and direct, these seemingly opposites are a vital part of the Jinan people. This contrast makes a unique and magnetic personality of Jinan.

Style is a sincere and nostalgic feeling. Jinan, as a city, not has extraordinary face, nor does it has a trendy romantic air, but the sons and daughters of Jinan are definitely not dull or stereotypical. On the contrary, they are characterized as straightforward and proud, yet confident with hard-working hands and honest smiling faces which make people do not forget their wittiness. The charm of the Jinan locals doesn't lie in their appearance or in their words, but rather in their collective historical sense that is felt through their common upbringing and in their food such as Youxuan, Tianmo, and onion pork buns. It's their sense of fond affection for one another and their nostalgic past that are deep buried in Jinan's rich culture.

Style often lies in a city's aesthetics and belies the particular style of a city. With a careful read of Jinan, you can deeply feel its ancient times and distant future, beauty and boldness, wit and honesty, etiquette and open-mindedness, richness and happiness, commonplace and glory!

Style is the soft power and vigor of a city. It is an exhibition and enjoyment of beauty. Jinan's style is a popular topic, which is so diverse that it's practically impossible to explain but more importantly, it's the challenge for citizens of Jinan to improve their cultural self-confidence, their cultural consciousness, as well as their cultural pride and to march forward with the building of modern day of Jinan.

(The author is a member of the Standing Committee and the Propaganda Minister of the Municipal Party Committee of Jinan)

目 录 CONTENTS

历山秋眺　选自《满勇国画作品》

一城山色

A CITY OF MOUNTAINS

摄影／张崇元

东荷西柳，流光溢彩　摄影/张泉刚

"意象济南"的新表达

济南东部新城，有一座堪称完美的建筑——济南奥体匹克体育中心。它以"东荷西柳"的诗意造型，将"荷""柳"等体现济南特色的元素融入其中，成为"意象济南"的全新表达。

撰文／刘　芳

济南东部新城，有一座堪称完美的建筑——济南奥体匹克体育中心。它的"东荷西柳"，以"荷""柳"等体现济南特色的元素为蓝本进行了诗意造型，成为"意象济南"的全新表达。古老与时尚并存，传统与现代碰撞，奥体中心一次次点燃这座历史文化名城的激情。

在奥林匹克运动的故乡古希腊，人们的理想是美丽、健康。时至今日，永恒的奥林匹克精神已经远远超出体育竞技的范畴，它是全人类的文化盛会和文明遗产。每个城市的奥林匹克中心，就是最有发言权的见证者。

会说话的建筑

人们习惯于把建筑称作世界的编年史，在"石书"的篇页上记载着人类历史的时代。当歌曲和传说都已沉寂，已无任何东西能使人们回想一去不返的古代民族时，只有建筑还在说话。

济南经十东路，"东荷西柳"的建筑奇观安静矗立，为往来的行人诉说这座千年古城的过去与现在。

比起济南奥体中心这个正式的名字，济南人更愿意称它"东荷西柳"。这座总建筑面积35.7万平方米的体育场馆，以济南市树柳树和济南市花荷花为母题。西区的体育场以柳叶为母题，成组序列布置，韵律中富有变化；东区的体育馆由下向上形成花瓣状层叠的机理，隐喻荷花自下向上的生长趋势。

四面荷花三面柳的济南城，为奥体中心注入灵魂。

仰泰山之高，穿时空隧道，身在接天的怀抱；蜿蜒黄河水，相聚东入海，龙出涛尖与浪尾……一首温暖动感的《相亲相爱》，将人们的思绪拉回"十一运"主会场。2009年10月16日，"十一运"在主会场济南奥体中心开幕，这首韵律十足的主题曲在奥体中心唱响。

直径50米的巨大碗幕在济南奥体中心上空高悬，泰山、孔子、黄河、奥帆等山东元素环环相扣，令人应接不暇……

有人说那就像是眼睛，眼波里流转的是齐鲁大地的历史。人们看到了黄河在齐鲁大地上蜿蜒缠绵，奔腾不息地向大海涌去，浑黄的土地之色被蔚蓝的海水涤荡，逐渐清澈也更加悠远，浪花腾挪，扬帆远行；人们看到了云海浩瀚，泰山高耸，"五岳之首"的壮美与雄奇；人们看到了芙蓉街上清泉流淌，百花洲里荷花摇曳，大明湖碧波荡漾，趵突泉水涌若轮，小桥流水清净宜人；人们看到了齐鲁大地上生活的山东人的自信与热情，传承与创新。

颇具创意的开幕式，不仅将独特的齐鲁文化展示得淋漓尽致，也让"东荷西柳"的建筑奇观通过电视屏幕，呈现在世人眼前。

热爱从此诞生

大型体育赛事过后，场馆如何利用？这是摆在全球体育场馆运营者面前共同的难题。

后全运时代，济南奥体中心成为这一领域的"破冰者"。2011年，济南奥体中心以超过5000万元的营业收入，成功实现盈利。济南奥体中心包括6万人的体育场，1万人的体育馆，各4千人的游泳馆、网球馆，5万5千平方米的中心区平台及其他设施。2013年，"西柳"体育场成为中超劲旅鲁能泰山足球队主场。与此同时，运营者积极探索，通过申请挂牌国家级训练中心、举办大型娱乐活动、出租商铺等形式实现场馆的完美利用。

2014年冬天，李宗盛来到这里，一场"既然青春留不住"演唱会让济南奥体中心座无虚席。"越过山丘，才发现无人等候，喋喋不休，再也唤不回温柔……"当经典之作《山丘》唱响在奥体中心上空，多少曾经的年轻人红了眼眶。

与此同时，奥体中心就是这座城市足球文化最具标志性的地标建筑。

"泰山必胜！泰山必胜！泰山必胜！"每逢鲁能泰山队主场比赛，在奥体中心球场的北看台上，助威声自始而终响彻整个球场，从不断绝。

在欧洲，几乎每一支足球队都有自己的铁杆球迷，他们或许是建筑工人，或许是银行职员，或许是政府公务员，但每逢周末的主场比赛，他们都会穿上相同的球服，在同一时间聚集到城市中的足球场，呐喊，高唱……

看台上的年轻人们来自不同的行业，从事着不同的工作，但在相同的夜晚，他们会穿上相同的橘红色战袍，同声高唱那一首战歌——"我们是风，我们是电，我们是橘红色的火焰……"

参与比获胜更重要

Faster（更快），Higher（更高），Stronger（更强）——这是备受推崇的奥林匹克精神。现代社会不断前行，人们对体育精神的理解更加包容。与是否赢得比赛相比，更多的人开始相信现代奥林匹克运动发起人顾拜旦的那句名言：参与比获胜更重要。

作为群居动物的人类，比以往任何时候都需要团结。大型场馆比如济南奥体中心，则提供了这种可能性。

诞生于济南的山东鲁能泰山足球队在中国足球职业化以来，曾一次次高举起冠军奖杯，而济南的球迷不仅见证了球队的辉煌，在球队陷入低谷时，也从未离弃，始终参与其中。我们听一听鲁能大球场内嘹亮的战歌与欢呼，看一看散场后球迷的狂欢，就会明了奥体中心之于这座城市的

奥体中心美丽夜空　摄影／王晓鲲

意义。

　　入夜时分的济南奥体中心，每天都有着全然不同的美丽模样。人们在看台上尽情为喜爱的球队加油呐喊，在各类场馆里体验体育运动带来的畅快淋漓，在或热烈或安静的演唱会里享受人生……

　　在济南奥体中心，每个人都是参与者，都是构成它的细胞。凝固的"东荷西柳"，见证着这种参与，也让一切变得更加美好。

　　因为它的存在，人们意识到这座城市的夜晚不仅有烧烤与啤酒，还有每个人心底不曾褪去的激情与热爱。正像英超利物浦队那首队歌里唱起的，"You will never walk alone."——身处其中，你永远不会独行。

Jinan Olympic Sports Center

New Expression of "Imaginal Jinan"

　　There is an architecture which can be rated perfect in the east district of Jinan——Jinan Olympic Sports Center. It becomes the new expression of imaginary Jinan with the model of"lotus in the east, willows in the west". Antiquity exists with fashion, tradition runs into modern, and the Olympic Sports Center lights the passion of this ancient city again and again.

泉称第一古来传

趵突泉为古泺水发源地，泉自地下溶洞的裂缝中涌出，拔地三窟，势若鼎沸，蔚为壮观，无与伦比。乾隆皇帝在评定北京玉泉不久，南巡来到济南，当他看到趵突泉三泉喷涌、壮似飞雪、势若涌轮的奇观后，大为赞赏，叹为仙境。品饮了趵突泉水后，觉得此水竟比他赐封的天下第一泉玉泉水还要甘洌爽口，于是又把天下第一泉的美名赐给了趵突泉。

撰文 / 侯　林

四个天下第一泉

要走近趵突泉，首先要了解其他的天下第一泉。因为趵突泉虽被称为天下第一泉，但它却不是普天之下独一无二的。在名泉众多的中国，被称为天下第一泉的共有四处。它们分别是：江西庐山的谷帘泉，江苏镇江的中泠泉，北京西郊玉泉山的玉泉，山东济南的趵突泉。

除了上述被称为天下第一泉的名泉外，榜上有名的名泉还有被誉为天下第二泉的无锡惠山泉、天下第三泉的苏州观音泉、天下第四泉的杭州虎跑泉。

天下泉水，趵突泉为冠　摄影 / 满　琦

谷帘泉位于庐山主峰大汉阳峰南面康王谷中，又称三叠泉、三级泉。相传唐代茶圣陆羽将天下泉水排出等次，将谷帘泉列为天下第一泉。他曾结庐隐居于此，从事品茶鉴水的研究。

谷帘泉经陆羽评定，声名鹊起。历代文人墨客接踵而至，品水题咏。如宋代山东籍诗人、学者王禹偁考察了谷帘泉水后，称此泉水："其味不败，取茶煮之，浮云散雪之状，与井泉绝殊。"宋代名士王安石、朱熹、秦观等都曾游览品尝过谷帘泉水，并留下绚丽多彩的诗章。

中泠泉位于江苏镇江金山寺外，也叫中濡泉、南零水。唐宋时，金山还是"江心一朵芙蓉"，中泠泉也处于长江漩涡之中。据记载，由于江水受到江中山的阻挡，水势曲折转流，分为三泠（南泠、中泠、北泠），而泉水就在中间的一个曲水之下，故名中泠泉。由于长江水深流急，汲取中泠泉极为困难。据传汲泉水须在正午之时将带盖的铜瓶用绳子放入泉中，然后迅速拉开盖子，才能汲到真正的泉水。

清中叶以后，长江主河道北移，中泠泉也随金山登陆，由江心泉变成陆地泉。陆羽品评天下泉水时，中泠泉名列第七，后唐名士刘伯刍把宜茶之水分为七等，中泠泉名列第一。中泠泉水清香甘洌，特宜煎茶。由于泉水表面张力较大，水高出杯口1~2毫米而不外溢，有"盈杯不溢"之说。

玉泉位于北京西郊玉泉山上，这里洞壑迂回，流泉遍布，景色优美，明代已列为"燕京八景"之一。明清两代，均为宫廷用水水源。清代乾隆皇帝嗜茶如命，又雅好评水鉴泉。他在出巡时还要命人带上一个特制的银斗，用来称量各地名泉的轻重，据此评定优劣，他认为密度越轻的水质越佳。

经过反复比较，玉泉水的密度最轻且水质甘洌，被评为第一，故被乾隆赐封为天下第一泉。乾隆还作了《御制玉泉山天下第一泉记》，交由户部尚书、书法家汪由敦书写刻碑，立于泉旁，并亲题"天下第一泉"五个大字。

另一个有天下第一泉之称的名泉就是济南的趵突泉了。趵突泉为古泺水发源地，泉自地下溶洞的裂缝中涌出，拔地三窟，势若鼎沸，蔚为壮观，无与伦比。

还是这个乾隆皇帝，在评定北京玉泉不久，南巡来到济南，当他看到趵突泉三泉喷涌、壮似飞雪、势若涌轮的奇观后，大为赞赏，叹为仙境。品饮了趵突泉水后，觉得此水竟比他赐封的天下第一泉玉泉水还要甘洌爽口，于是又把天下第一泉的美名赐给了趵突泉。

有的人将上述故事当成一种传说或戏说，其实乾隆赐封是有史实依据的。清代济南府（淄川县）诗人、学者王培荀在其著作《乡园忆旧录》中说："城南趵突泉最奇……水味极清，纯皇帝南巡，一路饮玉泉水，在此换趵突泉水，携之而南，遇名泉再易。"王培荀生于清乾隆四十八年（1783），其生活年代距此不远，且又是记载皇帝之事迹，当不致亦不能有误。

再者，乾隆在游趵突泉后，写有这样的诗句："拈咏名泉亦已多，汎兹实可称观止。"（爱新觉罗·弘历《再题趵突泉》）乾隆对趵突泉的评价高到什么程度呢？他说："我一生见过的咏过的名泉可谓多矣，但看了趵突泉后，觉得其他的泉就不必再看了。"

泉称第一古来传

其实趵突泉称名"天下第一泉"不自清代始，也不只因为乾隆御封。据载，最迟在明朝初年，它已有"第一泉"的称谓了。有诗为证："渴马崖前水满川，池心泉迸蕊珠圆。济南七十泉

流乳，趵突独称第一泉。"——晏璧《七十二泉诗·趵突泉》

晏璧是在明朝永乐初年由徐州判官迁济南，任山东按察司佥事的。《七十二泉诗》当问世于明永乐年间，距今已有 600 年的历史了。

其后 200 年，明万历年间济南府（新城）诗人王象春在其诗作《齐音·白雪楼》中说："李于鳞（李攀龙）白雪楼旧有两处……今皆凋落不堪。士人不忍，因于第一泉间，别起杰阁。"由此可知，"天下第一泉"不仅是趵突泉的雅称或封号，原来趵突泉的名字就叫"第一泉"。据乾隆《历城县志》引叶奕绳《旧志》云："趵突泉，泺水之源也。一名爆流。景标为'趵突腾空'，或又题为'第一泉'。"

自古至今，描写趵突泉且以第一名泉称之的诗作有不少。如清初济南名士、太学生张文箕（字维南）的《偕友人游趵突泉》："几度来游第一泉，况偕名士足流连。银花竞看冰壶涌，雪浪争夸珠沫溅……"；蒲松龄在其名篇《趵突泉赋》中，更直截了当地称趵突泉"海内之名泉第一，齐门之胜地无双"；再如清代客居历下的山右诗人段敷采（字君白）的《趵突泉》诗："探幽何处

趵突泉夜景　图片由中共济南市委外宣办提供

远尘埃，第一名泉傍郡隈。卓地玉壶喷白雪，涵空宝鉴照蓬莱……"

　　至今依然有古代石刻镶嵌在趵突泉来鹤桥东水池内南石壁上，上有康熙进士、甬东虞二球《集饮趵突泉次友人韵二首》，其一云："泉称第一古来传，高喷琼浆注碧天；瀑流涌出云河雪，觜窟飘飏茶向烟……"

　　由此可知，趵突泉称名"天下第一泉"不是一个短时期的概念，而是有着一个相当漫长的历史过程的。而现当代著名文学家、历史学家郭沫若在观看了趵突泉之后，更因其别具慧眼而与该泉有会心之妙。他不仅熟知该泉悠久的历史，而且盛赞趵突泉为实实在在的"天下第一泉"，他在《趵突泉》诗中称颂道：

　　"普天诚第一，历世岂三千？"

　　曾经有一种说法，说趵突泉称名天下第一是一种误会所致，论者谓"其实趵突泉为济南七十二泉之冠，泉旁石碑'第一泉'三字系清同治年间王仲（应为钟）霖所书，含糊其词，有意无意之间，给游客错以天下第一的印象，遂使趵突泉扬名四方"。（参见黄仰松、吴必虎《中国名泉》）

趵突泉秋色　摄影／郑　强

其实，这种说法才是一种缺乏根据的臆测。王钟霖（字雨生）为道光举人，济南名士，著有《黄雪香斋古文诗抄》，辑有《历下诗抄》。他不仅题有"第一泉"碑，而且写有《第一泉记》（此石刻镶嵌在吕祖庙第三大殿前西墙门南），详解他题写"第一泉"的原因和理由。

不过，这个"第一泉"断不是指济南七十二泉中的第一泉，而是指的"天下"，文中说："天下名泉，扬子第一，惠山第二，长白磷见亭先生谓趵突可与二泉伯仲。齐郡唐际武先生云：'吾行几遍天下，所谓第一、第二泉者，皆不及吾济诸泉，惜陆羽未品之耳。'"由此可知，王钟霖书"第一泉"碑，确非含糊其词，而是实指趵突泉为"天下第一泉"。

应该指出，上述所谓天下第一泉、第二泉、第三泉、第四泉的所谓名泉，并不是对名泉的全面的、综合的、美的评价，这些泉之所以声名远播，主要与中国古代著名茶人鉴水品茗的文化风俗有关。（这种品评过于局限在水质这样一个单一角度上。然而，即便在这样一个单一角度上，趵突泉与其他号称第一第二的名泉相比，也毫不逊色。）

曾经有一则关于名泉排序的趣话，宋代，欧阳修做江都太守，有一次去大明寺参禅品茶，问及老和尚泡茶的泉水取自何处，老和尚回答："取自天下第五泉——大明寺平山泉水。"欧阳修问此泉称天下第五泉有何依据，老和尚拿出张又新的《煎茶水记》给欧阳修看，又举出陆羽的《茶经》作为依据，并且说："茶圣的话不会错的。"欧阳修却丝毫不为所动地对老和尚说："唐代疆域广阔，河湖井泉不可胜数，而陆羽、张又新所评名泉仅限于淮河以南，谁能保证黄河上下、长城内外、天府巴蜀没有好泉水？"一席话说得老和尚哑口无言。

足迹不出淮河以南甚至江南一隅，而欲评判天下泉水，难矣！在吟诵济南泉水的古代诗文中，文人雅士对"陆羽不至，无从品其味"的叹息甚至怨声甚为多见。如清代诗人吴秋渔在"泉声茶声乱两耳，未饮已觉清风生"的趵突泉，喟然叹曰："王濛陆羽期不至，自扫愁垒销心兵。"

寰中之绝胜　古今之壮观

趵突泉名列天下第一泉乃是因为它的综合的、全面的、美的素质，现分述于后：

其一，资格老。趵突泉是最早见诸古代文献的济南名泉。该泉著录经传可追溯到 2700 年前，据《春秋》记载，鲁桓公十八年，即公元前 694 年，"公会齐侯于泺"。泺即今日之趵突泉，趵突泉即古泺水发源地。故《历城县志》称："此泉在春秋已显。"诗云："泺澜名义征春秋，分菏别济谁穷搜。"（蒋景祁《再观趵突泉歌》）

其二，水姿奇。古人早已发现趵突泉的形态声貌天下无双，杨泽闾曰："此泉味美不具论，形色独与他泉殊。"趵突泉平地泉源觱涌，三窟突起，雪涛数尺，声如隐雷，冬夏如一，实为寰中之绝胜，古今之壮观。连文人雅士都感到找不到合适的词语来形容它，"趵突泉势真奇尤，体物赋象难寻求"。有人形容它的美姿如"千年玉树波心立，万叠冰花浪里开"（叶冕《饮趵突泉》），有人形容它的雄姿如同对天怒射的三个连弩箭、连珠炮："坤媪伏机毂，连弩一何劲，直将天作鹄，不嫌水违性。"（蒋湘南《趵突泉》）有人则直接发出疑问：不是天下没有名泉，哪里有像趵突泉这样，像三棵玉树矗立在冰壶之中呢？（"不是名泉天下无，何如玉树矗冰壶？"）

而这些诗文中，尤以浙江嘉兴诸生怀应聘《游趵突泉记》最为精到，他在文章中形容趵突泉"怒起跃突，如三柱鼎立，并势争高，不肯相下"，他对此胜景发出慨叹："呜呼，水之劲挺一至此哉！……曾有独起卓立、首耸发竖，若与山峰竞其高下，如趵突泉者哉？"他从趵突泉看出了一种理想的人格精神："故以至柔之质而发为至刚之概，以自见其奇邪！"

趵突泉水声之美也自古为人称道。"三尺不消平地雪，四时常吼半空雷"（张养浩《趵突泉》），"数里撼秋树，别泉无此声"（鹿学皋《趵突泉楼上》）。趵突泉水声如雷如鼓，似奔马，似秋声，似吼鸣，如金石丝竹，如茶浪沸银壶，闻于耳，动于情，引人遐想，这又是一美。

其三，水味美。王钟霖在《第一泉记》中说："夫泉之著名在甘与清。趵突甘而淳，清而洌"，趵突泉水质清醇甘洌，含菌量极低，是理想的天然饮用水。

其四，文化积淀深。趵突泉不仅历史悠久，而且文化底蕴深厚。步入趵突泉公园，泺源堂、娥英祠、望鹤亭、观澜亭、沧园、白雪楼……楼阁辉煌，桥梁飞渡，云岚风壑，碧瓦丹楹，其楼榭亭馆、名胜古迹之美，灿若霞起。

而趵突泉更大的自豪与骄傲则在于它所拥有的精神文化产品，自古至今，面对泉水美景，才人标题，韵士歌咏，宸翰飞洒，公卿泼墨，今天，我们掌握的泉水古诗便有一千余首之多，这还不是它的全部。曾巩、苏轼、苏辙、元好问、赵孟頫、张养浩、边贡、王守仁、袁中道、王士禛、田雯、曹贞吉、吴伟业、陈维崧、施闰章、蒲松龄、孔尚任、姚鼐、蒋士铨、何绍基、郭

云雾润蒸华不注 摄影 / 郑曙光

沫若、老舍、柳亚子、艾芜等文学史上的一流诗人和作家，都曾对趵突泉及其周边的名胜有过题咏，而明代的四位朝鲜正使相继来此，清代康熙、乾隆两位皇帝先后驻跸留题，文人雅士们或登眺而写其胜概，或游览而赋其清幽。

其中，"南丰二堂之记，子昂濯尘之篇"，尤为古今人士称道。赵孟頫一首《趵突泉》诗，历代和者无以计数。走进趵突泉真如同走进一座诗词书法艺术展览馆、一座辉煌的文化殿堂，单是壁间石刻碑版诗文便令人目不暇接，所谓"题咏争留四壁多，短墙面面皆石碣"（曹鉴伦《趵突泉歌》），"游人常多题咏，环壁尽是珠玑"（刘敕《跋王用生趵突泉诗》）。是的，人们在此啜茗观景，必然兴致大发，因为，这是多么难得的精神之旅啊。

趵突泉泺源堂　摄影／郑曙光

Baotu Spring

The Legend of the "NO. 1 Spring"

As the cradle of ancient Luo River, Baotu Spring pours out from the fracture of underground karst cave, tall, spectacular and unprecedented. Emperor Qianlong once came to Jinan during his southern tour, and saw the flowing of the three springs of Baotu Spring, which was as powerful as flying snow and as forceful as a rolling wheel. The wonder filled him with great admiration and he couldn't help but acclaim the springs as a wonderland. With a taste of the water of Baotu Spring, he felt the water was even more sweet and refreshing than that of Yu Spring, the "NO.1 Spring" that he himself named. Therefore, he swapped the reputation of "NO.1 Spring" to Baotu Spring.

悬壶济世　中医鼻祖

扁鹊

　　神医扁鹊来到虢国，恰逢虢太子暴病身亡，尸体尚未收敛。扁鹊了解虢太子病死的情况后，劝慰虢君说："太子只是'尸蹶'，并没有真死，主君不必忧虑。"经一番治疗，太子就能坐起来。二十天后，竟康复如初。从此，天下人盛传扁鹊有起死回生之术，扁鹊却说："我并没有起死回生的本领。虢太子本来就没有死，我只不过是使他苏醒过来而已。"

撰文 / 张华松

　　大约距今五千年前，以泰山为中心的山东地区分布着嬴姓少昊和凤姓太昊两大东夷族团。少昊族团以鸟为图腾，扁（鶣）鹊氏应该就来自其中的一个以巫医发达著称的氏族。汉画像石刻上，扁鹊氏的形象经常出现，那扁鹊，长着一条喜鹊一样的楔状的长尾，鸟身人面，头戴冠帻，手执砭石，正在给人治病。这样的汉画像石集中发现于山东尤其泰山附近，说明泰山附近是扁鹊神话传说的主要分布区域。

　　后世以"扁鹊"为号的名医秦越人，很可能就是扁鹊氏的苗裔，而他的里籍就在泰山附近。

　　西汉学者扬雄、东汉学者高诱、三国吴国史学家韦昭为、唐代史学家张守节等人都明确指出，绰号"扁鹊"的名医秦越人是齐国卢人。而卢，原本可能是泰山西侧的一个东夷古国，国土范围大致就在今天长清的济水故道（今黄河）两岸。这个古国大概早在夏商时代就已经灭亡了。到了春秋时代，卢成为齐国贵族高氏的采邑，故址就在今长清归德卢城洼，至今仍有遗迹可寻。

　　扁鹊秦越人的生卒年代，传世典籍皆语焉不详，基本可以肯定他是战国前期人。根据《史记·扁鹊列传》的记载，扁鹊年轻时曾得到长桑君的真传，学成后四处行医。

　　扁鹊行医，"随俗为变"，所到之处，总是根据当地的风俗习惯，改变自己的医学主攻方向。比如，他行医到了赵国，知道邯郸有尊重妇女的习惯，就认真研究妇女病，成了治疗妇女带下病等妇科疾病最早的专科医生；他行医到了洛阳，知道周人有尊敬老人的传统，就主动研究老年人常患疾病如耳鸣、耳聋、眼花、四肢关节疼痛、关节活动不便等疾病，成为我国第一个老年病医生；他到了咸阳，了解到秦人有爱小儿的习俗，就研究儿童的生理、病理特点，又成了著名的儿科医生。就这样，经过长期不懈努力，扁鹊成了一名"全科医生"。

　　扁鹊行医，妙手回春，《史记》本传记载了这样一个医案，说的是，扁鹊一行来到虢国（小虢），恰逢虢太子暴病身亡，尸体尚未收敛。扁鹊了解了虢太子病死的情况后，劝慰虢君说："太子的病，就是所谓的'尸蹶'，也就是假死病。阴阳之气不调，阳邪伏入阴中，在胃里鼓动，缠绕经络，旁走三焦膀胱而胀满，为此阳脉下坠，阴脉上争，阴气上逆而阳气内沉，阳入于阴，故阴鼓动而不能起发；阴夺阳处，故阳阻绝而不为阴使。上有与阳相阻绝的经络，下有与阴破而不

行的筋纽。阴破阳绝，故而颜色败废，脉状变乱，人体才呈现出平静如死的状态。太子没有死，主君不必忧虑。"于是命弟子子阳先在砥石上将针磨好，然后针刺太子的三阳五会（人身穴道名）。过了一会儿，太子果然苏醒过来。扁鹊又让弟子子豹使用熨疗法，以五分热为标准，由五分逐渐递减至一分，然后煎煮药剂，交互熨贴在太子的左右腋下。经过一番治疗，太子竟能坐起来。接下来的二十天中，扁鹊师徒每日悉心诊治，辅以汤药调理阴阳，太子终于康复如初。

从此，天下人盛传扁鹊有起死回生之术，扁鹊却说："我并没有起死回生的本领。虢太子本来就没有死，我只不过是使他苏醒过来而已。"

这个医案比较平实一些，从中可以知道扁鹊是以阴阳理论阐述发病原理的，而且已经开始使用铁针替代砭石来治病了。另外还可以知道，正是扁鹊首开私人收徒传医之风。本故事中，子阳和子豹是协助扁鹊为虢太子治病的两个弟子。

其实在秦汉典籍中，协助扁鹊为虢太子治病的弟子还有几个，比如《韩诗外传》《说苑》都说，当时"子同捧药，子阳灸阳，子游按摩，子仪反神，子越扶形"。可见其门下弟子是很多的。这一点很重要。众所周知，在扁鹊以前，医疗技术被官方所把持，为"王官之一守也"。从扁鹊开始，方才有了师徒授受的医学传播之道，从而为医学的发展开辟了广阔的前景。

扁鹊一生著述，据传有《内经》九卷，《外经》十二卷，《扁鹊镜经》一卷等，可惜久已佚失。汉代署名扁鹊所著的《黄帝八十一难经》，或以为是根据扁鹊脉诊知识而整理成书的。

扁鹊是我国载入史籍最早的医学家。他奠定了我国医学望、闻、问、切四诊合参诊法的基础。他擅长内、外、妇、儿、五官、针灸等科，擅长采用针刺、热熨、汤药、手术多种治疗方法。他对病因做出唯物主义的解释，认为阴阳不协调是导致疾病的主要因素，而治疗需要调节机体阴阳平衡。他把脏腑与经络学说结合起来，把阴阳学说引申到人体经络、脏腑、气血各个方面。他的朴素唯物主义思想开辟了中国医学发展的正确道路。

扁鹊行医的最后一站是秦国，秦国太医令李醯，自知技不如扁鹊，竟派刺客刺杀了扁鹊。扁鹊死后，灵柩由弟子运回故乡卢邑安葬。唐代济南人段成式《酉阳杂俎》前集卷七记载："卢城之东有扁鹊冢，云：'魏时针药之士以厄腊祷之，所称卢医也。'"这里所谓的"魏"，不论是三国的曹魏，还是北朝的元魏，卢城之东的扁鹊墓都是我国各地众多扁鹊墓中最早见于文献记载的，而且从远近医生用酒肉祭祷于墓前的情形看，这座扁鹊墓肯定是有些来历的。

在济南地区，扁鹊遗迹还集中分布在济南城北郊的药山、鹊山一带。

药山位于古济水之南，山上旧时盛产阳起石，据传扁鹊曾采药于此，故称药山。鹊山位于古济水之北，据传因扁鹊在此炼药而得名。过去鹊山上有扁鹊祠。在鹊山西麓还有一座荒冢，高约两米，冢前碑碣上镌刻"春秋卢医扁鹊墓"，下书："大清康熙三年盐运司商人张文茂立石。"就传世文献看，鹊山与扁鹊关系的认定，至迟始自北宋，北宋齐州知州曾巩泛舟北湖（鹊山湖）以及陈师道登临鹊山的诗文作品就是明证。

鹊山、药山距离卢邑所在的今长清归德不过百里，况且又是往返于齐都临淄的水陆必经之地，当年扁鹊行医于此，采药于此，也是极有可能的。

Bian Que

The Founder of Traditional Chinese Medicine, Who Practiced Medicine in order to Help the People

Doctor Bian Que arrived in Guo Kingdom, knowing that Prince had just died from a disease. However, after checking the reason for his "death", Bian Que said to the King: "The Prince is only heavily sick and he just looks like he's dead. I will take care of him." Bian Que treated the Prince carefully and soon he became healthy again. Everybody thought Bian Que was able to turn the dead into the living, but he claimed: "The Prince was not dead at all. What I did is only to wake him up."

一座城市的"白雪公主"

泉城济南是一座水城，市树柳树、市花荷花都是喜水的植物，市鸟也应以水鸟为宜。白鹭（俗称鹭鸶，学名 Egretta Garzetta）在济南极其常见，吟诵济南的诗词中多有提及，适宜在泉城生长；其体态轻盈修长，是环境质量的标志，高雅的象征。2008 年 11 月，白鹭被确定为济南市市鸟。

撰文 / 魏　杰　摄影 / 陈鲁生

沿着卧龙路一路向西，往往能到达老济南人的记忆深处，因为这条路的终点便是青龙山。住在这附近的市民，推开窗户，便能看到郁郁葱葱的青龙山，翠柏之间成群的白鹭悠游于林间水畔，不时还有白鹭展翅飞起，不禁让人想到"一行白鹭上青天"的诗句……

高贵的白雪公主

2008 年 11 月，经过济南市民评选和专家组论证，最终确定白鹭为济南市市鸟。据当年直接参与并主持了市鸟评选活动的著名鸟类学家马金生回忆，评选活动开始前，他应主办方的邀请提交了一份厚厚的材料。包括什么种类的鸟可以被选为国鸟、什么鸟可以是省鸟、其他国家和地区是如何评选市鸟的等等。具体到济南市，这份材料一共"提名"了 10 种鸟，白鹭只是其中之一。评选启动前，在征求了社会各界尤其是有关专家学者意见后，又进一步缩小范围，将候选鸟类进一步缩至 5 种：白鹭、金翅雀、喜鹊、翠鸟和楼燕。当时，济南市民共投票 56467 张，白鹭以 40026 票的得票数遥遥领先，最终被顺利推选为市鸟。

对于白鹭的脱颖而出，马金生表示，泉城济南是一座水城，市树、市花都是喜水的植物，市鸟也应以水鸟为宜，白鹭（俗称鹭鸶，学名 Egretta Garzetta）在济南极其常见，诗词中多有提及，适宜在泉城生长；体态轻盈修长，是环境质量的标志，高雅的象征。

白鹭天生丽质，身体修长苗条，有三长的特点：嘴长、颈长、腿长。全身披着洁白如雪的羽毛，犹如一位高贵的白雪公主。一到繁殖季节，白鹭会变得更加美丽动人，这时枕部会着生两条狭长而柔软的飘带状的矛状羽，形如双辫，肩和胸也着生蓑羽。冬季蓑羽全部脱落，依然玉体洁白无瑕。常曲缩一脚于腹下，仅以一脚"金鸡独立"。可见于青龙山、珍珠泉、美里湖、大明湖、黄河两岸、遥墙镇等地。

唯美的白鹭"纪录片"

青龙山，是济南的一座城中山，面积不大，海拔不高，由于人迹罕至，这座植被并不丰富的荒山却成了鸟类的家园，尤其是济南市鸟白鹭更是翩翩而至，这里被誉为江北地区最大的白鹭孵育基地。据悉，目前在这座山上生活着大量白鹭、苍鹭、夜鹭等珍稀鸟类，而这个候鸟群落更是被鸟类专家称为"江北第一鹭群"。

"青龙山的生态环境倒算是最好的，山上有成片的柏树林，长势也一般，但由于没有外人打扰，所以形成了很好的保护区。"马金生介绍，过去，济南不少有山有水的地方都有大批鸟儿聚集，然而随着城市的发展，高层建筑不断崛起，鸟儿的乐土日趋减少，而青龙山因为特殊的原因，成为了济南屈指可数的野生鸟类的乐园。每年春天，会有成千上万的白鹭飞到这里，筑巢繁殖后代。白天，白鹭会飞到大明湖或黄河北的湿地去觅食，然后回来喂养雏鸟。

在青龙山西侧的鹭鸣苑小区，从东侧一眼望去，青龙山上白鹭飞舞，感觉自己并不是在小区之中，而像是在看一部唯美的白鹭纪录片。

"白鹭实在是一首诗，一首韵在骨子里的散文诗。"——郭沫若说。

这样的赞誉，确实道出了白鹭的神韵。

小区的居民推开窗户就能看到青龙山上成群的白鹭，这么多鸟，这么美的山，感觉生活在画中一样。小区的居民说，小区的命名就和市鸟白鹭有关系。

在青龙山附近运行的102路公交车的驾驶员们，也对附近的这些白鹭有很深的印象，有的白鹭下来后就"溜达"到马路上，他们开车得赶紧踩刹车"让路"。时间长了，驾驶员们经过那段路的时候要特别留意。

鸥鹭独恋水云乡

"白云晚棹"自古为章丘八景之一，历代名人墨客也在此留下了不少名句绝唱。其中，张舜臣就有"青霞无断处，白鹭有时来"的诗句。远远看去，白云湖就像一条明如玻璃的带子，水天相接。阳光照在湖面上，像给水面上铺了一层闪闪发光的碎银，又像被揉皱了的绿缎。微风吹过，湖面上泛起一圈圈涟漪。几只白鹭婷婷站立在湖中的绿洲上，真像一朵朵白色的小花。忽然，一只白鹭像利剑一样啄向水中，一条小鱼就被叼起来，湖面上只剩下那一圈圈波纹不停地向外漫延。

"白鹭还有个雅号叫'老等'，捕食方法非常特别。"它不是主动飞来飞去寻找食物，而是老呆在一个地方等机会，待鱼虾从它面前游过时，它再用长嘴钳住它们。

"随着生态环境的逐步改善，白云湖吸引了百余种鸟类繁衍栖息。特别是秋冬季节，天鹅、白鹭等在湖面上翩翩飞舞，堪称江北奇景。"2015 年是白云湖近二十年来最干旱的一次，白鹭面临着生存危机，白云湖的工作人员曾看到过成群的白鹭守着一小片水汪栖息的场景，很是心酸。好在成功引进了黄河水，白鹭们又飞回来了。

白鹭属包括大白鹭、中白鹭、小白鹭、黄嘴白鹭和岩鹭 5 种鹭类。这里的"大"和"小"并不是指白鹭个头的大小，而是两个种类。大白鹭是候鸟，冬天飞来济南；小白鹭是留鸟，一年四季待在济南。济南市鸟白鹭也叫小白鹭，俗称鹭鸶，属涉禽类，在中国有 20 种。济南地区的鹭类主要有白鹭、夜鹭、池鹭、牛背鹭等，它们喜欢集群营巢，远距离定向觅食，很有规律。

古时的济南，白鹭就十分多见，且为人们爱怜有加。如元代赵孟頫《湖上暮归》："政恐前呵惊白鹭，独骑款段绕湖归。"清代济南诗人黄文渊《过禄氏园亭》(六首之三)："翻愁人语声呼近，惊起池边白鹭飞。"可见人们对白鹭的喜爱与怜护。宋代苏辙《环波亭》："凫鹭聚散湖光净，鱼鳖浮沉瓦影凉。"清代方启英："白鹭青莎岸，红莲碧水湖。"黄景人《白石泉上》："千头鱼戏影籡籡，一足鹭立姿翩翩。"翁方纲《小沧浪月夜作》："今我来盟鸥鹭静，隔浦渔蓑卧烟冷。"不胜枚举的诗句，则如山水画卷般展现了白鹭的秀雅与济南泉湖的清丽。以白鹭作为济南的市鸟，实在是实至名归的。

Egretta Garzetta

Snow White of Jinan City

Jinan, the "the city of Springs" is a place filled with water streams. The City Tree, a willow, and the City Flower, the lotus, are both water-friendly plants. Citizens prefer to choose a waterfowl as the City Bird, the Egret. The Egret (Egretta Garzetta), which is often praised in poems, is quite popular in Jinan. People regard the egret as a symbol of good environment and grace. In November 2008, the egret was chosen as the City Bird.

碧筒饮出酒莲香

古代文人饮酒尚雅，碧筒饮则是雅中之雅。所谓碧筒饮，就是采摘卷拢如盏、刚刚冒出水面的新鲜荷叶盛酒，将叶心捅破使之与叶茎相通，然后从茎管中吸酒，人吸莲茎，酒流入口中，神清气爽。宋代，发源于济南大明湖的碧筒饮，传到了南方。现在想来，外国人发明的饮料弯曲吸管的专利权还应属于咱大明湖畔的先民哩。

撰文 / 张继平　摄影 / 梁大磊

济南籍女词人李清照一生念念不忘的，就是她有一次兴尽醉归，竟然划着小船"误入藕花深处"而"不知归路"，藕花红、荷叶绿、湖水蓝、鸥鹭白，诗情画意，怎忍心搅乱，女词人一时不敢再划动船桨。

酒味杂莲气，香冷胜于水

李清照嗜酒，肯定不会不知道早她一千年的魏晋名士就在大明湖上发明了一种传至现今、清凉有趣的饮酒习俗——碧筒饮。古代的文人饮酒尚雅，碧筒饮则是雅中之雅。所谓碧筒饮，就是采摘卷拢如盏、刚刚冒出水面的新鲜荷叶盛酒，将叶心捅破使之与叶茎相通，然后从茎管中吸酒，人饮莲茎，酒流入口中，诚为暑天清供之一。用来盛酒的荷叶，称为"荷杯""荷盏""碧筒杯"，因为茎管弯曲状若象鼻，故有"象鼻杯"之称。想来，今日外国人发明的饮料弯曲吸管的专利权还应咱大明湖畔的先民哩。

据唐人段成式《酉阳杂俎·酒食》记载："历城北有使君林，魏正始中，郑公悫三伏之际，每率宾僚避暑于此，取大莲叶置砚格上，盛酒三升，以簪刺叶，令与柄通，屈茎上轮菌如象鼻。传吸之，名为碧筒饮。历下人效之，言酒味杂莲气，香冷胜于水。"如此饮酒用杯，可谓花样翻新，不落俗套。表现了才华横溢的古代文人名士，是一个极富想象力、创造力的特殊阶层。他们的想象力、创造力，不仅使他们在文艺创作上求新求变，驰骋才华，更使他们在生活方式上求奇求怪，一展风采。碧筒饮饮酒习俗传播开来，果然备受文人雅士所推崇。

文士风流荷叶杯

据《唐语林》记载：唐代宰相"李宗闳暑月以荷为杯"。说的是文士出身的李宗闳，常常在盛夏晚上，临池设宴，招待宾僚，用的就是荷叶杯，有正始遗风，传为士林佳话。唐诗宋词中也多有吟及碧筒饮这一习俗的，如白居易的"疏索柳花怨，寂寞荷叶杯"；戴叔伦的"茶烹松火红，酒吸荷叶绿"；曹邺的"乘兴挈一壶，折荷以为盏"，都谈到个中滋味。宋词"酒盏旋将荷叶当，莲舟荡，时时盏里生红浪，花气酒香清厮酿"，更是惟妙惟肖地再现了碧筒饮这一饮酒习俗的场面。

到了宋代，荷叶杯随之被提名为文士清供之一，成为文人名士风流的一种象征。在宋代林洪著的《山家清供》中，以荷叶为杯的"碧筒酒"被记得更为详细："暑月，命客棹荡舟莲中，先以酒入荷叶束之，又包鱼酢他叶内。候舟回，风熏日炽，酒香鱼熟，各取酒及酢作供，真佳适也。（苏东）坡云：碧筒时作象鼻弯，白酒微带荷心苦，坡守杭时，想屡作此供也。"

宋人在莲花盛开的荷荡里驾舟荡桨，用荷叶杯饮酒，下荷叶鱼酢，吃荷包饭、荷包海参之类，不仅让人感受到湖光月色的自然美，更让人置身荷花美食清香浓郁的文化氛围中，真让人心旷神怡。为此，苏东坡经常做此清供，不仅在杭州做官时这样，即便被贬谪到海南时，也是这样。后来，东坡的家里穷到出卖酒器过日子的地步，但唯有一件酒器不卖，留以自娱，那就是象征着文士风流的荷叶杯。

碧筒行酒从容醉

在宋代，发源于济南大明湖的碧筒饮，传到南方，还成了寻常百姓的消夏清品。据《浙江志·杭州府》记载："宋代西湖闻名天下，七月以后，人多倾城纳凉，正值荷花盛开，芙蓉出水，天然好景，画工难摹，人们取荷叶注流，窍其心，曲其柄，屈茎轮菌好像象的鼻子一般，嗽而饮之，放舟于蒲深柳密处，披襟钓水，月上始还。清供与美景互相映衬，互为一体，极富诗情画意。"另有明代邵亨贞也在《洲滨见荷花》一诗中写道："每爱西湖六月凉，水花风动画船香。碧筒行酒从容醉，红锦游帷次第张。"可谓处处有诗有画，也是一时盛事。

受碧筒饮的启发，应和着世人猎奇寻乐的心理，古代工匠巧夺天工，还用金、银或玉模仿"碧筒杯"，制造出了种种雅致有趣的酒杯精品。济南名词人辛弃疾曾写下了"明画烛，洗金荷，主人起舞客高歌"的词句，可见，这些金银制品的出现，又为碧筒饮平添了许多另类情趣。

碧筒饮不仅赏心悦目，还可食疗健身。这是因为，荷叶具有清热凉血、健脾胃的功效，以略带苦味的荷叶汁液和酒入口，能够清凉败火，消暑保健。应该说，这一习俗是中国古代酒文化中的一枝奇葩。如今，想象古人以荷叶为杯而饮酒，不仅可以领略到夏天荷塘月色的旖旎风光，更让人感受到中华传统文化的温厚意蕴。

Bi Cylinder

The Fragrance of Lotus Wine Coming From Drinking with Green Tube

Ancient Chinese scholars loved to drink spirits while admiring art. The Bi Cylinder is described as the most graceful method to drink spirits. Freshly picked lotus leaves were rolled-up along with water sprigs, and together they were made to hold wine. The ancients stabbed the center of the leaf to make it directly connect with the stem, and then the wine was sucked from the stem tube. People sucking up the lotus stem and wine flowing into the mouth is one of the utensils used in the summer. In Song Dynasty, the "drinking with green tube (lotus stem)", which originated from Jinan, spread to the south, and became a summer leisurely fine art form. From this standpoint, our ancients living by Daming Lake should have claimed the"patent" on the straw.

"东坡肉"须让一分

有时候，吃把子肉的时候，我会矫情地想：如果没有把子肉，我还会不会喜欢这座城市？至少，不会像现在这样喜欢。是的，人喜欢一个地方，就必须喜欢这里的色香味，才甘心在这里开始柴米油盐，才愿意感受这里的酸甜苦辣。

撰文/魏　新　摄影/朱　军

把子肉有股独特的酱香，让人胃口大开

把子肉，取自猪腹。带皮，肥瘦相间，切成爱疯 5S 那么大块儿，厚度要参照 MAC。用草绳耳机线一样拦腰捆，放瓦罐里，加水，点火，撇血沫，加酱油，各种大料，猛火烧开后，小火慢炖，直至肉烂汤香。捞出来，肥肉不腻，瘦肉不柴，筷子挑开草绳，就散落在米饭上，连着汤水，一同扒拉进嘴，有股独特的酱香，直接袭上脑门，恨不能张开大口，连碗一同吃掉。

把子肉从来都搭着米饭一起卖，很多地方合称为"大米干饭把子肉"，或"好米干饭把子肉"。大也好，好也罢，我自小爱吃面食，几乎从不吃米饭，除非有把子肉。有了把子肉的米饭似乎就不再是米饭了，变成一种区别于主食的美味。或许，正因为把子肉的脂肪和蛋白质，填充了颗粒之间的苍白和平淡。再配一块老汤里浸泡的炸豆腐，或酱辣椒，味道则更加不凡。

炸豆腐和酱辣椒都是把子肉的朋友，也都是米饭的情人。

我忘了第一次吃把子肉的情景，应该是在山师东路，靠近经十路的路西，曾有一小店，店名就叫"大米干饭把子肉"。那时我刚来济南读书，从未见过这种吃法。学校的食堂把嘴淡出鸟来，看到外面任何带"肉"字的招牌我都垂涎三尺。深夜犯饿，看着枕边《肉蒲团》的封面咽唾沫。我们宿舍的老樊，在有偿献血被取消的前一天，独自跑到千佛山医院，痛快地卖了一次血，回来立刻买了只鸡腿，一个人啃得大家浑身的血往胃里涌。

山师东路那家把子肉店很多年前就消失了，像我们油水不足的青春一般无影无踪，虽然我很想再去吃一次。

事实上，在后来的一些年里，把子肉在济南一度难觅。也可能是我碌碌奔忙，没有挑食的精力和机会。也可能是所有的人都在忙，忙着开公司，看大盘，拉业务，在这些事情面前，食成了实，美成了用，吃饭被填鸭和应酬所瓜分。不光把子肉，许多老字号也都是在那段时间销声匿迹。而突然有一天，把子肉又开始重出江湖，像任天堂当年那些8位版的经典游戏，突然就以复刻版的形式出现在 Eshop 中。

把子肉和白米饭是绝配

二

把子肉星罗棋布的济南，按方位来说，市北的把子肉最为集中。尤其在北园大街，每到夜幕降临，很多卖把子肉的小推车就停在了路边。那条街两旁有许多娱乐场所，霓虹闪烁，金碧辉煌，门口不远处就会有个写着"把子肉米饭"的小推车。后半夜下班的人，肚子饿了，路边小马扎一坐，把子肉米饭一吃，回去亦能睡个饱觉。去买醉的人，酒喝多了，歌唱累了，也去吃上一碗米饭，来块把子肉，胃里能舒服很多。说不定在吃把子肉的时候，还能遇到刚刚还和你甜言蜜语的人，此时，她们已换了衣服，卸去浓妆，从你身边匆匆走过，目不斜视。是的，她们一天的工作已经结束了。

那边的把子肉里，有一家与众不同的，在水屯路口，只在早晨营业，生意非常火爆，去得稍晚些，便吃不上。据说卖把子肉的老板颇为傲娇，顾客如出言不慎，立刻翻脸不卖肉，你爱去哪儿吃去哪儿吃，反正我这里没有你的。

说来奇怪，济南卖把子肉的，凡小有名声，几乎对顾客都没好气，仿佛你去吃白食一样。其他传统吃食也如此，尤其是前几年。普利街改造前，旁边有家锅贴店，据说是国营春江饭店锅贴分部出来的，服务员一脸冷漠，看着你进门，木偶一样站在柜台里，面无表情，你要主动迎过去点菜，她才懒洋洋地拿出一支笔，在纸上漫不经心地记录，十次至少有九次，她在记完之后，猛然抬头，开口的第一句话却是："没发票。"

相比北边，济南南边的把子肉要少许多，这对家住南边的我来说稍显遗憾。或许济南地势南高北低，把子肉顺着水全流到北边去了。南边晚上也有一些小推车，但生意颇为冷清，吃饭的多是三三两两的农民工，做法上没那么讲究，看上去外形差不多，吃起来高下分明。据说，二七新村南路曾有一家不错的把子肉店，如今早就不见踪影。我每回想吃把子肉，至少要到经七纬二，那里晚上出摊的老兵把子肉不错，每天都有人排队去买。有次我排队的时候，见一堆人在旁边排队往前走，初以为旁边又开了一家和老兵竞争的把子肉店，再定睛看，他们步姿奇怪，有点像美剧《行尸走肉》里的僵尸，后面的人还伸着手，搭在前面人的肩膀上，我突然恍然大悟，这只是广场舞的一种罢了。

顺便说一句，老兵把子肉的酱猪蹄也很好，只是去晚了就买不到，另外，那里的炸豆腐用"梨花体"来说："毫无疑问，是全天下最好吃的。"

三

济南东西两边似乎也都没有特别出名的把子肉。西边的经三纬八有家三八快餐，号称坛子肉一绝。所谓的坛子肉，相当于把子肉切出的小块，但我个人觉得略显油腻。东边的华信路有家鬠肉相当好吃，只是鬠肉和把子肉其实有根本性区别，我曾写过一篇《把子肉和鬠肉之源流考辨》，专门做了辨析，此处不再赘述。

再说一个把子肉的集中地带，就是济南的老商埠区，附近的把子肉基本都不错。名气最大的要数王家米饭铺，算是资深把子肉店，不过特色不太鲜明。

说起特色，制锦市的老魁把子肉和药膳把子肉倒是颇为突出，两家的把子肉都分两种，除了普通把子肉外，专门有一种辣把子肉，泡肉的酱汤浮着一层红红的辣椒油，大概算是一种从川菜那里借鉴来的创新，值得鼓励。不过，我担心会影响肉本来的香味，因此并未尝试。

其实，最便捷的吃把子肉的去处要数"超意兴""四喜居"等店面，这些快餐连锁店在这些年里遍布济南，最大的亮点就是把子肉。

有时候，吃把子肉的时候，我会矫情地想：如果没有把子肉，我还会不会喜欢这座城市？至少，不会像现在这样喜欢。是的，人喜欢一个地方，就必须喜欢这里的色香味，才甘心在这里开始柴米油盐，才愿意感受这里的酸甜苦辣。

要知道，如果味蕾无处安放，如果蛋白酶无处安放，我们的身体和灵魂又怎能安放于此？

Handle Meat

Even Better than Dongpo's Braised Pork

Sometimes when I take another bite of handle meat, I would ask myself: if there were not handle meat, would I still be in love with Jinan? Not so much I suppose. I enjoy the flavor of the city first, and then I stop my complaining and forget about my miseries. That makes me want to live here with all my heart.

小巷走出状元郎

陈冕

　　陈冕的一生是短暂的，为官的时间也不过十年，而其中有近五年的时间在遵制守孝。然而，当今学者纵论中国历史上的状元，陈冕却跻身最耀眼的一群人中，与陈亮、文天祥、张骞等人并列。短暂的一生，知行合一，以身作则可谓"立德"，救济世人，活人无数，可谓"立功"，可算不朽。

撰文 / 侯　环　摄影 / 梁大磊

　　状元的名号，是古中国实行科举考试以来，读书人能够获得的最为尊荣的头衔。千年以降，读书人中资质超绝、文华风流者难以计数，而获此殊荣者，却不过区区五百余人。

　　即便是济南这块圣人遗泽之地、诗书礼仪之乡，在漫长的科举历史上，也不过出过两位状元，离我们最近，尚有故居遗物让我们可以凭吊纪念的，就是清代最年轻的癸未科状元——陈冕。

陈家大院走出才子

走进济南如今最为繁华的泉城路，在路北，有一条数百年历史的古老小巷：鞭指巷。在明清两代，此地临近省、府各级衙门驻地，多有高级官吏定居于此。而陈冕的祖居陈家大院，就位于此处。

陈冕祖父陈显彝，与陈冕父亲陈恩寿，都曾任山东地方官吏。陈显彝曾任山东盐运使，山东候补道，登、莱、青州兵备道，而陈恩寿在清咸丰、同治年间，历任山东莱阳、恩县、长清知县。鞭指巷这座后来被称为状元府的陈家大院，就是陈显彝在任山东盐运使期间营造的。

陈显彝为人果毅敢为，后来被诰封为"资政大夫"，而陈恩寿清介耿直，倾家破财只为周济贫苦，济世救民，被《山东通志》、《历城县志》等尊为"山东善人"。祖辈父辈的言传身教，对陈冕一生的行事影响极大。

清咸丰己未年（1859），陈冕出生在鞭指巷的陈家大院里。关于陈冕的名字，有人说是陈冕出生前，陈恩寿夜梦人送官帽，祝他生子飞黄腾达，也有人说是有朋友送官帽祝他未来的孩子成才。不管这事情是确有其事，还是后人对陈冕后来年少得志的附会，陈冕的出世是得到了长辈们诚挚的祝福，也因此得名为"冕"，字"冠生"。

陈冕自幼便展露天赋，资质聪颖。陈恩寿对儿子期许很高，因此聘请了好友，山东举人、后来的翰林院编修王芷庭为其塾师，开蒙授学，谆谆教导，自此王冕学业大进，在他仅仅14岁的时候，就连过县试、府试、院试，成为秀才，有了功名在身。少年成名，这仿佛已经预示了他前程似锦的未来。

如今，在原鞭指巷9号的西八院，尚有陈冕幼年求学时候的私塾书房，曾挂有"小墨墨斋"的匾额。今人睹物思人，只觉文韵犹在，墨风长存。

陈冕考中秀才后，王芷庭带他进京，经过入学考试，进入"国子监"学习。经过两年正规、系统的苦读，又得王芷庭言传身教，砥砺琢磨，陈冕眼界得到开阔，学业又有了长足的进步。光绪元年（1875），16岁的陈冕通过了顺天府乡试，成为一名举人，声名大振。

八股科举考试，一方面固然需要学问精熟，但文运同样极其重要。多少才智卓绝之人一辈子

在明清两代，鞭指巷临近省、府各级衙门驻地，多有高级官吏定居于此

状元井　　鞭指巷9号
鞭指井　　鞭指巷31号
无名泉　　鞭指巷89号

蹉跎考场，皓首穷经，想取一功名而不可得，但陈冕却以未及弱冠之年，在考场上披荆斩棘，除了出众的才华，一路亨通的文运也是如有神助。

之后，陈冕因品学兼优，中举人后被录用为咸安宫官学的讲师，教授旗人子弟。然而当时，清朝统治已经渐渐进入暮年，社会流弊甚深，反映到官学中，就是学术气氛淡漠，师生不安其位。陈冕胸有大志，自然不愿意厕身其间，随波逐流，于是在19岁的时候，通过考试，再次回到了国子监，不过却是以老师的身份。

之后，光绪二年、三年和六年，陈冕又数次参加会试，却都名落孙山，似乎文运不再。其实，倒未必是陈冕学力不够，而是科举考试会受到很多因素影响。陈冕年少得志，如果十七八岁得中进士，未免有些惊世骇俗，主考官不取陈冕，未尝没有压制磨砺的意味。

光绪九年 (1883)，陈冕第四次入礼部贡院会试，这一次，他终于榜上有名，成为了贡士，有了参加殿试的资格。

殿试出色，喜获状元

说到陈冕的殿试，野史有着种种传说。

传说一，陈冕殿试之时，官中大象整日吼叫，垂帘听政的慈禧遍问朝臣，无一人能解释原因，唯有陈冕对曰："大象叫，丰年到，出自《藏经》。"这件事显示了陈冕深厚的才学，因此得到慈禧青睐，钦点为状元。

传说二，陈冕殿试的对策上，有不合格式之处，被国子监祭酒盛昱发现，出于爱才之心，为其改正，因而才能蟾宫折桂。

这些传说其实都经不起推敲，陈冕之所以能够成为殿试第一，归根结底，还是对策出色，符

鞭指巷拥有数百年历史

合了朝廷的需要。

"癸未科"殿试的策问，有帝学根本、经传之源、治水漕运、察吏之法四个部分，前两项老生常谈，重点是后面两项考察考生对于时务的理解。被八股取士束缚住见识的贡士们，面对这最后一关的考验，多半不求有功，但求无过，只是重复前人的见识，把文章写得四平八稳，进士就唾手可得。

然而总有忧国忧民的志士仁人，敢于在这种关系一生命运的时刻发声。陈冕在"治水漕运"和"察吏之法"的问题上，就提出了极有见地的批评和建议。

关于治理河道和航运，陈冕引经据典，针对朝廷治理黄河，"欲求九河故道，以追禹绩"的治河思路，力主"有海运何烦河运"，反对"借黄济运"，理由是黄河原本就多灾待治，如赖其济运，则"久之，河病而运亦病"。

陈冕认为官吏的名声必须与实际考察符合，反对提拔官吏论资排辈，步步高升，认为这样会使清正廉明与腐败无能的官吏好坏不分。

他在文中斥责当时朝廷高官根据个人爱好与习性用人，官吏考察走了形式。外地的封疆大吏们出于私人偏心，提拔个人亲信和行贿买官的人。这样一来，人才升降不本公忠，不采舆论，奖罚不明，提拔的官吏有的无德无能。他甚至大胆提出，必须改革官吏考察制度，选用真正德才兼备，作风廉洁，有智慧、有能力的人，才可整治朝政，强国富民。

人本清流风骨存

虽然局限于时代，陈冕并没有认识到治理黄河的根本手段，以及吏治腐败的根源，提出的解决方法也过于空泛，但在殿试的背景下，勇于提出不同流俗的见解，这份风骨，是乃祖乃父的遗泽，也是千年以来中国文人一直传承不断的人本清流。

于是，陈冕在殿试之后，成为了清代最年轻的状元，时年只有 24 岁。

当年，陈冕按照惯例，进入翰林院成为修撰，掌修国史。然而就在当年，他却因父亲陈恩寿病倒，回乡侍奉，殊知陈恩寿一病不起，就此离世，陈冕便辞官在家为父守孝。

三年守孝期满，陈冕回京任职，于光绪十五年（1889）出任湖南乡试主考官。

1892 年，陈冕母亲病逝，他便再次离职还乡。

1893 年，陈冕迁移祖坟至济南历城丁家庄。

同年，陈冕病逝于鞭指巷状元府内，年仅三十四岁，葬于丁家庄。

陈冕一生是短暂的，为官的时间也不过十年，而其中有近五年的时间在遵制守孝，政治上并没有多么大的建树，学术上也不算突出。然而，当今学者纵论中国历史上的状元，陈冕却跻身最耀眼的一群人中，与陈亮、文天祥、张謇等人并列，这是为什么呢？

陈冕真正被后人看重，从而青史留名的作为，却不是在为官之时，而是在丁忧守孝那几年。

陈冕中状元之年，黄河决口，山东各地受灾，几十万民众衣食无着。其父陈恩寿捐款救灾，并亲到抗洪前线，却因操劳过度而生病去世。

次年，黄河再次泛滥成灾，在父亲情操的影响下，陈冕继承父亲遗志，再次捐出巨款赈灾，并亲自乘坐小船给灾民送饭送衣，个人出钱建造民房千余间安置灾民。

光绪十八年(1892)，陈冕为母服丧期间，山西大旱，陈冕为了筹集救灾资金，先后将状元府的大部分房产变卖，将家中余财凑成黄金千两全部捐献。陈冕还亲自在济南街头当场写字募捐，总共募得黄金万余两送往山西。

然而，就在这一年的八月十七日，陈冕因劳累过度而突发心脏病去世。消息传出，朝野共挽，济南市民为他高贵的人格感动，自发组织起来为他送葬，人群绵延数里。

中国古代的文人士大夫对人生的至高追求，有"三不朽"之说，即"立德""立功""立言"。由于对其标准的无限拔高，导致被公认达到"三不朽"者，屈指可数，哪怕只能达到一条，便已经是圣贤的标准。

然而从我们现在的角度看来，如陈冕短暂的一生，知行合一，以身作则可谓"立德"，救济世人，活人无数，可谓"立功"，这从某种程度来说，已经可算是不朽了。

Chen Mian

The Heritage of the NO.1 Scholar

Chen Mian's life was short. He served as civil servant for 10 years, 5 of which were spent in observing mourning for his parents. However, Chen Mian's name is listed into the greatest NO.1 Scholars with Chen Liang, Wen Tianxiang and Zhang Jian. Though his life span was short, he is considered as a"morality model"who united knowledge with practice and made himself serve as an example to others; he was also known as a"man of contribution" who brought relief to the people and saved numerous people's lives. Therefore, he is considered an immortal.

一湖清雅一湖诗

大明湖

纯以泉水为源，且在都市之中的自然湖泊，全国仅有大明湖一个。上世纪 50 年代，大明湖澄澈得让人怜惜，让你不忍心去打扰它，银白的鱼秧儿在碧绿的水草间纷然游动，阳光透射到它们时，水面便泛起一片细碎的银光。可以说，"移步是诗，转身是画"，是大明湖最真实、最美丽的写照。

撰文 / 侯　琪

我生也幸，生在济南；我生幸甚，住在大明湖畔。

故乡情结，人皆有之。一个走出大山融入都市的山里娃，几十年后，令他魂牵梦萦的仍会是故土忧郁的群山，潺潺的小河，低矮的茅屋，淡淡的炊烟……尽管，那山是封闭贫瘠，粗砺暗淡的，美不美，家乡水，谁不珍爱生养自己、生命由之出发的故土呢？

喝着济南泉水，沐着明湖荷香长大，且注定要终老济南的我，生命的记忆自然要斑斓许多，温馨许多。对于家乡，对于家乡那被誉为"江北独胜"的大明湖，我是永存自豪与感恩之心的。

———

儿时的大明湖，是我的天堂乐园。

上世纪 50 年代，大明湖澄澈得让人怜惜，让你不忍心去打扰它，银白的鱼秧儿在碧绿的水

佛山倒影　图片由中共济南市委外宣办提供

草间纷然游动，倏然东西，适逢阳光透射到它们时，水面便泛起一片细碎的银光。小虾们则懒散地伏在湖底，间或会有几只受惊的虾儿，弓身一纵，迅若掷石，三纵两纵，便杳无踪迹——单是近湖岸而观游鱼，已是其乐无穷，更何况烧衣针做鱼钩，系裤腿为鱼网，临清流捕鱼虾，此情此境，是我人生记忆中的珍藏。

那时，大明湖里鱼极多，尤其是湖东南岸苇荷茂密处。傍晚时分，曾见有人折根芦苇，插入湖中上下抖动，竟有尺许大鱼咬住芦苇被扯到岸上。大明湖鱼多，吃鱼的鳖鱼也多。印象最深的，是夜捉鳖鱼。上世纪60年代一个麦黄时节的午夜，我与中学同学从大明湖东侧围墙残缺处进入公园，用手电筒照明沿湖北行，前行不远，便见围墙边有点点黄豆大小的荧光——这便是鳖鱼的眼睛，它们会在麦黄时节从塌圮的湖堤处爬上岸产卵。我们飞跑过去，趁鳖鱼尚未来得及逃回湖中时踩住它，然后用细绳拴住后腿。这样一路走过铁公祠，我们已如法炮制捉到了十几只。

六七十年代，大明湖东门以北，还是阡陌遥连的菜畦杂以荷塘。红荷碧柳、绿苗黄花间，蝴蝶竞舞，蜻蜓翩飞，蟋蟀弹琴，蛙鼓蝉吟。我们常在这里捉蟋蟀，引蜻蜓，捕蝶套蝉，乐而忘归。有一年，邻家哥哥在此捉得一只通体墨黑的蟋蟀，勇猛善斗，打遍明湖周围几十条街巷无敌手，让我们街的孩子为之自豪了整整一个秋天。

不过我最感光趣的是引蜻蜓。那是一种个头挺大的绿色蜻蜓，飞行姿态很美，就如飞机滑翔一样平稳优雅，我们叫它"大耳"。通常，要先捉到一保雌性的绿蜻蜓，用线拴住它的胸腹部，然后把线的另一端拴在一根短竿上。轻摇短竿令"雌大耳"在线绳牵引下左飞右飞，同时口中还要抑抑扬扬地反复唱着"啊大耳——大耳嘛过来了——骑着马挎着刀"，那曲调悠扬而苍凉，如同咒语。翩飞在菜畦荷塘的"雄大耳"倘发现了"雌大耳"，便会飞过来扑在"雌大耳"身上求偶。此时捉它，易如探囊，不用多久，便可捉得十几只。

令我怀恋的明湖岁月，除了儿时捕鱼捞虾、捉蟋蟀引蜻蜓的童趣，更多的是少年时在大明湖畔读书的日子。那是"文革"期间，山东大学中文系赵省之先生迁居我家附近学院街，我和弟弟常去他家借书。每天，我带着借来的书，去南岸遐园的回廊、假山，南丰祠南湖边垂柳下，一看就是半天。常去的地方还有湖东南岸的汇泉寺，这里三面环水，柳荫静幽，荷香苇绿，清风习习。溽暑难当的炎夏，这里就成了我读书的好去处。许多年之后，当我从书上得知汇泉寺又名清凉岛，旧时文人常在此读书时，不禁为自己暗合古人而生几分得意。一书在手，倚沧浪亭护栏，卧湖边回廊，神疲听碧波私语，目倦望鸟嬉蓝天，诚为画中之人，就是那段时光，我通读了大学中文系的多数课程，也是从那时起，我爱上了文学。

杨柳春风一片大明……

二

纯以泉水为源，且处都市之中的自然湖泊，全国仅大明湖而已。这是 2001 年我为一部书稿撰写《明湖忆》一文而翻查中国著名湖泊简况时偶然发现的。以我之孤陋，当时未见有人这样定位家乡的大明湖，因此，我着实为我的"发现"自豪欣喜了好长时间。

元代乡贤、著名文学家张养浩曾以"浓妆淡抹坡仙句，独许西湖恐未公"的诗句来夸赞大明湖，大约是因大明湖的规模及名气虽不若西湖，但它自有小巧玲珑、清秀潇洒的风致在。西湖的确美艳超群，然总嫌多了几分脂粉气，莫如大明湖，单是那沁脾透肺般散溢着的荷的清香，便取胜几分。儿时偷偷去大明湖疯玩，总会被姥姥一语揭穿，大惑不解之下，死缠姥姥说出秘密，才知道"惹祸者"是我身上残留的荷的清香。

明代张岱在他的《西湖梦寻》中曾喻湘湖为处子（女），鉴湖为名门闺淑，西湖为曲中名妓，循此以喻明湖，则可指俊朗少年了。其清纯秀美，偶傥潇洒，勃勃英气非壮怀少年不可比，它竟把数十里之外的千佛山倒揽入怀，还要加上马鞍山、佛慧山……千百年来，它的魄力直让游人瞠目，英雄气短！大明湖又是一个深得宠爱的幸运少年。你看，"四面荷花三面柳"，红荷绿柳掩映抚慰着它；"一城山色半城湖"，千年古城把三分之一的地产留给了它。它的北面是黄河，那条华夏母亲河，它的南面，则有巍巍泰山，那是五岳独尊的岱宗。遍数中华大地，又有哪一个湖，可以像大明湖那样"三千宠爱在一身"地依偎在父山母水的怀抱里？

没有！只有我家乡的湖。

我家乡的大明湖。

三

唐天宝四载，北海太守、一代书法大家李邕在历下亭宴请杜甫，杜甫即席赋《陪李北海宴历下亭》一诗，其中"海右此亭古，济南名士多"两句，吸引得历代文人学士争相集于大明湖上。那载酒泛舟的旷达，荷叶穿孔作"碧筒饮"的狂放，曲水流觞的优雅，贡院士子的偶傥招摇，以及秋柳园的诗社，明湖的犁铧大鼓，遐园的书香……让人遥思神往。这些文人学士描绘大明湖的诗文书画，也使得大明湖锦上添花，声名远播。宋代诗人、齐州知州晁补之的《北渚亭赋》，被清代文坛盟主、乡贤王渔洋赞为"吾郡遗文惟晁无咎《北渚亭赋》最为瑰丽"。而王渔洋在明湖南岸水面亭宴集诗友时所作《秋柳四章》为神韵诗派的典范。名震大江南北，举国名士竞相唱和，以至百数十家。元代大书画家赵孟頫宦居济南时所作《鹊华秋色图》，清丽苍凉，古朴高远，历经后世名家品题，终入宫廷，成为中华民族国宝级文物珍藏。被誉为清代短篇小说之王的蒲松龄，为科考曾在大明湖边长期赁屋居住，不知在烟笼霞飞的大明湖上，他写下了多少鬼狐故事。最可惜的是老舍先生的长篇小说《大明湖》手稿，未及出版便毁于火灾。从先生据手稿印象草成的短篇小说《月牙儿》来看，《大明湖》当是老舍先生的长篇力作，那么，这就不仅是大明湖的巨大损失，也是中国现代文学的巨大损失了。

大明湖吸引了文人，文人则用文化熏染了大明湖，让大明湖成了"诗湖"。文人之于明湖，是"诗人置之诗地"，济南人民是深知其中三昧的。大明湖现有四处祠堂，除了铁公祠祀明代铁铉之外，一处祀宋代齐州知州、唐宋八大家之一的曾巩，一处祀济南二安之一、宋代杰出诗人辛弃疾；一处藕神祠，还要被济南人改祀词中女杰、易安居士李清照。他们三人均是中国文学史上光耀后世的巨星，济南人民在自己视为城市明珠的大明湖建祠纪念，不正体现了对文化的尊重，对文人的尊重，希望他们魂兮归来，永驻明湖吗！

四

2009 年，每一个济南人都会牢记在心。这一年，大明湖扩建工程竣工，新增面积约 30 公顷，大明湖也由园中湖复归城中湖，人们可随时随意，近湖亲水，燕乐游赏。新区增修七桥风月，秋柳含烟、明昌晨钟、稼轩悠韵、竹港清风、超然致远、曾堤萦水、鸟啼绿荫八大景观，将文化积淀、历史记忆与湖光山色、园林艺术有机融合，使之既流露着现代气息，又不失大明湖固有的清丽优雅。游走在新区，你会感受到"移步是诗，转身是画"的美不胜收——中国诗画的意境与境界。

而更令人惊喜的是，大明湖与东西护城河实现了贯通。这样以来，护城河就如一条晶莹的项链，大明湖则是项上举世罕匹的翡翠玉坠。为了尽显这条翡翠项链的至尊至贵，还将黑虎泉群、趵突泉群、五龙潭泉群三颗无价明珠系在项链上。于是，三大泉群几十眼泉水，注入了东西南三个方向围绕着古城的护城河，而那一河清泉水，又潺潺流进了大明湖这个无与伦比的"大泉池"。那些游船画舫就在这秀水净池之上，或拂柳穿花，或放棹中流……这种纯由泉水造就的、独特的水乡景观，放眼寰宇，还能有第二处吗？

这就是我家乡的水，家乡的湖，我家乡的大明湖。我深知，我无力描绘出大明湖迷人的神韵与风貌，但我会尽力而为，因为它是我家乡的湖，我生命的湖啊！

Daming Lake

The Lake of Elegance, the Lake of Poetry

All across the universe, you can never find a second watery scenic sight that is purely and uniquely made of spring water other than this one. In the 1950s, Daming Lake was so clean, that people would hesitate to touch it. Silver fish swam across its green waterweeds. The sunshine spreads its warmth onto the water, breaking the lake into silver pieces. "Every step is a poem, every turning is a painting"—— what a fantastic expression for Daming Lake!

泉水熬出的国药

　　阿胶，又名"傅致胶""盆覆胶""驴皮胶"，是我国历史悠久的著名国药。阿胶的起源，无文献明确记载。但成书于秦汉时期的《神农本草经》中有"生东平郡，煮牛皮作之，出东阿"之记载，阿胶的历史至少在两千年以上，最初是用牛皮熬制，因始产于古东阿，故名阿胶。传至唐代，人们才发现用驴皮熬胶，药效更佳，并将这一做法传承至今。

撰文／牛国栋　摄影／范　良（除署名外）

阿胶的历史至少在两千年以上

阿胶

阿胶，又名"傅致胶""盆覆胶""驴皮胶"，是我国历史悠久的著名国药。

阿胶的起源，无文献明确记载。但成书于秦汉时期的《神农本草经》中有"生东平郡，煮牛皮作之，出东阿"之记载，可见阿胶的历史至少在两千年以上，最初是用牛皮熬制，因始产于古东阿，故名阿胶。传至唐代，人们才发现用驴皮熬胶，药效更佳，并将这一做法传承至今。

泉水熬制，相得益彰

优质阿胶色如琥珀，黑如莹漆，硬如皂块，明代医药学家李时珍称之为"真者不作皮臭，下月不湿软"。阿胶有滋阴、止血、补虚、润燥之功效，对虚劳贫血、肺痿咯血、胎产崩漏等症有良好的药效，是我国医药宝库中的"大补之品"，与人参、鹿茸并称"中药三大宝"。因历史上阿胶还作为"上朝进贡"之品，也有"贡阿胶"的称谓。历代有曹植、杨贵妃、朱熹、慈禧太后、李鸿章等人服用阿胶的记载。

阿胶制作工艺要求很高，既有对毛驴、驴皮的要求，更有对熬胶时水质的要求。北魏郦道元《水经注》中有"东阿故城中央阜上有大井，其巨若轮，深六七丈，岁常煮胶以供天府"的描述。古时药剂师们认为，古阿井之水源于河南济源王屋山下的济水地下潜流（古语称"伏流"），色清质重，熬胶时有利于杂质及漂浮物的打捞，使胶质更加纯正，因此，古阿井之水成为制胶首选。由于汉代始设的东阿县治屡次搬迁，今属济南平阴县的东阿镇、今属聊城阳谷县的阿城镇都是东阿县故城，也都有古阿井遗址，制作阿胶都颇具历史和规模。自明代洪武年间，古阿井逐渐废弃，阿胶生产中心几易其地，从东阿镇到阿城镇，其中重要原因即是寻找新的制胶水源。《历城县志》记载道："七十二名泉，泉泉皆齐渎，近源著泺水，远源溯王屋。"济南泉水与古阿井之水一脉相承，其性硬质重，是绝佳的制胶替代水源。

宏济堂熬出"九天贡胶"

清道光二十三年（1843），济南士绅集资，在城西关泉水汇集的东流水街正式设立阿胶作坊，但无牌号，无门市，春冬每年产量不过三五千斤，初夏停工，分销东流水阿胶。年年如此，时辍时续。此为济南阿胶的开河之作。清同治年间（1862~1874），济南滋德堂等三户聘请东阿人刘春云、刘代云兄弟（其前辈系历年为官府熬制阿胶的技师），在东流水街设立"魁兴堂阿胶店"，刘氏兄弟任正副经理；清光绪十年（1885），东阿熬胶人司益臣出资在东流水街设立了"延寿堂阿胶店"，自任经理。

1909年，在济南创办宏济堂的乐镜宇看好阿胶的销售行情，决定在胶庄林立的西关东流水街开办宏济阿胶厂。1918年建立新厂，使用了大型的设备，扩大了生产规模，成了最大的生产阿胶的胶厂。20世纪二三十年代，宏济堂还在北京建立了参茸阿胶庄。

乐镜宇为熬制上品好胶，遍访名家高人，在继承传统技艺的同时，寻求突破与创新。他重金聘请阳谷制胶名师刘怀安来济南，研制出宏济堂的独门绝技——九昼夜精提精炼法，即"九提九炙"工艺，比以前的熬制方法多了66道工序，增加了6个昼夜。用这种工艺熬制出

宏济堂阿胶独门绝技——九昼夜精提精炼法

来的阿胶，去除了原有阿胶的腥臭味，色如琥珀，清香甜润。驴皮遴选更是宏济堂制胶的第一道关口，他们只选用德州"三粉"（即粉鼻子、粉眼睛、白肚皮）黑驴，且驴皮一定是冬天所采，即毛黑、茸密、光亮、皮厚的所谓"冬板"。当时生产的阿胶为"福、禄、寿、财、喜"五字胶和精研、墨锭、极品等不同型号共12种，年产阿胶5000公斤。1910年，东流水阿胶进奉皇宫，被隆裕太后誉为"九天贡胶"。1914年，宏济堂阿胶荣获山东物品博览会金奖。1915年，又荣获美国旧金山巴拿马太平洋博览会金奖。宏济堂的产品远销南洋和日本。就连日本采取歧视性措施限制中药进口的时期，对宏济堂的产品都是免检放行。

列入非遗的熬胶技艺

1955年7月，济南市人民政府对以宏济堂为龙头的全市所有中药老字号进行公私合营改造，成立了济南市药材公司（济南药材站），1996年改制为济南药业集团有限责任公司，即现在山东宏济堂医药集团有限公司的前身。

2008年，为了挖掘珍贵的中医药产品，恢复传统的宏济堂东流水阿胶生产技艺，山东宏济堂医药集团有限公司投资成立"山东宏济堂阿胶有限公司"，有针对性地调配人员、寻访和重用仍然健在的老药工、老技工，传授宏济堂东流水阿胶制作技艺，对这一宝贵的中药产品进行保护性开发。

经过近年来的努力，山东宏济堂阿胶有限公司按照老传统、老工艺、老配方、老选料，"九提九炙"、纯手工制作的宏济堂东流水阿胶在中断近60年后恢复生产上市。 2010年，宏济堂东流水阿胶"九提九炙"制作技艺已被列入非物质文化遗产；被济南市评为十大民俗文化特色产品。

制胶历史悠久的平阴县东阿镇，于1952年成立了全国第一家国营阿胶专业生产厂——山东省平阴县东阿镇阿胶加工厂。1968年，经山东省药材公司批准，由平阴阿胶厂独家负责"福"牌阿胶出口生产。1979年，国家工商局批准"福"牌、"东阿镇"牌为平阴阿胶厂专用商标。2003年，"福"牌阿胶、"东阿镇"牌阿胶双获国家原产地标记认证，受原产地地域保护，享有独家专用权。

宏济堂东流水阿胶拥有百年历史　摄影／王　锋

Donkey-hide Gelatin

National Medicine Cooked from Spring Water

The history of Donkey-hide gelatin lasts at least more than 2000 years. It's first made by slowly boiling cow skin and has earned the name "E Jiao"for its place of origin, Dong E. Not until the Tang Dynasty did people begin to realize it would be a much stronger material if its' cooked with donkey hide, a method still in use today.

一声"二哥"几多情

二哥

在泉城济南,"二哥"是一种至高无上的尊称。"借光二哥,到香磨里怎么走啊?"被询问者一定会热情给你指路,甚至会专程为你领路。济南人特别讲究礼数,你尊他一声"二哥",他就把你视为知己、视为兄弟了。既然是兄弟,办什么事儿就都不在话下了。

撰文 / 张继平

在济南,"二哥"的称谓久违了。先是"同志"大行其道了几十年,而今则是"先生""哥们儿""大哥"不绝于耳了。多元化的社会、多元化的时代,人际称谓呈多元化发展趋势,当然可喜可贺。然而,上推六七十年,你在路上要是冒昧地叫年龄相仿的陌生男人一声"大哥",轻则会招来一对白眼,重则很可能就要遭受一顿皮肉之苦了。

"大哥"的"贬值"

过去在济南,"大哥"其实是一种蔑称,"二哥"才是对对方的敬重称呼。"借光二哥,到香磨里怎么走啊?"被询问者会热情地给你一番详尽的指示,甚或高兴地对你说:"跟我走吧!"等进了庄头,顺口说一声:"到了。"不等你道谢,他担着挑子原路返回了,实际上他原本就是专程来给你领路的。"借光二哥,使伙火点颗烟。"正在抽烟的陌生兄弟会立刻很热情地掏出口袋里的火柴,划着后双手捧起帮你点燃香烟。当地人好客、讲究礼数,你尊他一声"二哥",他就把你视为知己、视为兄弟。既然是兄弟,帮忙的事儿自然不在话下。

外地人不解的是,中国人自古以大为荣、以大为尊,什么"夜郎自大"呀、"大官人"呀、"青天大老爷"呀、"大丈夫"呀、"道上老大"呀,甚至穿上一身制服,也会立马"大"起来成了"大兵"或"大盖帽";可在这儿咋一到了"称兄道弟"时,"大哥"立马就"贬值"了呢?况且在中国文化中,几乎凡是带"二"的都不是个堂堂的数字,以它为称谓,也总是含有轻蔑、贬评的含义,譬如店小二、二流子、二狗子、二半吊子、二流八蛋、二百五啊等等,就连祖母辈的"奶"一加上"二",也立马下降好几辈,成了人所不齿的"二奶"。可在这儿,"二哥"怎么就成了一种至高无上的尊称了呢?

试图和民俗讲道理是徒劳的,所有民俗事项都是老百姓在长期生活中约定俗成的。但每一个民俗事项又都有着深厚的文化根源。"二哥"称谓自然也不能例外。满天下的人们都爱称山东人是"山东好汉"。山东好汉的代表人物,妇孺皆知的是好汉武松武二郎。《水浒传》和《金瓶梅》故事的发生地,主要在山东。山东阳谷的景阳冈,则是武二郎"精拳打死山中虎,从此威名天下扬"的地方，至今遗迹尚存。那武松长的是"身长八尺，一貌堂堂，浑身上下，有千百斤力气"；而武大郎却是"身不满五尺，面貌丑陋，头脑可笑""身材短矮，人物猥獕"，"三分像人，七分似鬼"，诨号"三寸丁谷树皮"。在性格方面，武松有景阳冈打虎、醉打蒋门神、夜走蜈蚣岭、智取二龙山、杀嫂、斗杀西门庆等英雄壮举；而他的哥哥武大郎则是生性懦弱的"窝囊废"，民间至今还流传着他的许多歇后语，诸如："武大郎玩夜猫子——什么人玩什么鸟"，"武大郎攀杠子——上下够不着头"等。由于武大郎的"窝囊"，终致其妻潘金莲与西门庆勾搭成奸，使得他成为戴绿帽子的"王八"，并最终因此而死于非命。有些外地人问，你们为什么不让称呼"大哥"，此间的老人会答曰："大哥是王八。"此说即滥觞于此。

武二郎与秦二哥

武二郎的形象深植于老百姓心中，影响民风民俗是顺理成章的事儿。尤其是随着武松戏剧和武松曲艺的传播，相貌堂堂、勇猛英武、刚强侠义的武松形象更为广大老百姓所崇拜。山东快书这一曲艺表演艺术形式，最早就是因主要演唱武松故事而闻名的。咸丰年间（1851~1861），山东济宁一带有个贫寒的读书人赵大桅，为生活所迫，编了一些说武松故事的顺口溜，赶集卖艺。后来学习了山东大鼓里近似韵白的"窜钢腔"，使用山东大鼓的打击乐器"梨花片"（铜板），逐步形成了这个曲种。这一曲艺形式定名前，一直被群众称为"唱武老二的""唱大个子的"。直到

1949年6月，高元钧在上海大中华唱片厂录制唱片时，才正式定名为"山东快书"。"二哥"称谓，具体说应是一种"英雄崇拜""武松文化"影响的结果。受此影响，济南人更加充实了原本已有的崇尚忠勇、秉持正义、热情好客、无私待人、敦厚阔达的淳朴民风。

无独有偶。武松行二，另一位济南英雄、唐代开国名将秦琼，在贾家楼（济南原老城西门外篦子巷北口"玉美斋"食品店旧址）"歃血为盟，誓结金兰"排行也是老二："魏征居长行大，秦琼行二，徐茂功老三，程咬金行四……"秦琼，字叔宝，济南怀仁里人。提起秦琼，千百年来，他在山东人民的心目中，一直是一位于千军万马之中取敌人首级如探囊取物的英雄，更是一位心甘情愿为朋友"两肋插刀""拔刀相助"的好汉。至今，老济南们还常常在茶余饭后聚在一起，对有关秦琼与敌人交战神勇无比的故事津津乐道。传说秦琼世代在济南西关花店街一带以打铁谋生，人称"冶铁秦家"。秦琼年轻时曾在历城县衙门当一名捕快，他为人慷慨仗义，待人义气为先，广交天下英雄，江湖上尊称其为"秦二哥"。他曾因解救几位犯案的好汉，自己甘愿忍受官府的严刑拷打，因而在江湖上获得"仗义"的美名。

秦二哥不但为人仗义，而且十分孝顺。在千佛山西盘道唐槐亭西侧，有一株形状犹如母亲怀抱婴儿的"母抱子槐"，相传就是秦琼到千佛山寺院为母亲许愿烧香，曾拴马于此树，故而被称作"秦琼拴马槐"的。据说唐槐亭曾是秦琼庙的遗址。由于秦琼是大唐开国元勋，同时又是仁义之士，为百姓专做好事，深得百姓的信任和拥戴，人们便在其故乡建起庙堂供奉。起初，在秦琼庙里塑了一座秦琼像。但奇怪的是，这雕像一直站不稳，仔细检查修整后仍然如此，人们百思不得其解。后来一位老者解开谜团："秦琼是一代忠臣，他一生扶持唐王李世民，死后也不愿意独占王位！"于是，人们便把秦琼的雕像挪开，在庙的正中央重塑了一座李世民的雕像，"秦琼"这才昂首挺胸地立在一旁，任凭打雨吹风，一副岿然不动的样子。这一故事虽为传说，但秦琼恪尽职守，连死后也不忘自己职责的美名流传至今。

传说中最让人关注的，是五龙潭里秦琼的故居。传说秦琼追随李世民南征北战，为创建大唐王朝立下了汗马功劳，于是便在济南五龙潭上建造了一座豪华的府第——国公府。五龙潭为秦琼故居的说法，最早见于元代张养浩的《复龙祥观施田记》。该文记述道："闻故老言，此唐胡国公秦琼第遗址，一夕雷雨，溃而为渊。有渔者善游，见阶陛皆玉石，尚隐隐可数。又有中酒卧水滨

者，梦朱衣延之门，宫殿闳邃，未及入而寤，世神之不敢宇。或谓溃而为渊者，龙尝居焉。"到了清乾隆年间，著名学者桂馥在五龙潭畔建造潭西精舍，其《潭西精舍记》云："历城西门外唐翼国公故宅，一夕化为渊，即五龙潭也。"本来在《复龙祥观施田记》中还是"闻故老言"，而于桂馥文中却十分肯定地指明五龙潭为秦琼故居。更有甚者，清道光年间，有好事者竟然在五龙潭西南处竖立起一块石碑，石碑之上煞有介事、堂而皇之地刻写着"大唐左武卫大将军胡国公秦叔宝之故居"，无怪乎当地老人们多少年来也一直把此地称为"秦琼府"。

秦二哥在老百姓心目中，是孝敬老人、仗义疏财的山东好汉。他是著名小说《隋唐演义》中的主人公，也多为其他文学和文艺作品所称道。在济南地区，他更是大家心目中的大英雄。有《秦琼卖马》的曲目广为流传。老人常回忆过去济南劝业场和土山中艺人们对秦琼的赞颂："说秦琼，道秦琼……"。"二哥"的形象深入人心，人们自然乐于他人称呼自己"二哥"了。

大方亲切的旧日子

武松、秦琼都是英雄，又都排行老二。凑巧的是，儒家学说的创始人孔子也是排行老二。济南自古就受儒家文化和齐鲁文化的浸染，孔子又是人们尊崇的"圣人"。文可治国，武可安邦。安邦治国的，竟然都排行老二，所以民间就有了所谓"老大憨厚、老二精明"的说法。世上之人，谁甘于当一个憨人，谁不愿意让别人说自己聪明些？况且人们又都受到"英雄崇拜"的影响，"二哥"称谓的流行，就不足为怪了。

当然，也有学者从另一民俗角度寻找尊称"二哥"讳称"大哥"的文化渊源。语言学家谭汝为认为，有两种原因："一是武松文化影响，二是当地拴娃娃的民俗所致。不过我认为，这两个原因，武松文化应是外因，拴娃娃民俗才应是真正的内因。"旧时民间有拴娃娃的习俗：妇女婚后无子，就要到娘娘宫请回一个泥娃娃，称为"娃娃大哥"。被带回家的泥娃娃被视为家里的"首生子"，把它放在碰不着的地方或炕头，为它穿上小衣服，夏穿单，冬穿棉，随季节变化而换装，每天还要在它面前摆上碗筷饭食，把它当活娃娃看待；即使"拴娃娃"的母亲生了儿子，由于家里已有一个当活人看的"娃娃大哥"，行大，所以即使是"头生子"生下来也一律排行老二。

一声"二哥"，引出了这么多考证和附会，说明这个民俗事项民间文化根源确实丰厚。回想叫"二哥"的日子，你会觉得那岁月是那么大方亲切，那时光是那么充满亲情，那人际生活是那么和谐如家。"二哥"，你说呢？

Er Ge

Respects from the Greeting of "Er Ge"

In Jinan, the appellation "Er Ge", which means "Brother Two" has been a respectful greeting. When you find yourself lost, all you need to do is to say, "Excuse me Er Ge, how can I get to Xiangmo Li？" I am sure you'll find your way and you may even pickup a personal guide. Jinanese pay a lot of attention to etiquette. Once you call "Er Ge", they will treat you like a brother, who would do anything for his little brother.

古城遗韵梦回时

　　芙蓉街，是一个繁华却又古雅得可以安顿心灵的宜居之地。它是繁华的，又是沧桑的，是热闹的，又是幽静的。"老屋苍苔半亩居，石梁浮动上游鱼。一池新绿芙蓉水，矮几花阴坐著书。"——说的是清代诗人笔下芙蓉街的美。漫步在这条铺满青石板的老街上，一个人看雕梁、看游鱼、看水、看苍苔，心中的得意无法用言语形容。

撰文 / 樊禹辰

　　这座城市的黄昏暮色中带着些温柔，在街上漫无目的地闲逛，无意间走进了这座现代化城市的最古雅的一隅——芙蓉街，伴着路边的点点街灯，我穿过匆匆人群，深入了这座城市最为沉静的所在。

　　世人道：来济南，甜沫、油旋、芙蓉街。今日趁着这微风徐徐，晚霞肆意，我也特意来会这位已与我在梦中千百次相见的街市。

　　穿过街口古色古香的牌坊，街内的景象倒是让我多少有些意外，它并不像是乌镇或者甪直那样完全旧时风韵，它更像一个扎着犄角的小姑娘，羞怯怯地隐藏在周围各式各样的现代建筑当中，在这个晚霞浸染的黄昏，显得格外的乖巧和幽静。

　　我怀着欢喜的心情雀跃着迈入其中，首先吸引我视线的便是鳞次栉比的店铺楼阁，雕栏画宇。仿佛一下让人越过了时间的长河伫立在百年前的济南。店肆林立，商贾聚集，这厢小二的吆喝声刚起，彼方店家娘子的叫卖声方落。我似乎听见了历史的声音在这条略显狭窄的长街里此起彼伏，悠悠回荡。

　　落日的余晖淡淡地铺撒在红墙绿瓦青石板上，给繁华的街市平添了几分朦胧与诗意。沿着长街慢慢往里走去，你会看见一个挨着一个的小小店铺。店面不大，却都在店家的精心装修设计之下与这条巷弄并蒂而生，精致之中带着几分让人可以亲近的平实。

　　这个时候脚步不妨稍稍快些，因为一不注意可能就会被从店铺里飘来的香喷喷的味道俘虏了你的味蕾，钩住了你的腿脚。如若你当真是敌不过心里那个小魔鬼对美食的苦苦挣扎，来芙蓉街，最重要的一件事便是吃。否则又怎能对得起它"泉城第一小吃街"的赞誉呢。

　　说到吃，就不得不提芙蓉街的"菠萝饭"。店家是两个年轻的姑娘，样貌姣好，手指细长，把一整个菠萝切开，一半菠萝一半米饭，上屉蒸熟。金黄色的米饭里不仅有米饭的清香还有浓浓的菠萝香气，让人垂涎欲滴。忍不住想大快朵颐的心挖下一口放进嘴里，你会觉得这是灵魂与身体结合后最完美的满足。饭后，再来一杯清凉的泉水，对店家点头致谢。你会由衷地赞叹一句：唯有美食和青春不可辜负。

　　胥记面馆的门前似乎永远排着长长的队伍，所有来到芙蓉街的人们大概都想去一尝它独特的美味，一碗热腾腾的汤面下肚，定会驱走初冬的寒冷。

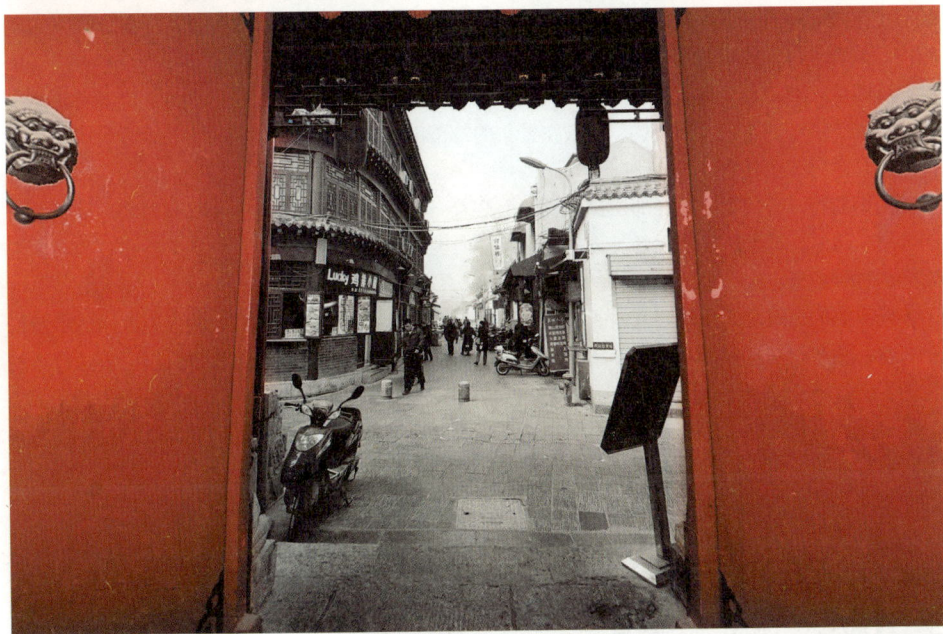

摄影／张 军

　　油旋也是芙蓉街的一大招牌，作为济南特色小吃的油旋在芙蓉街也是被人群簇拥，很多外地的食客吃货来此只为尝一尝传说中的油旋，是否真如人们相传的那样做工精细，里外能有60层。

　　吃过美食，也该到了来芙蓉街一定要到的地方——芙蓉泉。

　　济南不可无泉水，芙蓉街上又怎可无芙蓉？所以一个"养在深闺人未识"的芙蓉泉将会回答你所有的质疑。

"老屋苍苔半亩居，石梁浮动上游鱼。一池新绿芙蓉水，矮几花阴坐著书。"慢慢踱步在这青石板道上，你会赞叹清朝的诗人董芸老先生也确实会生活。

午后与黄昏之间，在这样的繁华乡里，一个人看雕梁、看游鱼、看水、看苍苔，得意的并不是自己手里正在拿着的书，得意的是如此安逸自得的生活。

少时，未见过这世间的种种繁华，总以为幸福就是想做什么就做什么，处处强于他人被他人簇拥称赞的虚荣满足，而今却已知晓，幸福其实是黄昏之时沏一杯清茶，执一卷旧书，想不做什么就不做什么的安逸与自由。

芙蓉街，就是一个繁华却又古雅得可以安顿心灵的宜居之地。这样让你找到心灵深处可栖之地的地方。这一点，可爱的董芸老先生知晓，那些曾经在芙蓉街上隐居的高人们也知晓。那是经历人生繁华后的淡然亦是对人生和名利看淡后，回归自我的淡然与安适。

芙蓉街中段路西有芙蓉泉，最早见于金代《名泉碑》。芙蓉街大约形成于清初，因泉而名街，大抵是不错的。

在济南城市文明史上，芙蓉街占据着十分显赫的地位。北宋熙宁年间，在今芙蓉街北首即建起了府学文庙，每年在此举行祭孔仪式。明代，芙蓉街为德王府的西苑。清初，德王府改建为山东巡抚署衙，芙蓉街成为街巷民居。清末民国间，芙蓉街店铺林立，多营古玩字画、图书文具，吸引文人学子在此流连购物。此处，芙蓉街上还曾有三山号眼镜店、治香楼百货店、广立顺照相馆、燕喜堂、大成永鞋帽店等百年老店，为当时济南十分繁华的商业街。

济南从来就是一个具有浓厚的文化底蕴的城市，低调的奢华，沉稳中的调皮，而芙蓉街更是准确地继承了济南这一精髓风韵，隐藏在繁华的都市里，低调里带着高调，古韵中含着时尚，让你流连忘返，沉迷其中。

沿街前行，有位老婆婆在那摆摊，货架上摆着一幅幅手工刺绣方帕香囊。打籽绣、缠针绣、滚针绣、镇绣。婆婆的手粗大却是灵巧，如果你向她搭话，她会细细地跟你道来许多在芙蓉街上发生的种种趣事。

宋大妈的豆腐是天还不明就做的，李大爷做煎饼的面糊是自己一点点磨的，赵大姐的酸辣粉是有着几百年秘制配方的。一点一滴，把芙蓉街的平实展现给你。这是这片青石板上安逸自得的生活，幸福闲适，能让一个常年客居他乡的人找到家的感觉。

但就算是如此保留着这老济南的风韵，芙蓉街也没有落于潮流，随处可见的欧美快餐、越来

人头攒动小吃街　摄影／李秀平

芙蓉泉池　摄影／赵晓明

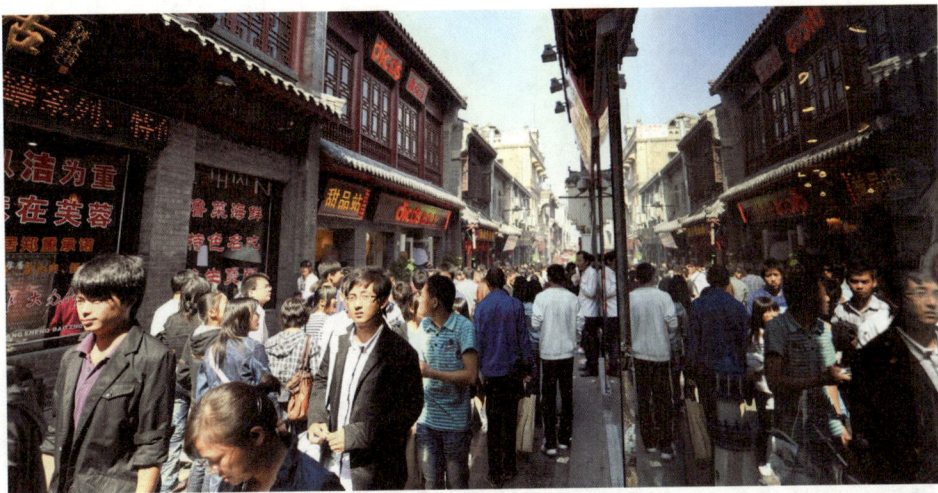

摄影 / 张源源

越多的时尚大牌、成群结队的金发美女……都使芙蓉老街蕴含着独特的时尚气韵。

芙蓉街的美，美得含蓄内敛，它的时尚同样也是内敛的，含蓄的，需要你慢慢品味。当然如果你说国足臭豆腐是它最时尚的地方，那我也得给你默默点个赞。毕竟，这个店家的幽默与睿智也是让人印象深刻。

走完这一圈，已是天黑了。走进街边一家小小旅店，今晚就安睡在芙蓉街的怀抱里。

Furong Street

Outstanding Street of the Ancient City Remains Her Beauty

Furong Street (Hibiscus Street) has witnessed prosperity and undergone a great deal of change. It's characterized at times by bustling noise and others by stillness and silence. "With old house grey moss half an acre of residence, stone beam floats and fish swim. There is a pond of newly green water of hibiscus, sit and read a book in the short flower bushes." A poet in Qing Dynasty had described Furong Street's grace like this. Strolling slowly on the path made of green stone, at a time between afternoon and dusk, in such a prosperous village, when seeing the carved beam, water, and grey moss alone, you will feel the satisfaction comes from such a comfortable and content life rather than the book you are holding in your hand.

黄河鼓韵动地来

秧歌鼓子

　　济南民间舞蹈艺术丰富多彩。鼓子秧歌、芯子、四蟹灯等一大批独具地方特色的民间舞蹈，无论从形式还是内容，都呈现出鲜活的乡里气息和朴素的艺术美感。作为一种狂欢舞蹈形式，济南的鼓子秧歌以其铿锵有力的节奏、丰富多样的场阵套路、粗犷豪放的动作、刚健遒劲的舞姿，声震全国，享誉海外。

撰文 / 张继平　摄影 / 王　琴（除署名外）

　　济南民间舞蹈艺术丰富多彩。鼓子秧歌、芯子、四蟹灯等一大批独具地方特色的民间舞蹈，无论从形式还是内容，都呈现出鲜活的民间气息和朴素的艺术美感。这些艺术是济南人民在长期的生活实践中，为适应自身生活需要和审美要求而产生的。它们大都就地取材，因材施艺，来源于生活，又反哺于民间，并在民间世代流传，历久不衰，有着旺盛的艺术生命力。随着社会发展，济南民间舞蹈艺术水平得以不断提高，很多作品在国内、国际都享有较高声誉。济南鼓子秧歌舞蹈艺术是我国艺术宝库中重要的一部分。

起源民间的舞蹈

　　鼓子秧歌是济南商河、济阳等地区流传最为普遍的民间舞蹈形式，相传已有一千多年历史。较为流行的说法是，北宋年间，有一年商河境内洪水泛滥，良田被毁，赤地百里，饿殍遍地。大水过后，幸存者辛勤耕作，播麦布谷，重建家园。第二年，风调雨顺，五谷丰登。百姓情不自禁地拿起笸箩、擀面杖、雨伞等生活用具边敲边舞，庆贺丰收。后来相沿成习，经过不断创新发展，遂成每逢节庆日百姓庆贺的一种民间舞蹈形式。

力与美的狂欢　摄影／郑曙光

　　鼓子秧歌，俗称"跑十五""闹玩意儿"，一般多在立春、元宵节、中秋节等重大节庆日演出。明嘉靖年间修《商河县志》记载："立春前一日……里人行户扮渔、樵、耕、读诸戏，酒筵悦歌，竞为欢会，凡三夜。"该志还专门记载了元宵节城里"跑十五"的盛况："举国纷纷兴若狂，新正十四挂衣裳。明朝但愿无风雪，尽力逞才闹一场。"这种在节庆日狂欢献艺的景况，到了清末，更为蔚为壮观。正月十四至十六三天，是鼓子秧歌的高潮期，"士女云集，途为之塞，自晨至暮，络绎不绝"。无论男女老幼，都涌上街头，尽情欢舞。

力与美的狂欢

　　早期鼓子秧歌的表演形式集歌、舞、丑于一体。表演时，一般先歌后舞，歌者不舞，舞者不歌，"丑"则在歌舞中插科打诨。经常演唱的歌曲大多以民间故事、历史传说、日常生活为素材，富有浓郁的乡土气息和生活情趣，如"摇葫芦""打岔""鸳鸯嫁老雕""馋老婆吃狗""大观灯""小观灯"等。鼓子秧歌的伴奏主要以牛皮大鼓为主，配以锣、钹、铙等，鼓手以鼓点的疏密急缓来指挥舞蹈演员的阵势变化。舞者扮相，大致分为伞、鼓、棒、花、丑五种角色。伞又分为头伞和花伞，头伞是指挥者和领舞者，多扮为英雄壮士，动作刚健奔放、苍劲干练。花伞多扮为青年小生，扮相俊俏，潇洒飘逸。鼓手是舞蹈队伍中的主力部分，多扮为青年武士，动作粗犷剽悍，孔武有力。多时数百面鼓一起擂响，声若滚滚春雷，势如暴风骤雨，忽如千军冲杀，忽如万马奔腾，气势雄伟壮观。棒，多由青年男子扮演。所舞之棒，长约一米，两端系以五色彩绸。表演时两手各执一棒，击打花点。其扮相机灵活泼，动作洒脱利落。花，多扮为少女形象，头戴红花，身披彩裳，左手持巾，右手握扇，动作优美灵巧，泼辣大方；丑，多扮为丑老婆、赃官、纨绔子弟、傻小子等形象，他们在秧歌队伍中迂回穿插、打诨逗乐，其表演滑稽诙谐、妙趣横生。

　　鼓子秧歌是一种大型集体民间舞蹈，所需人数从五六十人到数百人不等。表演时，舞者自始至终都在不停运动中，称之为"跑场子"。跑场子又分为文场、武场和文武场。文场以跑为主，舞者不做动作；武场中舞者停止跑动，在各自位置上同时做动作；文武场则是舞者在跑动中轮番做动作。其表演特点是，文场活泼明快，武场激烈奔放，文武场大气磅礴。鼓子秧歌作为一种快节奏、力量型的狂欢舞蹈形式，以其铿锵有力的节奏、丰富多彩的场阵套路、粗犷豪放的动作、刚健遒劲的舞姿，声震全国，享誉海外。

Drum Yangko Dance

The Drum Charm of the Yellow River Has Been Passed on for Thousands of Years

The dancing arts, among Jinan folks, is both rich and colorful. Regardless of its form or content, the dances are very popular among the people and they have a lot of local characteristics, such as dances with Drum Yangko Dance, Xinzi (meaning"mandril"), and Si Xie Deng (meaning"light of four crabs"), all showcase the vivid local ambiance and simple artistic aesthetics.Jinan's "Drum Yangko Dance"dancing art is an important part of the art treasures of our country. As a carnival dancing form with fast rhythm and power, "Drum Yangko Dance" is famous both at home and abroad for its strong and powerful rhythm, rich and colorful tricks, bold and unconstrained moves, and vigorous and energetic postures.

泉甲天下

THE SPRINGS OF JINAN TOP ELSEWHERE

摄影 / 张崇元

北风直送满城香

荷花

　　"荷叶田田千点碧，藕花冉冉满城香。贪看明湖忘归路，敲碎钟声月色黄。"清代诗人任宏远的这首七言绝句，形象生动地道出了大明湖成片的荷叶随风摇曳，一眼望去满眼让人心醉的翠绿，荷叶中冒出了荷花的花骨朵，让人看着心里特别舒畅。济南人自古就爱荷花，早在唐、宋时期，济南市郊的湖畔沼泽、田间池塘都有它的倩影，城北还有水域被称为"莲子湖"。

撰文/魏　杰　摄影/朱　军（除署名外）

绽　放　摄影/梁大磊

　　"荷叶田田千点碧，藕花冉冉满城香。贪看明湖忘归路，敲碎钟声月色黄。"清代诗人任宏远的这首七言绝句，形象生动地道出了大明湖成片的荷叶随风摇曳，一眼望去满眼让人心醉的翠绿，荷叶中间或冒出荷花的骨朵，让人看着心里特别舒畅。济南人自古就爱荷花，早在唐、宋时期，济南市郊的湖畔沼泽、田间池塘都有它的倩影，城北还有水域被称为"莲子湖"。

一

　　"荷花是济南的传统花种之一，荷柳相映是我国园林传统的配置手法，也是济南园林的历史特色。""荷花世界柳丝乡""四面荷花三面柳""杨柳春风万方极乐，芙蕖秋月一片大明"，自古文人们对济南风光的赞美都少不了荷花。"确定荷花为市花，对于建设具有泉城特色的历史文化名城有很重要的意义。"

　　1986年1月30日，经济南市人民代表大会第九届第二十次常务委员会会议决定，确定市花为荷花。荷花以它那艳丽的色彩、幽雅的风姿深入到济南人的精神世界。古时中国不少地方都有一年一度的荷花节，唯独济南每年两度举办荷花节：一次为农历六月二十四日的迎荷花神节，另一次为七月三十日的送荷花神节。

　　大明湖景区自1986年开始，每年在荷花盛开的季节举办明湖荷花艺术节。湖内近百亩荷花鲜艳夺目，随风摇摆，与公园内盆栽荷花遥相辉映，使整个公园变成了鲜花的世界。举办单位还邀请国内各地的文人墨客，举办咏荷书画展、楹联比赛，使荷花艺术节真正具有浓浓的文化艺术气息。

　　荷花也凭借它的实用性走进了济南人的日常生活。在利用荷花方面，济南还有一些与众不同的特殊食俗，如炸荷花、荷叶粥、荷叶肉等，而其中最有意趣的，当属碧筒饮了。碧筒饮以其典雅风流，堪称中国酒文化中的一枝奇葩。古人用荷叶为酒杯饮酒的一种传统习俗，当时称之为"碧筒饮"，而碧筒饮的发明地点正是济南。

二

　　荷花作为济南的市花，融入了济南城市的血脉，有许多地名以"荷花"命名，有一些建筑物也以荷花做造型。从二环路高架将军路路口下桥沿着54县道一直到机场路，这段道路被命名为"荷花路"。

夏　趣　摄影/梁大磊

　　"自从我有记忆开始，这条路就叫荷花路，可能是因为道路两旁全部都是荷花，因此命名的吧。"陈先生家就住遥墙镇，镇里的居民养荷花已经有几十年的历史，养荷花主要是为采藕出售。

　　沿荷花路行驶，不少水田里面种着荷花，荷花是他们这个区域的特色。"这片荷塘专门种植荷花，主要是观赏的，荷花盛开的时候特别漂亮。"一位村民说，这片荷塘是 2009 年 5 月建成的，规划面积 16000 多亩，核心区 1000 多亩，花开的时候很是壮观。

　　除了道路命名，在生产路还有一小区命名为"荷花园"。不只是地名偏爱"荷花"，还有许多建筑物都以"荷花"做造型，泉城广场中的音乐喷泉是"荷花"造型，济南东荷体育馆整体也呈"荷花"造型，是济南最大的"荷花"。还有一些市民在家中摆放荷花造型的艺术品，以前很多壁画也都是荷花，由此可见"荷花"在济南市民心目中的地位。

三

　　现在济南市的荷花都分布在什么地方，市民若想观赏荷花应该去哪里呢？专家介绍，因为荷花生长在水中，所以观赏的地点也是比较固定的，比如济南老城区内的大明湖、植物园等有水的公园，历城区遥墙荷柳风情园、章丘白云湖的荷花则因面积更大，也是观赏荷花的好去处。

　　荷花作为济南的市花，有着悠久的历史，融入了城市文化和市民生活中，所以市民们喜欢荷花、关注荷花。但由于荷花是水生草本花卉，离不开水，在种植和普及上受到一定限制。"有市民问为什么泉水池中、护城河中不种上荷花，这是因为荷花的生长环境需要一定的条件。"相关人士讲，荷花生存的水域需要水面宽阔，而且水流平缓，一般的泉池和护城河不具备这条件。自2012 年起，济南市园林部门组织开展夏季"荷花上路"工程，万余株红荷现身泉城街头。

　　据介绍，在盆栽荷花摆放地点的选择上，济南市园林部门重点选择了市内 5 区的县西巷、马鞍山路、经十路、经一路等 29 处重要节点，集中实施盆栽荷花布置工作。道路上主要采取盆钵、木箱等形式进行规则式布置，广场、公园等应用了太空莲 36 号、朝霞、荆粉芍药等 20 多个荷花品种，通过小景制作展现以荷花为主的景观。每年，济南市都布置盆栽荷花万余株，并搭配睡莲、千屈菜、芦竹、海寿等水生植物以及其他夏季开花植物。

"让荷花走出水塘，来到市区的街头，让市民和游客出门就能看到荷花，更直观地感受到荷花的雅致和美丽，是一个非常美好的创意，深得市民赞赏。

四

"荷花的需水量由其品种而定，一般来说养荷花，水不能太深，一般是一米左右吧。"大明湖养护荷花的工作人员们说，这里的荷花种类不少，从外观上区分，可分为玫瑰莲、红莲、黄莲、白莲、睡莲等，待到开花最旺的时候，荷塘中荷花争奇斗艳，非常壮观。荷塘中荷叶翠绿，水上还漂浮着嫩绿色的浮萍，不时有鱼儿来到水面嬉戏，还有水鸟展翅飞起，其景美不胜收。这里的荷花不仅生存环境很好，还有"好朋友"陪伴，野鸭、白鹭，经常来此觅食，还有各种鱼儿生活在水中，甚是热闹。

荷塘中有睡莲，在养护工作人员眼中，这种花的"生物钟"比较特殊，"睡莲一般都是傍晚将花骨朵打开，在晚上绽放，到了白天9点钟，或者太阳比较毒的时候，睡莲就合上花瓣。但阴天的时候，白天照样能观赏到开放的睡莲。

济南市民关注荷花的同时，希望传统的回忆、文化的延伸也能够做足，很多市民都提到了济南的"莲藕文化"。大明湖内有"藕神祠"，安安静静地坐落于景区北侧一隅，院内一对牌匾写着："一盏寒泉荐秋菊，三更画舫穿藕花。"明湖藕被老济南雅称为"白莲藕"，它肉肥质嫩，块大脆甜，嚼后无渣，旧时湖民们将它当作一种时令水果卖给游湖的游客。

几千年来，济南受舜德儒学的教化和济南灵山秀水的滋润，民多"敦厚阔达而多大节"，且"多教其子弟以继书香，即农夫胥役亦知延师。学馆如云，名社相望"。（乾隆《历城县志》）俗尚文儒的济南人自然也多彬彬君子之风。而清雅高洁、被称作"君子花"的荷花，自然也就成了济南人的爱物，且历久不息。这是一种深蕴于济南人文化心理结构的挚爱，因为这种爱，济南才世世代代充溢着一城荷香，高洁而清雅的荷香！

Lotus

North Wind Brings Fragrance to the City

"Lotus leaf has thousands of green points; lotus flower could fill the city with fragrance. Appreciate the Daming Lake greedily as to forget the returning road, bell tone gets battered and the moonlight turns yellow."This seven-word quatrain by Ren Hongyuan vividly depicts images of lotus leaves on the southern bank of Daming Lake. Swinging with wind, the enchanting emerald green stretches as far as the eye can see, and lotus buds emerging out of one or two lotus leaves, makes people forget their worries. Jinan people have a distinct affection for the lotus from as far back as ancient times. As early as the Tang and Song Dynasties, the lotus' beautiful image could easily be spotted in the lakes and marshes, fields and the many ponds of Jinan's suburbs. Daming Lake is therefore called the"Lianzi Lake (lotus seed lake)".

石激湍声虎啸天

　　说到黑虎泉，总会想到一个词语：意象。意象是属人的，也是属于外部世界的。早在金代以前，黑虎泉就以现名闻名于世。泉水出于深凹形洞穴，通过三个石雕虎头喷出，波澜汹汹，水声喧喧。明代晏壁在《七十二泉》诗云："石蟠水府色苍苍，深处浑如黑虎藏。半夜朔风吹石裂，一声清啸月无光。"

撰文 / 侯　林

　　说到黑虎泉，总会想到一个词语：意象。意象是属人的，也是属于外部世界的。要而言之，它是人们（特别是诗人、艺术家）观照和把握外部世界的方式，一种诗意化、形象化的结晶。而黑虎，则是一个最为绝妙的意象，是济南人关于这个泉至为精彩的形象表述。

　　不知多少个世纪以来，黑虎泉恒久地以它威猛刚健的气势与源源不竭的所谓"有本"者的容量震撼世人，扬名寰宇。

　　明人刘敕在《历乘》中这样描述黑虎泉的浩大水势与独特美感："喷珠飘练，澄澈可鉴眉睫，泉溢而出，轰轰下泻，澎湃百状，飘者若雪，断者若雾，缀者若旒，挂者若帘，泻为圆池，名曰

泉畔取水是济南独有的城市景观　摄影/袁　磊

太极，池中屹然一巨石，水石相击，珠迸玉碎，萦回作态，其声如昆阳巨鹿之战，万人鸣鼓瓦缶相应，以浮白酬之，坐十丈外，泉濛濛洒，人不寒而栗。”

黑虎泉的主体景观由两部分构成：洞穴（泉源）与泉池。严格意义上，那一巨石壁立之下的天然洞穴方为泉，因为那是泉水的出露处，而泉池乃是泉的附加物而已，而众多的济南人却总是指池为泉，因为池内有三个喷水的类似虎头模样的兽头，这应该算是一个不大不小的误会。

黑虎泉：从物泉到诗文

济南人对泉池是情有独钟的。这原因不仅在于泉水由兽头流出，煞是好看，还有，是那洞穴本身，有点儿怵人。明人晏璧的《七十二泉诗·黑虎泉》写尽了该泉的无限风韵险峻之美：石磻水府色苍苍，深处浑如黑虎藏。半夜朔风吹石裂，一声清啸月无光。

这实在是传神写照的大家手笔，诗的高明处在于不是一味写实，甚至不是写泉，而是写虎，写虎与泉的联系，或者说，他晏璧干脆将泉当成黑虎来写了，于是，他写出了人们意念中的那个黑虎泉。在读者眼中，这个诗里的黑虎泉居然比真的还像。

黑虎泉古时原只有洞穴，何时凿池并自暗道引泉水至兽口喷吐殆无可考。清末《老残游记》中已有泉池，然只一兽头，书中还记有一个“池南几间草屋”的茶馆，这茶馆的北窗之下便是泉池，由此我们可以确定它的大致方位。如今，崖壁与池间距离狭小，或那时泉池亦小，尚可容下这小小茶馆，或许，它在崖上，也未可知。

有高人称，黑虎泉开凿泉池是一处败笔，因为这样就丧失了黑虎泉原始的、古朴的美。在我看来，其实未必。洞穴与泉池，充分展示了两种不同美感的水态，一动一静，一文一武，一明一暗，一俗一雅，一收一放，一露一藏……相得益彰，相映成趣；况且，那泉池具有极强的观赏性，许多老百姓和游客都是冲着那三个喷水的兽头来的。济南籍的著名学者张蕾教授便曾以泉池三个喷头为据，对黑虎泉与趵突泉进行过对比的审美分析，堪称精妙。他说黑虎、趵突虽然都是属于气势雄浑、风格豪迈的泉，但二者在给游人的美感上却迥然不同，趵突泉三股柱起，水涌若轮，黑虎泉三流平射，连弩突发；趵突泉似雾若雨，波涛斜卷，黑虎泉如瀑如练，飞流直泻。如果说趵突泉给人的感觉是浑厚的，那么黑虎泉则令人感到是威猛的。(《济南名泉》，山东人民出版社，1988 年版)

黑虎啸月　摄影 / 郑曙光

一泓泻出玉田田　摄影/庄少玲

　　黑虎的威猛与它的浩大水量是密不可分的。它的泉水涌量仅次于趵突，在济南众泉中稳居第二位，日最大涌水量约 4.1 万立方米。黑虎泉的浩浩水流成就了济南的南护城河和东护城河，而护城河则成就了众多的游泳好手和游泳健将，甚至包括全国冠军周同文等，说起这些，不少济南人总会竖起拇指声明：那可是在黑虎泉和护城河里泡大的孩子！

　　已故好友祝夷东先生家住护城河边。他曾回忆说：上世纪 50 年代末 60 年代初，护城河河面汤汤，水深且大，两岸沙石裸露，斜坡陡峭，富天然之趣。老东门一带水域，芦苇匝集，苲草丛生，芦花深处常有钓翁漂来，钓翁坐一木盆之上，操一搓板作桨，披一袭蓑衣，凝神垂钓。足见那时的水势很不一般。

　　数百年来，文人雅士吟诵黑虎泉的诗文很多，这其中，明代天水进士胡缵宗的《嘉靖丁酉济南踏泉》是颇有特色的一首，全诗如下："济水城南黑虎泉，一泓泻出玉田田。巨鳌伏地来河内，灵液流云到海边。杨柳溪桥青绕户，鸳鸯烟雨碧涵天。金汤沃野还千里，春满齐州花满川。"

　　黑虎泉最大的美是什么，作为山东巡抚，山东最高的行政长官，胡缵宗记住的不仅是泉的景观之美，更有着泉水润泽大地万物、造福百姓的美德善利。清泉已代千家井，美利犹滋万顷田，这是泉水最大的功绩。所以，若千年后，到了清代，有一位自号"品泉生"的济南诗人范坰，于七十二泉品题殆遍，写下了称颂黑虎泉和胡缵宗诗作的诗篇："天水诗人片石镌，城南黑虎表名泉。采风亦有遗珠憾，好句谁知花满川。"

　　清人管世铭写有《城南诸泉记》一文，为城南亦即今护城河岸诸泉留下宝贵史料，其中关于黑虎泉的记载和描写尤为精妙，堪称神来之笔："余适济南，侨居于郡南门之缔观里……（南珍珠泉）又东十余步，忽闻水声淙然，则有巨石壁立，废寺临其上，构石为阁道，下有深潭。潭中水涌出甚猛，乱石环之，水四面迸落，声益吼，是为黑虎泉。立久之，觉有阴森之气……"

黑虎泉何以命名黑虎

　　黑虎泉为何命名为黑虎？这是一个困惑着游客而专家又莫衷一是的问题。有人认为，古时泉上建有黑虎庙，黑虎泉的名字由此而来。这种说法是缺乏依据的，因为黑虎泉的名字在金代所立的《名泉碑》上就出现了，而据考证，黑虎庙则建立于明代嘉靖年间，比《名泉碑》晚了将近三个世纪。黑虎泉得名的主要原因还是在于这个泉的景观特点，能够或者容易引导人们联类而及——产生关于黑虎的丰富的想象和联想，换言之，是黑虎泉早年荒岭野泉的环境，及其泉水出露时的粗犷威猛且近峥嵘的景观特点，为人们关于黑虎的联想提供了足够的内在契机、物质基础和必要条件。

　　是的，在黑虎泉留给人们的总体意象中，已经为人们的命名提供了足够的信息储备，这个意象中已经时隐时现地闪动着一只黑虎的影子（那个流传在泉边的关于黑虎、白虎的民间故事特有象征意味），它似乎早就等待着被人们发现被人们说出。这个堪称一绝的必然的潜在的意象，一旦被发现并且被说出，那是再准确不过再贴切不过再诗意不过再浪漫不过的，是的，黑虎，它正是人们想象中、意念中的那个泉的名字呀！

　　一个名字就这样诞生了！

Black Tiger Spring

The Tiger's Roar That Develops from Stone Dashes and Torrent Sounds

When someone mentions the Black Tiger Spring, it always remind us of the word of "imagery", which not only belongs to mankind, but also belongs to the rest of the world. Black Tiger Spring has earned its current name and achieved notoriety as early as the Jin Dynasty. The spring water comes from the deeply low-lying cave and emerges from the three stone-carved tiger heads along with the spectacular waves and sounds like thunder. In the poem Seventy-two Springs, Yan Bi wrote, "the color of stone and water is grey and hazy. The depth looks as muddy as a hidden black tiger. The north wind shatters the stone at midnight. And the roaring eclipses the light of moon."

兹山奇秀如芙蓉

华不注山，当地人俗称华山，"华"古通"花"字，"不"读为"跗"，意为花蒂。伏琛《三齐记》中所说，华不注即"言此山孤秀，如花跗注水也"。此山海拔虽只有197米，在历史上的知名度却很高，正所谓"山不在高，有仙则名"。应该说，在清中叶之前，华不注实属济南第一名山。

撰文 / 牛国栋

唐宋时期，济南城北部直到大清河南岸有着大面积水面，时称"莲子湖"，后又称"鹊山湖"，烟波浩渺，沼泽芦荡，荷塘稻溪，水村渔舍，一派江南景象。九座小山头在湖水田园的映衬下拔地而起，风景煞是好看。

清代有人在千佛山腰立起了"齐烟九点"牌坊，假借唐朝诗人李贺的《梦天》诗中"遥望齐州九点烟，一泓海水杯中泻"之句，以形容从千佛山北望九座山头所感受到的诗意景象。而位于黄河与小清河之间的华不注山，便是"齐烟九点"中山峰最为凸立，山势最为险峻的一座。

兹山何峻拔，绿翠如芙蓉　摄影 / 王淮桂

兹山何峻拔，绿翠如芙蓉

华不注山，当地人俗称华山，"华"古通"花"字，"不"读为"跗"，意为花蒂。伏琛《三齐记》中所说，华不注即"言此山孤秀，如花跗注水也"。此山海拔虽只有197米，在历史上的知名度却很高，正所谓"山不在高，有仙则名"。应该说，在清中叶之前，华不注实属济南第一名山。

华不注之名最早见于古籍文献，当属《左传·成公二年》中的"齐晋鞌之战"，在战国时期这场著名战役中，齐晋反恶而交战。齐大败，被晋师追赶绕华不注三周，最后与晋国议和。又因此次战役中齐顷公的战车骖马（也称"金舆"，即指古代王侯的车轿）被树枝挂住了缰绳而延误战机，此山又称金舆山。而山脚下的华泉，则是当时将士们的取饮之处。

1400年前，北魏郦道元所著《水经注》记有："济水又东北，华不注山。单椒秀泽，不连丘陵以自高，虎牙桀立，孤峰特拔以刺天，青崖翠发，望同点黛。"

唐《元和郡县图志》所记载的济南名胜只有华不注和神通寺，宋代《太平寰宇记》列济南名山只有四座：华不注、历山、庙山和奎山。

唐代大诗人李白来济南登临华不注后也有同样的视觉感受，他在《古风》(五十首)的第二十首中写道："昔我游齐都，登华不注峰。兹山何峻拔，绿翠如芙蓉。"这里所说的芙蓉，即荷花，以此形容华山的形态。

济南山水之冠

金哀宗正大五年（1228），全真教宗师丘处机的弟子陈志渊在山南麓建华阳宫，后经不断扩建，形成由十余个院落，九处个体建筑组成的道观。主店内祀东方青帝、南方赤帝、中央黄帝、西方白帝和北方黑帝等五帝。明嘉靖十一年（1532），山东巡抚袁宗儒更名为崇正祠，正殿内祀鞌之战时齐国大夫，以大义救主而闻名的忠臣逢丑父像和"鞭打芦花""单衣顺母"的春秋时济南著名孝子闵子骞像。东西两庑主奉保护济南城池的铁铉等二十二贤者。明万历时复称华阳宫，正殿四季殿内奉句芒、祝融、蓐收、玄暝等春夏秋冬四季之神。另有五帝庙、泰山行宫、十王殿、龙宫、三皇殿、三元宫、关帝庙、文昌阁、吕祖庙等建筑。周围佳木锦簇，古柏森森，鸟语花香。

元人王恽不仅在其《华不注歌》一诗中写道："齐州山水天下无，泺源之峻华峰孤"，还在其文《游华不注记》中说："济南山水可游观者甚富，而华峰、泺源（即趵突泉——笔者注）为之冠。"

同样是在元朝，有"元四家"之称的大画家、书法家、"松雪道人"赵孟頫曾在济南任同知济南府路总管府事，为官三年期间，他遍访济南名胜，并写下讴歌济南风物的优美诗章。他在距华山不远处的北园有座别墅，在院内泉溪中洗砚，抬眼望华不注秀色，感受华山脚下的田园风景。他在其《七古》诗中写道："抱膝独对华不注，孤襟四面天风来。泉声振响暗林壑，山色滴翠落莓苔。散发不冠弄柔翰，举杯向月临空阶。有时扶筇步深谷，长啸袖染烟霞回。"他在写

唐代大诗人李白曾登临华不注山　　摄影/王　平

《趵突泉》诗描绘趵突泉之美景时，却提到了华不注和大明湖，诗中说："云雾润蒸华不注，波涛声震大明湖。"后人将这两句诗作为楹联，由济南现代书法家金棻题写，刻制悬挂于趵突泉北泺源堂的抱厦柱上，使这两处名胜与天下第一泉交相辉映，为济南人所津津乐道。不仅如此，元贞元年十二月，他回到自己的家乡吴兴，凭借自己当年的记忆，为父亲的挚友、祖籍济南但并未到过老家的著名画家和鉴赏家周密所作《鹊华秋色》图，以使友人遥想千里之外的故乡。画中以清冷的色调描绘了鹊山和华不注二山深秋之景象，表达了伤感凄楚之美，也暗示了自己对田园简朴生活的向往。他在此画题款时对华山评价很高："齐之山川，独华不注最知名，见于《左氏》，而其状又峻峭特立，有足奇者，乃为作此图。"此画无疑勾起了周密浓浓的怀乡之愁肠，以致给自己取了个"华不注山人"的别号。此画不仅成为赵孟頫之代表作而誉满天下，也成为历史上最为著名的济南山水佳作。

花鸟之盛，不下虎丘

《鹊华秋色》图在中国书画史上所占有的重要地位，与其传奇式的流转收藏轨迹有着必然联系。周密年迈之时，将此画转赠他人后，元代当朝的一些大学者如虞集、杨载、范梈、张雨、欧阳玄等均传观此画并在上面留印或题跋。至明清时期，收藏家钱浦、文徵明、项元汴、董其昌、梁清标及纳兰性德等都有收藏此画的烙印。康熙年间，与康熙皇帝过从甚密的书画鉴赏家梁清标将此画献给朝廷，终由御府收藏。乾隆皇帝大爱先帝传下来的这个宝物，他在此画空白处加盖满了御玺大印并题写了九则跋，从此该画被列入御藏目录《石渠宝笈初编》。更为有趣的是，乾隆有次到山东巡狩至济南后，目睹鹊华二山秀色，并想起了此画，遂派人快马回京，从御府中取来画卷，按图索骥，与现实场景进行比对，并发现了赵氏题款中所谓鹊山在华不注以东是弄反了方向。末代皇帝溥仪也在画上加盖了御玺。1949年，蒋介石政府将这幅价值连城的名画带到了台湾，现藏于台北故宫博物院。自清代后，《鹊华秋色》图为鹊华二山带来的声誉不断显现，"鹊华秋色"已成为来到济南的旅人不可或缺的参观景观，其中更少不了文人雅士的赞美和推崇。其中包括文献学家阮元、画家高凤翰、文学家全祖望等。全祖望在《游华不注》中甚至把华山及华阳宫与我国风景名胜苏州虎丘相提并论，甚至说："此间花鸟之盛，不下虎丘。"

1923年夏天，逊清的维新运动领袖康有为来济南时专程到华不注游历，他认为其突起于平原，是泰山支脉终结之处，属于风水宝地，最适宜人的居住和建立都城。他在《新济南记》（《万木草堂遗稿外编》）中从交通、住宅、市容、学校、公园等多方面，提出建设新济南的方略，认为"诚宜移都于华不注前"，他认为"南京钟山紫金峰、北京翠微山、煤山，扬州的七星山、苏州的横山……然山水之美皆不如华不注也"，他坚信"不十年，新济南必雄冠中国都会"。他的设想虽然最终没有实现，但华不注之名再一次远扬。

Huabuzhu Mountain

This Mountain As Elegant As Hibiscus

Huabuzhu Mountain is commonly called Hua Mountain by the local people."Hua"is a phonetic character for"flower" in ancient Chinese, and"bu"is pronounced as"fu", meaning the flower stalk. In *San Qi Ji*, Fu Shen once said that Huabuzhu bears the meaning that"only this mountain is elegant, as if it is injected with water by flower stalk".Although its altitude is merely 197 meters, it's well known in history just as it's described by the idiom"no matter how high the mountain is, its name will spread far and wide if there is a fairy." Huabuzhu Mountain is much better known than Li Mountain (Thousand Buddha Mountain) and has the entitlement to be called the Number One Mountain in Jinan.

清流绕城听棹歌

当今世界，能完整保留下护城河的城市，已不多见。能够完整保留一条纯以泉水为源的护城河，那就更是举世难寻了。秋季，河岸边的秋景园内红叶如霞，黄花遍地，清流临水榭，金风满秋亭；夏季，夏景园中竹树笼荫，花香榴明，天风掠碧水，棋子落枰轻；春季，春景园内鹅黄轻绿，杂花生树，春池水愈蓝，曲桥有落红；冬季，冬景园里腊梅吐芳，雪白松青，岸柳串银帘，竹径闻笛声。

撰文／侯　琪

当今世界，能完整保留下护城河的城市，已不多见。能够完整保留一条纯以泉水为源的护城河，那就更是举世难寻了。

不过，你若认真梳理过中国的护城河，还真能找出这样一条河——济南的护城河。

明初，济南升格为山东省会。洪武四年（1371），济南开始修整城池，扩大规模，后经成化、万历、天启、崇祯历代重修，济南城成为包括省府县三级政府、德王府以及军卫、仓廒、庙宇、各色商铺、客栈、纵横交错的民居，甚至包容大明湖在内的庞大城市。城墙也由金元的土筑墙改建为砖石城墙，"墙阔五丈"，城墙周长十二里十八丈，墙高三丈二尺。城墙外挖有护城河，绕城一周，"河阔五丈，水深三尺"。

杨柳依依，画舫穿行　摄影／郑曙光

二

护城河水的来源，则是利用黑虎、趵突、五龙潭三大泉群 81 个泉眼的泉水。

81 个涌泉的泉水汇成的河哟，那河水的清澄，该多么令人惊喜，而造化的"奢侈"与"偏心"，又该让多少游人生出一丝妒意。

不仅泉源多，还临河，黑虎泉群 16 处泉池就如串珠般镶嵌在南护城河中东部一带。南岸有黑虎、玛瑙、琵琶、五莲、豆芽、一虎、汇波、金虎、胤嗣、寿康诸泉，北岸有九女、白石、对波诸泉。南珍珠泉就在河中，而九女、白石二泉亦在岸边水中，累珠串涌，水面微涟，绿藻映日，鲜澄可人。

临泉亲水，倘非下池游泳，余则并无禁忌，只待举足之劳。河边诸泉，有声有色，切实用，宜观赏。有声，如黑虎泉之冲腾沸涌若虎啸冷月，如琵琶泉之水石相击若琵琶清音。有色，如玛瑙泉之映日泛光，色彩高华若一池玛瑙；如白石泉之绿藻白石，色彩斑斓若印象派油画。切实用，如传寿康泉益寿，白石、南珍珠宜茶，豆芽泉宜生豆芽，古鉴泉、五莲、琵琶、黑虎诸泉皆宜炊饮。济南人爱泉爱水，临泉临河湖而居的幸运者是让人艳羡的。

无"近水楼台"之便的人们，便退而求其次：几乎天天去护城河边、大明湖畔休闲健身，怡情养性。更多的是取水之人，带着大桶小罐前往黑虎泉一带护城河边去接取泉水之人，从早到晚络绎不断。常有外地游客请他们帮忙将矿泉水瓶接满泉水，他们都会欣然相助并借机夸耀济南的泉水，那神情语言，显露着济南人的清爽与热诚——就如那一河清澄的泉流。

三

南护城河与东护城河交界处稍北，有泉水游泳池，那可是刚刚出露地面的泉水哟，试想盛夏酷暑得入此池，怕是羲皇上人也会艳羡不已吧！

游泳池对岸，原旧城墙东南角处，有高阁矗立，雄峙河上，与黑虎泉隔河相望，名解放阁，为纪念济南解放而建。建阁之处，为解放军攻克济南的第一突破口。解放阁为中国古代建筑样式，有台有阁，通高 34.1 米。阁为二层方形，攒尖宝顶，重檐翘角，金黄琉璃瓦覆顶，十分雄壮。笔者于 2008 年济南解放 60 周年之际，作竹枝词《解放阁》：城陷东南浴血战，岁岁重阳六十年。只今娥英水依旧，崇阁夜听虎啸寒。解放阁一带风光旧事，庶几近之吧！娥英水即南护城河。

南护城河与西护城河交界处，有瀑流如白练，轰然泻入河中，此乃趵突泉群 37 泉的泄水口。水量之大，令人咋舌，而天下第一泉之奇伟，自可想见，让人不由得信步入园，去一瞻趵突泉冠绝寰宇的迷人风彩。

西护城南段，有"五三惨案"纪念园，园内多植桧柏、雪松、蜡梅、翠竹，与花廊相互掩映。河东岸有四棱锥体石碑，上刻"济南五三惨案纪念碑"9 字，碑东侧有一长 17 米、高 4.25 米的卧碑。此处河东岸一带原为顺城街，是当年惨案中日寇屠杀济南民众最惨烈的地方，所以碑体上方刻有"济南惨案遗址"6 个大字，为当代军人书法家武中奇书丹。1928 年 5 月 3 日，驻

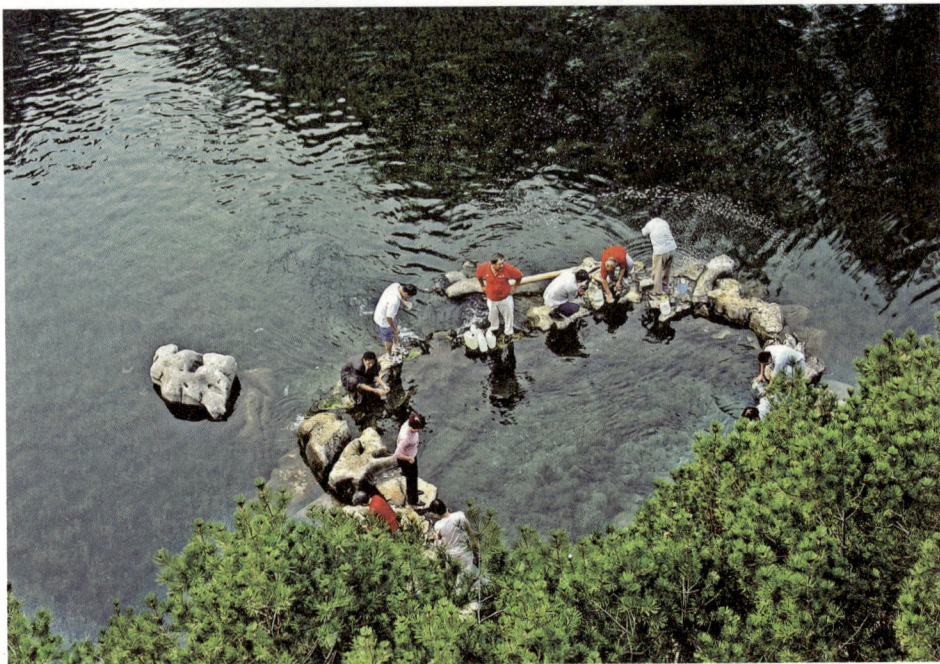

济南人与泉水的亲近仿佛是与生俱来的 摄影/许 平

济南商埠日军发动突袭，疯狂屠杀中国军民达 6100 余人，伤 1700 余人，房屋财产毁劫无法计
数。连国民党山东交涉署交涉员蔡公时等 17 名外交官员也惨遭虐杀，制造了震惊中外的"五三
惨案"。站在这里，望着碑上"勿忘国耻，警钟长鸣"的刻字，每个中国人都会热血沸腾，涌起
强国御侮之豪情。

由"五三惨案"纪念碑北行不远，过泺源桥，河西岸境界豁然开阔，但见泉池溪流，掩映于
花树柳荫、亭台楼榭间，水光波影，若隐若现，给人世外桃源之感。这里便是拥有五龙潭，贤清
泉，东、西蜜脂泉，古温泉等 28 处泉池的五龙潭公园，也即五龙潭泉群的所在地，泉水直接流
入西护城河。这里，公园与护城河，已完全融为一体，但要状摹五龙潭泉群的缘由妙处，则非另
文介绍而不能。这里只想提及的是，公园内那座青砖灰瓦的二层旧式小楼。1925~1927 年，中
共山东省领导机关就设在小楼上。山东早期中共领导人王尽美、邓恩铭、张昆弟、吴芳、刘谦初
等都曾在这里从事过党的秘密活动。任弼时也曾在这栋小楼里会见山东党的领导人……济南的护
城河，不仅是一条串系着三大泉群和大明湖、泉河湖浑融一体的举世无双的泉水河，还积淀着济
南那么多的历史记忆。

四

有河就有桥。小桥流水人家，清秀朴雅，是小品画。护城河上的桥，四座古城门桥外，还有琵
琶桥、寿康桥、双波桥、顺门桥、烟波桥、青龙桥、新东门桥等，另外还有形态各异的亭台楼阁，

曲廊水榭，或临岸，或入水，或凌悬岸壁，掩映于烟柳花树、假山松竹间，更兼一河水草漂摇，潺潺的清流，将亭阁廊榭、柳姿松影，倒映水中。如此景致，便直如清雅秀丽的山水长卷了。

黑虎泉一带是护城河这幅山水长卷的最精华处。站在琵琶桥上静聆黑虎泉"龙吟虎啸"、琵琶泉"高山流水"，仰望高阁耀日，长空片云；远眺柳烟碧水，画舫尾影；偶或轻风入怀，撩衣拂面，恍忽间人若在画中。

东护城河无泉池镶缀，亦少历史人文遗迹，然而它却是护城河最清幽的一段。上世纪50年代，河西岸尚有残存的城墙——几处断续的黄土台地。这里就成了东城墙根一带的男孩子打土仗、捉猫猫的最佳去处。那时东护城河水比现在要清澈许多，一丈余长的水草在清流中漂漂摇摇，绿得耀眼。沿河人家，大都在河中洗衣，捣衣之声，时闻于耳。姑娘洗衣之余，还常两两合作，四手撑拽起系住脚口或袖口的衣服做网，在河边浸在水中的墙基缝隙处网鱼捕虾……一派古朴清丽景象。现今的东护城河，则完全是现代园林风貌。沿河两岸，自南向北分别是秋、夏、春、冬4个风景园区，总长约1.7公里。各以季节为主题，植以相应树木花卉，建以亭廊水榭、曲桥水池，缀以雕塑小景、花架几凳。秋季，秋景园内红叶如霞，黄花遍地，清流临水榭，金风满秋亭。夏季，夏景园中竹树笼荫，花香榴明，天风掠碧水，棋子落枰轻。春季，春景园内鹅黄轻绿，杂花生树，春池水愈蓝，曲桥有落红。冬季，冬景园里腊梅吐芳，雪白松青，岸柳串银帘，竹径闻笛声……这样的泉河，这样的景致，只一条护城河，"生在济南真厚福"，也足以"信哉斯言"了。

人在画中游　图片由中共济南市委外宣办提供

五

最饱眼福，最惬人意的，是船游护城河。

黑虎泉畔，乘上古雅堂皇、窗明几净的画舫，相携亲友欢聚，或独与恋人佳期。几上，茶香轻溢，窗外，船移景换，刚听得泉奋流潺，高阁鸣铃，转眼便见虹桥卧波，烟笼碧柳，旋即假山曲廊、中流水榭，便在目睫……真个是人游画中，左顾右看而目不暇接，欣欣然其乐何极。

冬日的护城河，还有他处上罕见的景象。因为是泉河，水温自然高于冬日的天气，河面上便因这种温差而氤氲着腾腾水汽，那桥，那亭，那曲廊阁榭，那远树近花，便被朦胧得若隐若现；河水泛着微光，星星点点，船在中流，如梦似幻，那境界，如诗，朦胧诗。

船游护城河的最妙处，在河与湖通——画舫由东西护城河水闸处，直入泉城明珠大明湖中。湖上景色，更是别有洞天。"四面荷花三面柳，一城山色半城湖"，的确是大明湖的传神写照。这里烟柳匝岸，荷香沾衣，湖光山色，彩舟轻荡。唐宋八大家之一的曾巩曾以"何须辛苦求天外，自有仙乡在水乡"句称誉大明湖，而元代大散曲家、乡贤张养浩则以"浓妆淡抹坡仙句，独许西湖恐未公"句来为家乡的大明湖鸣不平，足见古人对明湖风光的嘉许。明清县志载"历城八景"中大明湖就有"鹊华烟雨""明湖泛舟""历下秋风""汇波晚照"四景。2009年大明湖扩建，又在新区增修"七桥风月""曾堤萦水""秋柳含烟""明昌晨钟""稼轩悠韵""竹港清风""超然致远""鸟啼绿荫"八景，其清丽优雅的风姿，会让刚刚由护城河进入澹荡碧湖的画舫游人眼前一亮，真个是恍然游仙了。

明湖之美，实非洋洋大作不能摹其神韵，且也并非本文主旨，所以只能止笔于此，以待方家妙笔吧！

泉水做成的护城河，河湖串通的护城河，是济南人的幸运与骄傲。

Clear Stream Around the City Singing an Oars' Song

In this day and age, cities with a completely preserved moat are actually quite rare and a well maintained moat that is filled with pure spring water is almost nowhere to be found in the world. In autumn, red leaves and yellow flowers cover the ground while the stream runs through a pavilion with a gentle wind blowing. In summer, bamboos and trees build a huge shade cover to protect tender flowers and people playing Go. In the spring, the river thaws to newly awakening plants. And in the winter, silver snow spreads over scarlet colored plum blossom and verdant pines in silent lanes. It's often said that people can hear a heartfelt flute playing when they visit the moat.

治国安邦济天下

"海右此亭古，济南名士多。"自古济南多名士。济南的名士谱还可以开列下去，他们的丹心永远跳跃在我们的胸膛里。济南，是一片英豪辈出的热土；济南，是一方孕育文脉的疆域。

撰文 / 张继平　摄影 / 梁大磊（除署名外）

公元745年，时称大唐天宝四载（此前一年，皇上发话，改"年"为"载"）。那年夏天的一天早上，34岁的杜甫辞别身居东鲁沙丘的诗仙李白，匆匆赶往济南。他要去济南参加一个宴会。

宴会的主宾是自己的伯乐，时任北海太守的70岁老翁，比杜甫大36岁的李邕，东道主是李邕族孙济南郡（时称临淄郡）太守李之芳。待杜甫赶到济南，已是第二天。这天中午，在历下亭宴请李邕的宴会上，名流齐聚，觥筹交错。名士雅集，自然不能无诗，杜甫一时诗兴大发，即席写下了《陪李北海宴历下亭》五律诗一首。其中的一联至今仍挂在现在的历下亭门楹两旁，就是："海右此亭古，济南名士多。"

杜甫此言并非虚与应酬，实为肺腑之言。大家知道，早在先秦以降，济南就是出名人的地方，隋唐时期更是名士众多。杜甫从这点切入，对济南这座历史文化名城做了最恰当、最得体的赞誉。而且，他的这两句诗也成了济南在其后漫长历史进程中亦然名流辈出的预言。"济南名士多"与"家家泉水、户户垂杨"一样，成了这座城市最闪亮的名片。

文可治国　武可安邦

文可治国，武可安邦，经国济世是历代中国文化的最终价值体现。与这种文化选择相呼应，济南的名臣、名将名垂史册者确实不可计数。

春秋时期齐国大夫鲍叔牙，为人正直清廉，力荐贤才。齐国大败鲁国后，鲍叔牙功盖群臣，桓公欲立他为相，他却极力推荐管仲为相。"管鲍之交""管鲍分金"的故事一直为世人传颂。

唐代开国名相房玄龄，在宰相任上长达21年。他共忠练达，夙兴夜寐，立法施政，务为宽平。当他病重缠身时，还为自己不能直谏而感惭愧。他曾多次恳辞宰相职务，唐太宗诏曰："国家依赖你很久了，一旦失去良相，就像一个人失去左右手一样啊！"在他病危时，太宗竟命人凿破宫墙，以便随时探望。房玄龄临终之时，唐太宗亲握其手与之诀别。唐高宗咸亨初年，济南历城人士员半千连中八科制举。后来，员半千虽贵为五朝元老，仍清心寡欲，节操清白。94岁死后，"吏民皆泣于野间"。历城全节（今董家）人崔胤，也曾担任唐代宰相多年。

海右此亭古，济南名士多　摄影 / 郑曙光

金元之际的著名大臣张荣，曾为南宋抗金的农民首领。元初，他被成吉思汗授予金子光禄大夫、山东行省尚书省兼兵马督大元帅、知济南府事。当时，济南地界内有许多人为获取银两而争相挖坟盗墓，张荣下令禁绝，并严惩盗墓狂徒，社会风气一时为之好转。

十几年来，济南有一种"将军"牌香烟，质量上乘，销路极广。外地人不解，将军和香烟本是风马牛不相及的，济南人为何对"将军"情有独钟呢？原来，自古以来，济南除了能臣辈出外，一个个神武绝伦、智勇兼备的名将更是数不胜数。

终军报国请缨的故事已是家喻户晓，自不必多说。单说唐初少年名将罗士信，14 岁便请战上阵，驰骋疆场。武德五年，罗士信在被俘后，宁死不屈，不从劝降，被杀害时只有 19 岁。李世民闻讯后，用重金买回他的尸体，并赐谥号曰"勇"。

济南铁匠的儿子秦琼，也是唐代开国大将。由于他骁勇善战，屡建奇功，唐高祖李渊曾赐给他一金瓶，并说："如果我身上的肉可以食用，也一定割下来给你吃。"秦琼的故事在我国流布甚广，民间还将他和尉迟恭一起尊为门神。相传，秦琼拴马的古槐树在济南就有好几处。有一首明末济南民歌，把秦琼一生南征北战、屡建奇功的事迹一览无余地写了出来。这首曲调为《马头调》的歌中唱道："秦琼家住山东济南府历城县的水南寨，（智勇全才）结交好汉，仗义疏财，（闯出天涯）想当初，贾家楼上曾结拜，（天上英雄来）到了河南府，大伙哨聚瓦岗寨，（挂起招军牌）夜打登州，赴过沿海，（比棒逞奇才）好一对熟铅铜，打的隋家江山败，（李渊洪福来）好一个秦叔宝，争了个国公把君王败（帅印挂在怀）。"

文人墨客　层出不穷

源出济南的崔氏乃是旧朝望族，除前文提到的唐代宰相崔胤，以及唐代名臣名将崔从、崔慎由、崔安潜、崔彦曾外，唐朝大臣崔融也是历城全节人，他初应八科制举，连连及第，累补官门丞、崇文馆学士。崔融文笔典雅华丽，朝中文士无出其右者。朝廷的一些重要文章都由他来撰写，所写《洛出宝图颂》尤为精工。《全唐诗》收有他 20 首诗作，诗风古朴苍劲。

济南人李成季曾为北宋名吏，早年与晁补之齐名，很为苏东坡赏识。后以书法、绘画自娱，自号乐静先生，《宋诗选》收有他的作品。

元代济南北园人张养浩，曾官至监察御史、礼部尚书。至大三年（1310），他上《时政书》

直言朝政十大弊端："一曰赏赐太侈；二曰刑罚太疏；三曰名爵太轻；四曰台纲太弱；五曰土木太盛；六曰号令太浮；七曰幸门太多；八曰风俗太靡；九曰异端太横；十曰取相之术太宽。"言辞真切，得罪当朝，后归隐济南北园云庄，以赋诗吟曲遣情见志，为后人留下了《云庄类稿》等大量传世之作。1329 年，关中大灾，饿殍遍野。张养浩接到诏令赈灾，马上变卖家产，义无反顾奔赴灾区。沿途所见，他写下了"兴，百姓苦；亡，百姓苦"的著名诗句。他到官四个月，"止宿公署，夜则祷于天，昼则出赈饥民"。由于劳累过度，"遂得疾不起，卒年六十。关中之人，哀之如失父母"。后归葬于济南，墓称张公坟（现在柳云小区）。

张养浩的同乡张起岩，曾官至礼部尚书。他干练多才，擅文善书，至治三年（1323）他为济南的迎祥宫撰写碑文，并请张养浩撰写碑额。该碑于 1985 年在舜井街出土，后立于舜园中。他著有《华峰漫稿》《华峰类稿》《金陵集》等传世。

明朝济南人殷士儋，曾官至正一品。他为官清正，关心民瘼；学识渊博，颇富文采。他的《题蓄马图》一诗，气概雄伟豪放："玉塞无声夜有霜，橐驼五万入渔阳。平沙落日北风起，马上横捎四白狼。"

此外，著名词人李清照、辛弃疾；南宋文学家周密，元代著名剧作家杜仁杰、武汉臣，明代著名诗人边贡、李攀龙、王象春，清代诗人王苹、学者周永年、马国翰、状元陈冕……可以这样说，假如没有济南和济南人，中国文化的天空将会塌下一角来。

经国济世　儒商风流

济南自古出商人。远的不提也罢，说说宋代的济南刘家。这刘家老板是个开针铺的，谈他是因为他开了我国古代使用商标的先河。至今，刘家针铺用过的白兔商标仍在中国历史博物馆珍藏。这块商标由铜板刻制而成，上端阴刻店名"济南刘家功夫针铺"，中间是一持杵捣药的白兔图案，寓意"白兔捣药"；左右两侧有"认门前白兔儿为记"字样，下面的文字是："收买上等钢条，造功夫细针，不误宅院使用，转卖兴贩，别有加饶，谓记白"，共 28 个字。

章丘旧津孟家，更是驰名海内的商业大家族。孟家经营商业始于明代，它的代表人物是孟子的第 69 代孙孟继笙、孟洛川，他创办了祥字号商业企业，济南的泉祥老号、北京的瑞蚨祥鸿记布庄、瑞蚨祥绸缎庄、天津的瑞蚨祥土布批发庄、青岛和烟台的瑞蚨祥绸缎店、上海的瑞蚨祥布庄等 26 家店铺，使他成为中国北方现代史上最为著名的商业巨头。

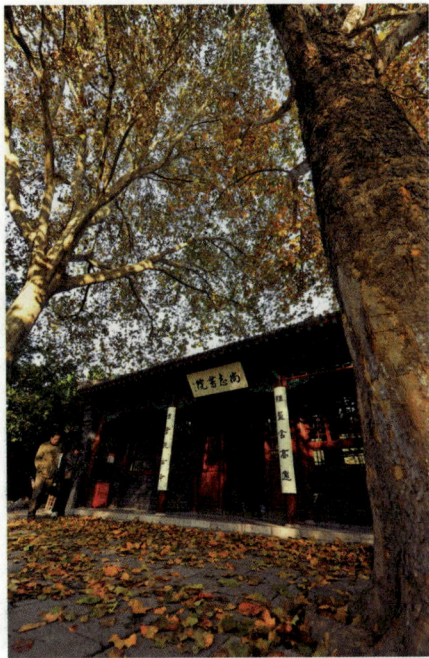

尚志书院，传为李清照故居，今建有李清照纪念堂　摄影／庄少玲

清代乾隆年间，小清河疏浚以后，商船可以从海边的羊角沟直接抵达济南西门桥码头，济南西关逐渐形成商业集散地旧称"西关五大行"：一是中药行，二是杂货行，三是绸布行，四是鞋帽行，五是钱业行。在这一带经营业铺的老板，很多都是济南老字号的创始人，如马兴盛山果老行的马兴盛，草包包子铺的创始人张文汉，山东阿胶的正宗老店"树德堂"的老板郑发等等。

据统计，济南开埠后，到 1911 年，济南商业总户已经达到 1968 家，到 1927 年更是增加到了 5787 家。

与其说济南留下来的是一个个经营巨擘，不如说济南的商人是一个群体，一个庞大的群体。这个群体的兴盛和衰落在历史长河中已显得不是那么太重要，重要的是，由这个群体形成的商业传统和经营理念是一股巨大的力量，矗立于今天每一个济南人的人生背景上，激励着济南这座城市在市场经济的大潮中再创辉煌。

自古济南多名士。济南的名士谱还可以开列下去，他们的丹心永远跳跃在我们的胸膛里。济南，是一片英豪辈出的热土；济南，是一方孕育文脉的疆域。

More Celebrities in Jinan:

Administering State Affairs Well and Ensuring National Security

"This pavilion is ancient in Shandong, and there are more celebrities in Jinan."Jinan is famous for its celebrity writers and patriots. We could make a long list of them, but they will forever stay with us in our hearts for generation to come.

一城山色半城湖

济南府

上个世纪初，随着济南在府城西关以西自开商埠，济南城市规模扩大了近一倍，成为府城与商埠共治的"双核"城市。尤其是胶济铁路和津浦铁路在这里交会，进一步确立了济南在山东的中心地位，也使其成为华北重要的水陆交通枢纽。

撰文 / 牛国栋　摄影 / 王　锋（除署名外）

汉代高祖时期，在今济南的东部设济南郡，从此有了济南之名。济南郡治设在今龙山镇东北两公里处的东平陵城，后又改称吕国和济南国，治所仍在东平陵。西晋永嘉年间（307~312），济南治所由东平陵城西迁至古历城，并逐渐与历城县城合二为一。

七十二泉名扬天下

宋代开国初年，时称齐州的济南隶属于当时的京东路，而京东路的治所设在青州。宋英宗赵曙于嘉祐七年（1602）立为皇子，封为齐州防御使，两年后他继承皇位，齐州即因"龙潜之地"升格为节度州。宋政和六年（1116）升齐州又进一步升格为府，改称济南府，治所设在历城县，

画舫游船，人游画中　图片由中共济南市委外宣办提供

众泉汇流　摄影/张崇元

辖历城、禹城、章丘（今章丘市绣惠镇）、长清（今济南市长清区归德镇国庄村卢城洼）、临邑（今济阳县孙耿镇）五县，但仍隶属治所在青州的京东东路。宋代的济南府，经济发展较快，文化昌达，风景优美，并逐渐成为北方文化中心城市。

金代时设山东东路和山东西路，益都（今青州）为山东东路首府，东平府为山东西路首府。济南府虽隶属山东东路，却设置总管山东东路和西路的司法机构——山东东西路提刑司，后来又成为山东东路、西路宣抚使驻地，济南遂成为山东东西两路的重要地区，所辖历城、临邑、齐河、章丘、禹城、长清和济阳七县。正是在金代，伪齐刘豫下令开凿小清河，从而大大改善了济南至鲁北的货物运输条件。金代所立《名泉碑》，列七十二名泉，从此济南七十二泉之说名扬天下。

元代初年，济南府改称为济南路总管府。元代的地方行政机构隶属于中书省，全国有11个大区称谓行中书省，简称行省。因山东暨济南路靠近元代首都大都（今北京），战略位置极其显赫，与河北、山西等地一道被称之为"腹里"地区，即心脏周围地带，故中书省直辖山东各路，不再设行省，在益都设山东东道宣慰司，在济南路设山东东西道廉防司。济南路统辖历城、章丘、邹平、济阳四县及棣州、滨州两州，形成了一条西南与东北走向的狭长地带，使整个小清河流域由济南路统管，极大地方便了济南的河海水运。也是在这一时期，郭守敬兴修水利，疏通京杭大运河，济南段的大清河经临清、东平与河北运河相通，再与小清河接驳，济南作为物资集散中心的重要作用进一步显现。到了这时，济南城区范围进一步向东、向北扩大，最终包容了现在的整个大明湖，形成了"一城山色半城湖"的城市特征。济南的城市地位、功能和辐射作用从此也有了较大提升，由大都通向苏杭的南北官道与中原通向大海的东西大道在这里交会，元代的济南已是风光旖旎、商业繁荣的城市。

区域中心城市

元至正二十七年（1367），济南路复称济南府。明代朱元璋登上皇位后，革除元代中书省及其在全国各地的派遣机构即 11 个行省，将全国化为 13 个行政区，各区的最高权力机关为布政使司衙门。山东的布政使司衙门初设青州。明洪武九年（1376），山东承宣布政使司由青州府移到济南府，济南从此成为山东首府（省会），是整个山东的政治文化中心和军事指挥中心，统辖六府、十五州、八十九个县。尤其明朝于正统五年（1440）在各行政区设巡抚一职，并于八年后派遣巡抚官长期驻扎济南，直至清末。明成化三年（1467）藩封的德王朱见潾位居济南，将元代济南公张荣位于珍珠泉畔的府邸扩大为王府。济南遂成为集藩王府、山东巡抚衙门、布政使司衙门、济南府衙、历城县衙、府学、县学、贡院、军卫等各种机关于一地的区域中心城市。济南府更因其政治优势、水陆交通优势、自然资源优势和历史文化优势，成为明朝全国三十三个手工业比较发达的城市之一，在经济上同样发挥着区域中心城市的作用。

清代的行政区划、官府制度基本沿袭明代，分为布政司、道、府、县四级。济南府隶属济东泰武临道，仍为山东省会，但其统辖的州县比明代减少。自雍正七年（1729）至清末，所属历城（附郭县）、章丘、邹平、淄川、长山、新城、齐河、齐东、济阳、禹城、临邑、长清、陵县、德平、平原和德州十六个县州。

"双核"城市，交通枢纽

与中国古代的诸多城市一样，济南有着历史悠久、设施完备的城池。济南府城池历史可上溯到宋徽宗济南设府初期，但那时系夯土筑城。经历代修固，至明洪武四年（1371），以砖石重修的济南城垣，替代了原来的土城。

济南府城即旧志上所谓"济南城周围十二里十八丈，高三丈三尺，阔七丈"。城垣因袭"天圆地方"之说，大致呈方型，四周设有四门，东为齐川门，西曰泺源门，南称历山门，北叫汇波

泉水的碧绿是济南这座城市中最动人的颜色

门。其中东、西、南三门，建有瓮城（也称月城）；北门下为水闸，只通舟楫，不通车马行人，故也称北水门。

四门之上都有巍峨的城楼，城四角有望楼。东南隅的高大角楼，也称九女楼，与城下的九女泉、黑虎泉等名泉，以及玲珑的金山寺和三皇庙构成和谐景观。城下设宽阔的护城河，"池阔五丈，水深三尺"，最初时需经吊桥出入。清咸丰十年（1860），为加强城防，以防捻军北上进攻府城，清廷耗资七千银两，紧急在府城以外修筑第二道城池，先是土城，五年后用石砌，人称圩子墙，环以圩子河。只因地形受限，圩子墙顺势而建，便不那么方正了。因城北受大明湖所限，圩子墙只有东西南三面，北面与老城北墙对接。它周长二十余里，高一丈二尺，阔一丈，开有七座城门，设炮台十四座。光绪年间，府城又开设了西南角的坤顺门、西北侧的乾健门、东南侧的巽利门和东北角的艮吉门等四座新城门。而府城周围由东西南北关厢簇拥，使济南府成为中国各省省会中规模较大的城市。

上个世纪初，随着济南在府城西关以西自开商埠，济南城市规模扩大了近一倍，成为府城与商埠共治的"双核"城市。尤其是胶济铁路和津浦铁路在这里交会，进一步确立了济南在山东的中心地位，也使其成为华北重要的水陆交通枢纽。

虽然在民国建立的第二年，即1913年，废除了地方政权中的府一级治所，但在此后很长的历史时期内人们称呼济南时总习惯叫作"济南府"。

Jinan Mansion

A City Scenery And a Half Lake City

At the beginning of the last century, the urban size of Jinan has almost doubled as the western section of Jinan became more commercialized and has become a "dual-core" city that is both an administrative jurisdiction city and as well as a commercial city. What's more, the Jiaoji Railway and the Jinpu Railway are both located in Jinan further confirming the central position of Jinan in Shandong, so it's no surprise that Jinan also became an important transportation junction in northern China.

与长江黄河并称的中华名川

泰山岩岩，济水汤汤。泰山为五岳之尊，中华文化的第一圣山；济水为四渎之一，中华历史文化的名川。济南正是以泰山为其南部屏障，以济水两岸为其腹地的。从某种意义上说，济南古代数千年波澜壮阔的历史画卷是在泰山脚下的古济水上展开的。济水是古代济南地区的第一地理界标。济水以北，是辽阔无垠的华北平原；济水以南，是一块块面积大小不等的山前平原。

撰文 / 张华松

泰山岩岩，济水汤汤。

泰山为五岳之尊，中华文化的第一圣山；济水为四渎之一，中华历史文化的名川。济南正是以泰山为其南部屏障，以济水两岸为其腹地。从某种意义上说，济南古代数千年波澜壮阔的历史画卷是在泰山脚下的古济水上展开的。

河、济、江、淮为"四渎"的概念，据《史记·殷本纪》所引《汤诰》，或许在大禹治水时就已经出现了。《尔雅》曰："四渎者，发源而注海者也。"《释名》曰："渎，独也。各独出其所而入海也。"事实上，在距今4600年至4000多年前，黄河从苏北平原入海，那时的济水确是一条独流入海的河流。只是从4000年前黄河北流经河北平原入海，济水在今河南荥阳附近被黄河拦腰截断，从而形成了入河之济和出河之济两部分。入河之济为黄河的支流，出河之济则为黄河的分流（支津）。

济水从河南荥阳一带从黄河分流出来之后，向东经今河南原武、封丘、兰考、定陶而进入山东境内，然后东北穿过巨野泽，至东平，接纳东来的汶水，继续向东北流去，过东阿以及济南市属的平阴、长清、槐荫、天桥、历城、章丘，经邹平、高青、博兴诸县市入海。东阿以下的济水下游，大致可以今天济南城区东北的华不注山为界，以西的黄河、以东的小清河皆是它的故道。济南地区的济水古道有许多重要的支流，这些支流都位于济水的右岸（南岸），发源于泰山山地，它们自西向东分别是平阴境内的狼溪河（古称狼溪或龙溪）、平阴河（古称锦水）、长清境内的南大沙河（古称宾溪谷水）、北大沙河（古称中川水），长清与槐荫交界一带的玉符河（古称玉水），发源于济南城区内外众泉之水的泺水、历水，历城与章丘接壤一带的巨野河（古名巨合水或巨冶水），章丘境内的绣江河（古名百脉水）、漯河（古名杨虚沟水）。

济水是古代济南地区的第一地理界标。济水以北，是辽阔无垠的华北平原；济水以南，是一块块面积大小不等的山前平原。在山前平原上，尤其是在各条支流与济水的交汇处，或者二级支

流与济水支流的交汇处，往往分布着一些天然的高地或台地，水陆交通便利，水源充足，物产富饶，故而是济南历史文化的主要生长点和增长点，从史前开始，大型聚落和城邑一般就坐落于此。

济南所在的古济水中下游流域是有虞氏入主中原之前的"龙兴"之地，证据主要有三点：其一，虞舜行迹——耕于历山、渔于雷泽、陶于河滨、贩于成阳、作什器于寿丘、迁于负夏、受禅于逢泽、卒于鸣條，都不出济水中下游流域；其二，大舜有虞氏集团古国——邹国、辕国、郁国、遂国、缙国、虞国，都集中在济水中下流域；其三，典型龙山文化古城大多分布在济水下游地区。

济水是大禹治水期间重点疏浚的河道之一。在大禹构筑的黄河中下游水运交通网中，济水占有十分突出的地位，因为正是济水将中原文化区与海岱文化区紧密联系起来，故而无论是从经济角度看，还是从文化角度看，济水都堪称是一条黄金水道。济南位于济水下游偏西的位置，西通中原内陆，东接半岛大海，是当之无愧的交通枢纽。

在《禹贡》中，济水不仅是兖州的贡道，也是青州的贡道。通过济水运往中原的青州特贡，还有出自"岱畎"——济南南部山地的"丝、枲、铅、松、怪石"。

进入殷商时期，济水是殷商王朝进军大东和经略大东的生命线。商王朝在济南地区建立的邦国都邑主要分布在古济水及其支流附近。济南殷商文化繁荣发展，与济水存在密切的内在关系。可以说，正是古济水孕育出了济南地区高度发达的大辛庄类型殷商文化。

西周初年，周公东征，北战区的进军路线，基本就是古济水一线。为了加强对包括济南在内的整个"大东"地区的控制，周公东征胜利后，在兴建东都洛邑的同时，又在济右走廊上修筑了一条通往大东的，通往齐国首都临淄的周道。进入东周（春秋战国），济水以及济右走廊又成为齐国西出中原争霸天下的要道。齐国"通商工之业，便鱼盐之利"，以工商立国，济水在以齐都临淄为中心的国内国外商业网络中，占有特别重要的地位。济南济水沿岸的宁、东平陵、崔、鲍、台、泺、历下、祝阿、卢、平阴、谷等城邑也就成为济水黄金水道上的重要商品集散地和中转口岸，是工商业繁荣的城镇。

与此同时，济水还进一步推动了济南区域文化的繁荣，中国传统医学的奠基人扁鹊、阴阳五行学派大师邹衍，以及生于战国而名显于秦汉的著名谋略家黄石公和经学大师伏生，都是济水孕育出来的文化巨匠。

西汉初，始有济南郡（国）和济北郡（国）的行政区划建置，而济水由于其畅流无阻，故而在西汉的大部分时间里，都是促进济南地区经济文化繁荣的重要因素。西汉末年以降，济水在河南东部平原断流，严重影响到济南的经济社会发展。

综上所述，在整个上古时代，无论是从经济角度看，还是从文化角度看，济水都堪称是一条黄金水道。

早在战国，济水就有"清济"之称，以与"浊河"对言。济水清湛，源于沿途众多湖泊沼泽的沉淀。从王莽之世开始，河南之济通塞不常，迨及魏晋以后，彻底淤塞，济水则以巨野泽及汶水为其稳定的源头。济水名存实亡，始有"清河"之称。"清河"取代"济水"，与刘宋侨郡清河郡，清河崔、房世家大族世代聚居于济南所在的济水下游有关。

北宋熙宁十年（1077）七月，黄河决澶州，黄河水涌入清河，致使清河于历城东北改道，而循漯水故道入海。宋金之交，伪齐皇帝刘豫在历城以东古济水河道基础上挑挖小清河以通漕运，而取道漯水故道入海的清河始称大清河。清咸丰五年（1855），黄河在河南铜瓦厢决口，夺占大清河河道，大清河从此消失。

Jishui River

Ancient River is as Famous as the Yangtze River and the Yellow River

Tai Mountain rocks and the Jinan river rushes. As the most respected of the Five Mountains, Tai Mountain is the No.1 Saint Mountain according to Chinese culture. It stands as one of the four great river. Jishui River which is historically and culturally famous in China. Tai Mountain serves as the southern barrier for Jinan while the two banks of the Jishui River is its hinterland. In a sense, thousands of years of ancient Jinan history unfolds itself along the old Jishui River at the foot of Tai Mountain. The Jishui River is the number one geographical landmark of ancient Jinan. North of the Jishui River is the North China Plain that stretches as far as the eye can see, and to the south of the Jishui River are the plains of different acreages in front of the mountain.

诗意济南的歌者

谈到济南诗派，人们首先想到的往往是王士禛的一段话语："不佞自束发受书，颇留意乡国文献，以为吾济南诗派，大昌于华泉（边贡）、沧溟（李攀龙）二氏，而筚路蓝缕之功，又以边氏为首庸。"

撰文 / 侯 环

谈到济南诗派，人们首先想到的往往是王士禛的一段话语："不佞自束发受书，颇留意乡国文献，以为吾济南诗派，大昌于华泉（边贡）、沧溟（李攀龙）二氏，而筚路蓝缕之功，又以边氏为首庸。"（《华泉先生诗选序》）

泉甲天下的济南泉水，多年以来，不仅哺育了李清照、辛弃疾等大诗人，明清以来，它还在济南本土哺育养成了明代以边贡、李攀龙为首，清代以王士禛、田雯为首的济南诗派。

有明一代，前后七子辉耀文坛。王士禛说："明诗莫盛于弘正（弘治、正德年间），弘正之诗莫盛于四杰。"（《华泉先生诗选序》）所谓"弘正四杰"指的是明代"前七子"中的佼佼者李梦阳、何景明、徐祯卿和边贡。由此可以看到边贡在明代诗坛上的显赫地位。而从济南文学的角度着眼，边贡的地位更为重要。

明代前后七子的复古运动倡言"文必秦汉，诗必盛唐"，而边诗的妙处正在于借鉴吸收唐诗在兴象情韵方面的成就，善于运用生动鲜明的形象（意象）表达丰富悠长的意味。边贡的代表作品有《谒文山祠》《重赠吴国宾》《人日有怀乔白岩侍郎》《运夫谣送方文玉督运》《嫦娥》等，大多清婉流畅，调逸气舒。边诗向以平淡和粹、沉稳流丽的风格为人称道。而在各种诗歌形式中，他又以五七言律绝尤其是五言诗成就最高。朱彝尊在《静志居诗话》中说："华泉诸体，不及三家，独五言绝句擅场。昔宋吴江令张达明与客论诗，其言曰：'诗莫难于绝句，尤莫难于五言。欲其章短而意长，辞约而理尽'，华泉庶足当之。"而陈子龙则称边贡诗："时见精诣，五言尤称长城。"（《皇明诗选》）

李攀龙（1514～1570），号沧溟，字于鳞，祖籍济南长清，自其曾祖父起徙居历城韩仓店。他九岁丧父，家境贫寒，勤奋读书。嘉靖二十三年（1544），李攀龙中进士，官授刑部广东司主事，不久升员外郎，又升郎中。这其间，他参与了吴维岳、王宗沐等人的诗社，又与王世贞、谢榛、徐中行、宗臣、梁有誉等结识，正式形成"后七子"文学团体，李攀龙遂成为一代文坛领袖。嘉靖三十二年（1553）秋，李出任顺德知府，有善政，三年后升陕西提学副使，因与上官陕西巡抚殷学不和，又有感于数次地震，遂谢病告归。隆庆元年（1567）李攀龙出任浙江按察副使，不久擢为河南按察使，因母卒扶柩归乡，并因哀毁得疾，后心痛病突发病逝。葬于柳沟（今北马鞍山之东）。

李攀龙一生创作了 1400 余首诗歌，各体兼备，尤以七律成就最高，堪称明代之冠冕。王世贞誉其诗品之高为"峨眉天半雪中看"（《漫兴十绝》）；胡应麟称为"高华杰起，一代宗风"（《诗薮》）；沈德潜评为"高华矜贵，脱弃凡庸"；王培荀《乡园忆旧录卷一》："渔洋谓作七律如挽强弓，鲜十分满者，古今惟杜甫、王维、李颀、李于鳞数公耳。可谓推服之至。新城王考功季木，目空一切，独俯首沧溟。陈卧子谓于鳞七律为三百年来绝调。"

李攀龙自幼生长在济南，31 岁中进士后才离开济南，45 岁后又辞官家居十多个春秋。他对济南的山水名胜多所游览，留下诸多脍炙人口的名篇佳作。

明代，济南诗派的代表作家还有谷继宗、许邦才、刘天民、殷士儋、王象春等。

清代济南府淄川县人王培荀在其《乡园忆旧录》中说："自明中叶，中原坛坫，必援山左树旗鼓；而国初以来，更是"人文蔚起"。

清初，济南府出了两个在全国数一数二的大诗人，一个是以"神韵"名满天下，被称为"清代第一诗人"的王士禛（谭献《复堂日记》），一个是以新奇炳耀诗坛，"坛坫之盛，几与渔洋埒"的田雯。

清代康熙年间，王士禛以达官而兼作者，执掌诗坛的牛耳。他论诗主"神韵"说，"以不着一字，尽得风流"为要诀，追求含蓄深婉的言外之美，代表作如《再过露筋祠》："翠羽明珰尚依然，湖云祠树碧于烟。行人系缆月初堕，门外野风开白莲。"

诗作描绘水乡河湖纵横的宁谧景色，宛然如画，诗中特意选取风神清秀的白莲，既实写祠外之景，又虚应神像与贞女，可谓"不即不离，自然入妙"，同时也启发读者张开想象的翅膀，补充生发，余味无穷。

田雯（1635～1704），字子纶，又紫纶、纶霞，号山姜子，又号漪亭，晚号蒙斋，济南府德州人。自幼聪慧好学，康熙三年（1664）进士，被授内阁中书，历迁户部主事，员外郎，工部郎中，曾督学江南、督粮湖北，升光禄寺少卿，鸿胪寺卿，又曾任江南巡抚和贵州巡抚。后历任刑部、户部左右侍郎等职。

田雯的一生是为官为学的一生，是一位口碑甚佳的学者型官员。他前后为官近四十年，廉洁简朴，善察民情，多有政绩。如在他离任贵州后，当地民众曾主动聚资建造山姜别业祠。但较之政绩，田雯的诗歌创作更为世人瞩目。

田雯对济南有着深厚的感情，济南的山水风光使他流连忘返。在济南，他游大明湖、趵突泉，登千佛山与华鹊二山，访辛稼轩旧居，李易安故宅，白雪楼遗址，拜闵子骞墓，李沧溟墓，观边华泉墓碑，他在 49 岁时则干脆由德州"移家济南"，"卜居（大明）湖上"。他写下了一大批咏泉咏史之作，计有诗作 200 余首。其代表作有《趵突泉歌》、大明湖《泛湖》诗、《济南分题十六首》以及"春日""夏日""秋日""冬日"各 10 首的组诗。

清代，济南诗派的代表诗人还有唐梦赉、王苹、朱缃等。

济南诗派在美学和艺术上的价值取向和共同特征，主要表现为：坚强深挚的文化自信；清高孤傲的文人风骨；唯美、尊古、求雅的美学倾向；刻意求新的艺术精神等。这些特征，在李攀龙、王士祯、田雯、王苹身上表现尤甚。

如李攀龙谢病告归后，于大明湖南岸百花洲中"湖上白雪楼"，楼建水中央，四面环以水，须以舟渡。楼分三层，最上层为吟咏处，中层居姬人蔡氏，下层为客厅。俗客来，则不放舟。李攀龙高卧楼上不出。若有文士到来，亦先试其诗文如何，那办法是"先请投其所作诗文，许可，方以小蚱蜢渡之，否者遥语曰：'亟归读书，不烦枉驾也。'"（参见王士祯《带经堂诗话》《轶闻类》）这种高自标置的文人清骨，实为古城济南之文化特征与流风遗韵也。又如田雯论诗提倡新奇，甚至不惟诗奇，人也要奇。他说："人不奇则诗必不工，诗不工则可以弗作。"他对新奇的解释是"新如茁丝出盆，游光濯色，天女散花，幽香万片；奇如夏云怪峰，千态万变。"（均见《稼雨轩诗序》）在为济南诗人朱缃《枫香集》所作的序中，他称颂朱缃的作品"流连三复，何其新且奇也"，应该说：田雯的诗论真正体现了诗的本质属性，他也正是好新异才写出奇警胜人、气势恢宏的诸多好诗的，田雯在艺术上具有鲜明的独创性，它以奇伟巨丽的风格在清初诗坛别开一径，自成一家。

Jinan Poetry School

Singer of the Poetic Jinan City

Speaking of Jinan poetry school, people would firstly think of the words of Wang Shizhen:"if enough attention is paid to countryside literature, I think our Jinan poetry school greatly thrives from Hua Quan (Bian Gong) and Cang Ming (Li Panlong). However, the pioneer who endured great hardships is no one else but Bian Gong" (Preface of selected poems by Mr. Hua Quan).

花样济南别样景

"济南八景"又称历下八景、历城八景。最早记载"济南八景"的是成书于崇祯六年的《历乘》："昔人标为八景，而沧桑代变，湮没者多。"足见"济南八景"在明代时就已历经久远。稍后的《历城县志》则分别标出了"八景"之名，并在卷首刊出八景图八页，这八景是：锦屏春晓、趵突腾空、佛山赏菊、鹊华烟雨、汇波晚照、明湖泛舟、白云雪霁、历下秋风。从济南八景出发，不仅能走进这座城市的历史，还能看到这座城市的未来；不仅能了解这座城市的精神品格，也能探知这座城市的文化品位；不仅能发现这座城市的内秀，更能创造这座城市的文明。

撰文 / 张继平

"济南八景"迷醉了多少文人墨客

在这里，泉水涌流，湖光潋滟，南山叠翠，烟霞出岫，千般奇景，万种柔情；在这里，荷摇柳摆，鸥翔鹭飞，香飘花圃，流翠飞红，风韵缭绕，让人流连。济南是一个采天地间灵秀之气，孕育诗情画意的地方。形成于元代的"历下八景"不知迷醉了多少文人雅士，惊动了几许墨客骚人。

"济南八景"又称历下八景、历城八景。最早记载"济南八景"的是成书于崇祯六年的《历乘》："昔人标为八景，而沧桑代变，湮没者多。"足见"济南八景"在明代时就已历经久远。稍后的《历城县志》则分别标出了"八景"之名，并在卷首刊出八景图八页，这八景是：锦屏春晓、趵突腾空、佛山赏菊、鹊华烟雨、汇波晚照、明湖泛舟、白云雪霁、历下秋风。

锦屏春晓：一幅丹青在望中

面对济南龙洞云气飕飕的洞口，你或许一下子就会想到"芝麻开门"的秘诀。当然了，这洞没有门扇，也没有财宝藏匿其中，你说不说"芝麻开门"都没关系，只是因为这句话，很符合许多游客对洞里乾坤的某种期待罢了。

张养浩就对龙洞有着某种期待。七百多年前他曾对龙洞做过一次探险旅游。他带着几个人，点上蜡烛，在一个十几岁瘦小孩子向导的带领下，进了山洞。刚进洞口，张养浩一行还能"高阔可步"，没走几步，洞穴变窄，极为难行，只好"全体覆地蛇进焉"。爬着爬着，蜡烛灭了，张养浩他们想退回，却"身不容"，往前行，则"前愈陋"。一代名士竟也"心骇乱，恐甚。自谓命当尽，死此不复能出矣！"几经折腾，终于到了洞口，张养浩才"极力奋身"，"脱然以出"。待大家都出洞口后，一行人竟"有泣者、恚者、诟者、相讥笑者、顿足悔者、提肩喘者、喜幸生手其额者、免冠科首具陈其狼狈状者"。

张养浩历险的西龙洞，在济南东南部的禹登山上。禹登山不光洞险，山奇，其景色也绝。这里奇峰叠嶂，谷涧深邃，草木繁茂，古树凌云，景色奇绝。独秀峰在层峰复岭的环抱之中，崖壁陡峭，巉岩横陈，柏森苔绿，野卉芳菲。每逢三春季节，暖风初布，桃花迷径，杏李芬芳，山鸟引吭，此时旭日东升，照在独秀峰高80米的锦屏岩上，只见丹碧点缀，绚若锦屏，因此"锦屏春晓"被列为"历下八景"之一。

"锦屏春晓"虽为历下八景之首，但龙洞一带特有的景色，不独在春日。譬如，这里自古就有"佛峪夏清"的赞语，说这里是"临桥濯清飕，汲井漱寒玉"的避暑胜境；再如，清人王闿运笔下的龙洞是隆冬时节："绝壁风炭炭，寒岩石晶晶"，"苍藓俟春润，蒸色傥愈明"。不过，龙洞秋色更是一幅绝妙绝伦的大画，观之大有"但如山为景中之画，顿忘我为画中人"的陶醉感。

秋日龙洞，霜林尽染，清赏幽独，历来是人们赏秋的好去处。清人李湘在这里赏秋后，不由慨叹："当秋此境界，不佛也神仙！"可见龙洞不仅"春晓"宜人，秋老之后，依然动人心弦。

趵突腾空：雪涛翻涌声若雷

湿漉漉、水灵灵的济南就是从趵突泉三股水里冒出来的。趵突泉不但古老，还因其水态奇特、水声轰鸣、水质甘冽而闻名遐迩。

"趵突腾空"作为济南的奇妙景观之一，具有可观、可闻、可品、可触的八景文化特点。眼可观其水势，耳可闻其水声，口可品其水味，手可触其水泠，诚可谓"趵突腾空"一景四"奇"。

《水经注》的"泉源上奋"，郝植恭《济南七十二泉记》的"三窟并发，浪花高数尺，跳跃唐突"，以及怀应聘的"其水自三穴中涌出，各高二三尺，怒起跃突，如三柱鼎立，并势争高，不肯相下，喷珠飞沫，又如冰雪错杂，自相斗击"等，都是从泉水涌出的高度着墨，写三股水喷涌而出，水柱高达数尺的阔大景象的。

更多的古人诗文，却是从其喷涌之巨大水响来描绘趵突泉的。譬如，赵孟頫的"波涛声震大明湖"、张养浩的"四时尝吼半空雷"，都是描写泉水喷涌声如响雷，而且四时不消，甚至大到能震动明湖，摇撼五岳。这些话显然带有夸张成分，但是过去由于市声远无现在嘈杂，尤其是月夜人静时，听趵突哗哗作响，确实能让人体味到"声闻百里雷，光艳三堆雪"的意境！

"水味极清"，是趵突泉又一奇。杨泽闿曾写道："此泉味美不具论，形色独与他泉殊"，就已发现趵突泉水的口感、形态、声貌都是其他泉水所不能比拟的。王培荀《乡园忆旧录》也记载了乾隆皇帝换饮趵突泉水的故事："纯皇帝南巡，一路饮玉泉水，至此换趵突泉水"，并且还"携之而南"，在南巡途中继续饮用。所以，用趵突泉水泡茶饮用，成了士人一大快事。

趵突腾空 选自《满勇国画作品》

佛山赏菊：丹树黄花最宜秋

秋日赏菊、探菊、采菊，自古以来就是中国人所崇尚的时令习俗。

历下八景中的"佛山赏菊"，说的是济南南郊佛慧山一带秋日黄花遍地盛开、菊香弥漫山间的一种美妙景观。佛慧山，又名大佛山，俗名也称榭子山、大佛头。该山在千佛山东南不远处，原与千佛山沟涧相连，明崇祯六年（1633）《历乘·舆地》介绍此山说："大佛山……上有文笔峰，下有甘露泉，八景所谓'佛山赏菊'者，此也。"随后刊印的《历城县志》也介绍说："此山峰峦突兀，涧谷萦回，丹树黄花，更宜秋色，有修落帽故事者，无不吟眺于此，故八景标为佛山赏菊。"由于佛慧山北侧有朱龙涧、百尺涧等涧谷，涧谷中黄菊遍布、红叶点缀，明人刘敕在把历下八景"广为十六景，以供达人之游览"时，还把"佛山赏菊"改为"幽涧黄花"。一景二名，为历下八景文化留下了一段佳话。

佛山赏菊，实际上赏的是一种叫作野菊的菊花，这种菊花多盛长于崖畔壑间、路边山野。宋代《百菊集谱》曾有诗吟咏野菊，道："寒郊露蕊繁何小，瘦地霜枝细且长。境僻人稀谁与采，马蹄赢得践余香。"秋日佛山赏菊，或曰来此观赏"幽涧黄花"，是过去济南人的一件盛事。赏菊的时间是在每年九月九重阳节前后，赏菊的地点是在佛慧山，或叫大佛头，这已有前人之诗为证："千佛山东佛慧山，秋来黄菊遍岩间。泉名甘露茶堪品，多少游人探菊还。"刘敕在《历乘》中也特意记述："幽涧黄花，城之南大佛山，独冠诸山之上"，"丹树黄花，最宜秋色"。

鹊华烟雨：明灭烟霭迷茫中

"济南的秋天是诗境的。"《济南的秋天》是老舍先生写景散文中的名篇。他充满深情地描写济南秋天的山，"正像诗一样的温柔"。

济南的鹊、华两山并峙在黄河沿岸，山势俊秀，景色迷人。鹊山横列如屏，山上林木青翠，怪石嶙岣，有的突兀矗立，有的壁立千仞，有的悬空欲飞。旧有鹊山院、鹊山亭、扁鹊墓等古迹，传说是名医扁鹊居住行医之处。李白曾赞此山曰："兹山何峻秀，绿翠如芙蓉。"华山建有华阳宫、三元宫、泰山行宫等庙观。庙观院内古柏苍翠，蔚为壮观。山脚下古有华阳湖，而鹊、华二山之间原有鹊山湖，碧波万顷，湖光浩渺。

从济南城内眺望，山色黛青，近水海蓝，烟波暧曃，景色奥远。特别是在秋季涵烟欲雨或风片雨丝之中，云气苍茫，轻雾弥漫，鹊、华二山一似飘浮在烟云当中，犹如一幅水墨山水画图。清人任宏远《明湖杂诗》中所咏"细雨蒙蒙烟漠漠，凭谁写出辋川图"句，正可移用于此。这个景观，就是历下八景之一的"鹊华烟雨"。

"鹊华烟雨"之名，最早见于崇祯《历城县志》："历下客山胜，而北方之镇，鹊华并峙，每当阴云之际，两山连亘，烟雾环萦，若有若无，若离若合，凭高远望，可入画图，虽单椒浮黛，削壁涵青，各著灵异，乃昔人合标其胜曰'鹊华烟雨'。""昔人合标其胜"，更是说明明朝以前的济南人就有了一种"大景观"的概念。"合标"用现代话来说，就是"打包"处理，两山相距甚远，距济南老城也有十数里之遥，把鹊华二山和大明湖"合标"为一景，足见古人之智慧。

汇波晚照：烟波影里钓长虹

济南泉多，泉多水就多，水多桥就多。桥多，以桥为主的景观自然也就多，历下八景之中的"汇波晚照"就是其中专以桥景为主的景观。

过去，在济南北水门南有一座桥，名曰汇波桥，也写作会波桥，为大明湖北岸东西通道所必经。桥侧水面上建有一处晏公台，台上建有宴公庙。大明湖的湖水就是经由晏公台下"转折而北"经汇波桥下流出北水门的。如果单说桥，实在也找不出任何有别于其他石桥的曼妙。但是，人们"凭桥一望，万顷湖光，收入目中"，使得这座桥便羽化出了让人感叹的境界。最妙处还在于，日落时分，夕阳的光辉穿过晏公台券门折射在汇波桥下，只见湖水粼粼，浮光耀金，垂柳低拂，摇曳水中，万枝婀娜，舒卷娇柔。这迷人的景色就是有名的历下八景之一："汇波晚照"。

在北水门上，元代初年修建了一座气势雄伟的汇波楼。元代散曲大家张养浩曾登山此楼，叹曰："盖济南形胜，惟登此楼，可得其全也！"他站在楼上北望鹊山含黛，华山染烟；南眺群山叠翠，绵延如屏；俯瞰明湖如镜，画舫荡波，顿有"人在丹青万幅中"之感。"浓妆淡抹坡仙句，独许西湖恐未公！"面对如此美景，张养浩也不由责怪苏东坡，为什么把"浓妆淡抹总相宜"的诗句独独许给杭州西湖，这是多么的不公正啊。于是，自明代起，人们便移"汇波晚照"一景于北水门的汇波楼上。

明湖泛舟：湖光月色共澄清

　　古之各地八景，其实是一个有机整体，要分别凸显一个地方春夏秋冬、晨午昏夜、晴雨雪烟的不同景观。历下八景，自然概莫能外。

　　历下八景之一的明湖泛舟，许多人误以为说的是白天舟游大明湖，实际是说秋天月夜在大明湖泛舟的所见景观，所以，明湖泛舟在不同的"历下八景（十六景）"版本中又被称为"明湖泛月"或"明湖秋月"。在大明湖上秋夜赏月，凉风习习，月色溶溶，荡舟在波光粼粼的湖面上，清光袭人，天上人间，自然是另一番情趣。

　　明湖泛舟，最好选在月圆之夜。游湖者多在夜间停船湖心，秉烛而坐，饮酒赏月。过去每逢七月十五中元节，大明湖素有放河灯之俗，天上水上，灯月相映，灿若繁星。八月中秋，更是夜游明湖的最佳时机，过去每到这天晚上，大明湖的游客就会骤然增加，至晓不绝。清人刘大绅有一首《中秋夜泛大明湖》诗，"湖光如月月如烟，痛饮狂歌且放船。只恐朝来惊俗客，喧传昨夜降群仙。"

　　清代诗人吴友松曾三游大明湖，"一以朝，一以雨，一以夕"。并总结了晨游明湖、雨后游湖和夜游明湖的不同特点，但他最为推崇的是夜游大明湖，为此他还专门写了一篇《月夜游大明湖记》。有一次，有人提议在月圆之时夜游大明湖：农历六月十五那天晚上，趁着月圆之际，吴友松一行五人，泛舟夜游大明湖，一行人弄棹泛舟，醉酒当歌，游兴不减。就这样一路酒，一路歌。在溽暑盛夏之时，迷人的月夜，散漫的荷香，清凉的湖水，再加上觥筹交错，竽笛奏鸣，南歌北调，这时又"忽人语出自丛薄，则一小舟剪波而来。新莲嫩藕，实于舟腹，擘而尝之，可析醒；分而甘之，可润肺"。醉意朦胧之时，又品尝到了新鲜嫩脆的大明湖白莲藕，既醒酒又润肺，是何等惬意之事啊！

白云雪霁：凭栏远望踞胜景

　　济南的泉，纯净，清澈得如同济南人的心境；济南的泉，却不纯静，如沸如涌，就像济南人的热情。游赏这些泉景，解说是多余的，情感是要溢出来的。

　　珍珠泉的美丽景色却在文人题咏中遗存至今。金朝雷渊、明朝的晏璧、边贡、李攀龙以及后来的文人墨客，都在此留下了脍炙人口的诗文。一生中多次来济南的乾隆皇帝就曾驻跸在珍珠泉一带，他甚至认为珍珠泉要优于号称"第一泉"的趵突泉。

　　自此多少年后，一个名叫老舍的大家在他那篇《济南的秋天》中，更是饱蘸激情地赞美道："参天的树木，掩映着一呈凹字形的泉池。泉水清澈透明，珍珠纷纷扬扬，不是争落玉盘，而是像快乐的精灵，咕噜噜从沙际翻向水面，又似一枝梨花带雨，白皑皑迎风招展。真实自然的美，美的自然。"

　　这么幽雅卓美的去处，自然引起了历史上那些达官显贵的垂涎。金末元初，军阀张荣开始选择珍珠泉一带修建府第，始为私人宅第。后来，张荣的孙子、元大都督张宏又在此修建了一座巍巍壮观的"白云楼"。登楼远眺，北可观明湖碧波，黄河帆影，南可望梵宇簇立，群山屏立，俯察全城景物，更是历历在目；尤其雪后，凭栏寻望，晴光四野，绮丽景色，令人叹为观止。

历下秋风：芦雪纷飞柳毵毵

济南的秋天是"诗境"的。那么，大明湖的秋景，就该是这"诗境"中的"点睛之笔"。在清人余丙的《明湖秋兴》中，秋日明湖则是这样一番景象："疏柳残荷冷钓槎，霜清水落见鱼虾。平湖十里照如镜，丫髻双翘照鹊华。"民国时人倪锡英《济南》一书，对大明湖秋季景色进行了详尽的描述："到秋季里，荷花谢了，荷叶枯了，堤边的芦苇，探出雪白的须缨，把湖上点缀成素白一片。在那个时候，如果停舟在芦丛的旁边，静听着秋风吹来，芦叶们会发出一阵深长的叹息，那是够诗意的。"

如果大明湖秋景是"诗境"济南的点睛之笔，那么，历下亭的秋景就是这"眼睛"中的"眸子"了。自元代开始，人们便把"历下秋风"列为历下八景之一：秋日，在人文底蕴丰厚的历下亭观赏湖光天色，可见清波拍岸、南山隐约，可听芦荻瑟瑟、秋柳萧萧，可觉凉风拂衣、神清气爽。在乐观派文人心目中，大明湖历下亭的秋天，总是那么充满着清亮的神韵！1934年初版的《济南大观》一书"历下八景"条下有诗赞"历下秋风"，曰："好是济南历下亭，秋来风景更清冷。人何误指南门洞，只为凉风不暂停。"

对于悲秋的人来说，"历下秋风"自然又能诱发出另一番情怀：飒飒西风，娟娟寒露，残荷败柳，枯芦黄竹，乃至一泓秋水，都是满目凄凄秋光。

从八景出发，不仅能走进一座城市的历史，还能看到这座城市的未来；不仅能了解这座城市的精神品格，也能探知这座城市的文化品位；不仅能发现这座城市的内秀，更能创造这座城市的文明。八景文化是济南文化不可或缺的一部分，八景文化，丰富我们的心灵；八景文化，使我们更诗意地栖居；八景文化，让我们生活得更精致；八景文化，让我们的境界更高远！

Eight Sights of Jinan

Unique Scenery of Unique City

"Eight sights of Jinan" is also called Li Xia eight sceneries or Li Cheng eight sceneries. The earliest record of the "Jinan eight sceneries" can be found by the late Li Cheng, whose writings are in the sixth year of Emperor Chongzhen. "The ancient people marked it as eight sceneries, but underwent great changes, so most of them ended up falling into oblivion." From that, we can infer, "Eight sights of Jinan" had long been in existence even in the Ming Dynasty. Later on, Li Cheng Xian Zhi (a record of Li Cheng county) respectively marks the names of the "Eight sights of Jinan", and the illustration of eight pages offer pictures of the eight sceneries, which include: ① A beautiful screen and spring's beginning, ② The Baotu spring rising to the sky, ③ The rising daisies in Mountain, ④ The misty drizzle of Quehua Bridge, ⑤ The evening image of Huibo Pavilion, ⑥ The boating in Daming Lake, ⑦ The white cloud and clearing snow, ⑧ The autumn wind of Li Xia.

唇齿间的文化"活化石"

济南话是什么？是济南人听着入耳的乡音，是牢记终生的母语；济南话是一杯醇香浓烈的老酒，无论是喜是怒是哀是乐，喝一杯，都会浸透骨肉；济南话是一根母亲编织的麻绳，无论你走到天涯海角，牵一下，心头便会颤悠悠生出无限感慨和思乡之情。

撰文 / 张继平

济南人的性格在济南话中
显露无遗 摄影 / 王 平

济南话是什么？是济南人听着入耳的乡音，是牢记终生的母语；济南话是一杯醇香浓烈的老酒，无论是喜是怒是哀是乐，喝一杯，都会浸透骨肉；济南话是一根母亲编织的麻绳，无论你走到天涯海角，牵一下，心头便会颤悠悠生出无限感慨和思乡之情。济南话其实是一种文化，虽然文化的内涵很丰富，概念也很难界定。这种来自"草根"的民间文化和其他文化交织融合在一起，构成了渊源积久、庞杂丰厚的济南文化的生态积层。

很多年前，作家韩少功在《马桥词典》中说："词是有生命的东西。它们密密繁殖，频频蜕变，聚散无常，沉浮不定，有迁移和婚合，有疾病和遗传，有性格和情感，有兴旺有衰竭还有死亡。它们在特定的事实情境里度过或长或短的生命……"韩少功所说，用来评说济南话，也实在精辟入里，恰如其分。

济南话是反映济南城市社会、历史、人文进程的"活化石"。济南话的形成特点，实际上与济南人的性格有关。济南人豪爽快直，日常语言交流当然也坦诚相见、毫无戒备之心，所以无需转弯抹角，而且唯恐词不达意，所以几乎每个音节都发成重音。底蕴丰厚的济南文化滋润了济南话生动多样的表现力，厚实、简练、生动、形象，是它独有的特点。比如，说一个人得寸进尺，济南话是"趿着鼻子上脸"；言与某人的关系疏远，说"八竿子拨拉不着"。说女孩子脾气厉害、不讲理且出言泼辣，一个字："kóu"；形容人尤其是女孩善变、不定性，是"惹花（嗒拉气儿）"。普通话"什么时候"，到济南只有俩字——"多咱"。"什么"一词在济南人口中更是常常被简约成一个字："么"。

济南话特点的形成，更是与济南这座城市自古至今的历史文化、经济地位分不开的。在这些济南老话中，保留着许多古汉语和外来语中的词汇和语音，如宋代的"夜来"，明代的"崴拉""倒达""仰摆"，蒙语的"赛""洋咕儿咕儿"，满语的"撒么""各棱"等等，这些词汇和语音至今仍鲜活地活跃在济南人的口头。济南文化的开放性反映在语言上，形成了济南话具有极强包容性和溶解力的突出特性，因此它是一个开放型的语言系统。

济南话亦俗亦雅。如：步行称"步辇"，比之"安步当车"更胜其浪漫。关系密切说作"掰不开的脚丫子"；组词通俗新奇；"海海的"，意指极多，更是气魄宏大。济南话生动传神。如：说某人油腔滑调，是"贫嘴呱嗒舌"；形容人难堪、尴尬、不好意思叫作"抹抹丢丢"；形容一个人性格鲁莽，称之为"莽张飞"，活脱脱把张飞勇猛鲁莽、粗豪直率的性格烘托渲染得淋漓尽致。济南话幽默风趣。如：时间短为"一个屁时辰"；溜须拍马之人为"舔腚官"，讽刺可谓是入木三分。

Jinan Accent

Cutural Living Fossil from Lips

What is a Jinan dialect? It is the native accent that sounds amiable to Jinan locals, and also the Han language that all Chinese know. Jinan's dialect is said to resemble a cup of Chinese wine that tastes aromatic and strong. Whether you are happy, or angry, or sorrowful or cheerful, drinking one cup of wine will fill your body. It's been said that Jinan dialect feels like an old hemp rope weaved by a mother where one single touch of the rope brings a wishful memory of days gone by no matter where you come from.

经天纬地　百年传奇

经纬路

一个城市的地名，总是反映着它的历史和沉淀。在济南，最具有代表性的，除了以"里"记录的地标，如四里山、五里沟、八里桥，就当属经纬路了。经路和纬路织成了一张大网，席卷着济南的历史与现在，捕捉着这个城市的故事。阡陌纵横间，济南经纬路秉承着一贯的包容与开放，不断前行，续写着属于它的百年传奇。

撰文 / 方　圆　摄影 / 王　锋（除署名外）

一个城市的地名，总是反映着它的历史和沉淀。在济南，最具有代表性的，除了以"里"记录的地标，如四里山、五里沟、八里桥，就当属经纬路了。阡陌纵横的经路和纬路，织成了一张大网，席卷着济南的历史与现在，捕捉着这个城市的故事。

济南本就是盛产故事的城市，经纬路更像磁铁一样，成为无数故事的汇集地。漫步在遮天蔽日的林荫道上，能感觉到故事像百年松树上滴下的松脂，落在万国风情的建筑上，落在路口乘凉的老人身上，散发出沁人的清香。

经路和纬路，就像是具象的经线和纬线，把无数个路口、建筑、老人的故事串起来织成一块方毯，保护着这里的纯净与沉淀。在这片老城里慢慢泡着，深藏在骨子里的老济南气息就这样住进你心里。

每个路口都是故事

1904 年，直隶总督袁世凯联合山东巡抚周馥，上书光绪皇帝，在济南等三地开商埠，济南经纬路的故事自此开始书写。济南商埠区开中国自主开埠之先河，相比青岛的八大关，这里更多一些自主开放的色彩，区域内几乎所有的地标都可以用"经 X 纬 X"的坐标来轻易找到：经四纬二的大观园、经一纬三的北洋大戏院、经二纬四的瑞蚨祥、经三纬五的中山公园、经六纬七的省立医院……

走过百年时光的经纬路，堪称济南开埠文化的天然博物馆，见证了济南近代史。

有意思的是，济南的经纬路与地球的经纬度方向相反：经路指东西，纬路通南北。至于为什么要如此命名，民间流传着多种说法，其中比较可信的一种来自《济南市志》。

据该书记载，1904 年胶济铁路建成通车，清政府勘定西关外一区域作为济南商埠。当时的商埠区境界东西长约五里，南北则不到三里。当局根据古时织物"长者为经、短者为纬"的称说，将商埠区内的东西方向道路为"经"，南北方向的道路命名为"纬"，经纬之间的短纬路一般

百年经纬的积淀，滋润了近现代济南的商业和文明

命名为小纬路。

最初，济南的经纬路并没有这么多条，1916年才仅有经一路、经二路，纬一路至纬五路总共7条道路。到了1921年，济南商埠区又向西扩展至纬十路，向南扩展至经七路。这种统一命名的方式，为商埠向南、向西发展预留了依次排列的道路名称。同时，经路设计时也考虑了当时津浦、胶济两铁路的走向，便于商货的集散。

在泉水浸润的济南城，商埠区里的建筑大都中西合璧。坐落在纬六路的丰大银行旧址，建于1919年，济南人叫它"老洋行"。这座玲珑考究的建筑，是老商埠区具有南欧巴洛克风格的"孤本"。

经四路教堂是中国人自建的第一座基督教堂，经历百余年的风雨依然矗立如新，在无数年代同样久远的民房与法国梧桐中间，教堂显得格外高大挺拔。这里的每座老建筑背后，都依傍着一段故事，一段岁月。

寸土之上，本心犹在

百年经纬的积淀，滋润了近现代济南的商业和文明，让济南城如同道路两旁茂盛的法国梧桐，散发着平凡的睿智。经纬路的故事，与老商埠的历史，如同两股绳相互交织拧成一股，增强了这大网的韧性，让人即使在异乡漂泊，也难以忘怀。

对于生活在这里的人们来说，经纬路有着别处难以寻觅的安静闲适。

小时候，我与小伙伴们在这里嬉戏追逐，而家人从来不用担心我们走失迷路。经纬路里的巷子看似曲折蜿蜒，却四通八达。即便一时在树荫下迷了方向，继续沿着胡同前行，也总能找到豁然开朗的出口，看到经纬路标，然后飞跑着奔向家的方向。

长大后，无论是在北京还是加拉加斯、新加坡还是河内，当我一时找不到方向，总习惯把家乡经纬路的网映射在眼前。有了这映射般的路程规划，即便南辕北辙走错了路，却也不会有迷路的烦躁。

长久以来，经纬路都是繁华的城市中心地。

上世纪30年代，这里是十分繁华的商业区，沿线遍布老商号、银行、电影院和戏园等。经二路是济南老字号扎堆的一条路，瑞蚨祥绸布店、大西洋钟表眼镜行、亨得利钟表店等老字号鳞次栉比。

时至今日，济南经纬路早已突破了原先的限制。从经一路到经十一路，从纬一路到纬十二

经二路上的阜成信棉花行旧址，历经百年沧桑　摄影/赵晓明

阜成信东记旧址，现为颇具文艺气息的棉花咖啡馆　摄影/赵晓明

路，经纬道路数量越来越多，贯穿这座城市的东西南北，成为城市交通布局中的主干道。这片老城区日新月异，变得现代化气息十足。

尽管如此，这里却仿佛有一个巨大的玻璃罩，将外面喧闹的世界隔离开。夏天，车辆和行人在绿色隧道般的道路上穿过，不急不慢，却从来也没有堵车之虞。越狭窄，越畅通，仿佛成了济南经纬路一道特别的风景。树木旺盛的年景里，人们出门甚至不需要带伞。因为头顶茂盛的法国梧桐，便是最好的葱绿色大伞。

这片走过一个多世纪的老城区，淡定自若见证着济南的风云变幻，继续安静陪伴着济南人的生活。

老房子里的新故事

不论是历史还是现代，火车站总是人来人往、流动而密集的存在，便利的交通成为新鲜事物进入的必要前提。受惠于此，经纬路成为年轻人书写新故事的乌托邦。

现在，经纬路的新故事，写在了这些长满爬山虎的老房子里。

从经四路教堂这个永远不会丢失的地标，一直向西走到经二纬七，能看到一栋百年老建筑。百年前，济南是华北地区重要的棉花集散市场，这栋建于1909年的建筑是当时省城第一家棉花行——阜成信棉花行所在地。

现在，百年"棉花"依旧"开"——棉花咖啡，正是怀揣着文艺之心的年轻人创业故事的一章。透过巨大的落地窗，能看到店里清新文艺的装修。沙发上的年轻人们，或者啜饮咖啡，或者捧一本厚书品读。新老、中西、土洋，这些搭配在激情活力的年轻人手中，像橡皮泥一样被捏合到一起，不着痕迹，自然舒适。

而这，就是属于经纬路的特殊魔力。

不只有年轻人才会讲新故事。在经四纬八的街角，白底红字的大招牌格外醒目：人民理发店。五十多岁的剃头师傅穿一身白大褂，熟练地摆弄剪刀和电推子，剪出干净利落的发型。价格

黄昏时分的经十路色彩不断变幻　摄影／张凯翔

便宜、定额接待，无论是经营噱头还是店主的奇思妙想，都不难看出济南人的坚守和创新。

经纬路是个有故事的地方，经路纬路的网里，一切都是那样畅通且包容的。居留在此的济南人，用自己独特的方式，沿袭着已有的宁静淡然，却也散发着天马行空的想象。

阡陌纵横间，济南经纬路秉承一贯的包容与开放，不断前行，续写着属于它的百年传奇。

Jing Wei Roads

Jing Wei Roads Century's Legend

Usually, from names of city scenes, we are able to tell the history and stories of the city. In Jinan, one of the more iteresting landmarks are the places that are named after "Li" such as "S i Li Shan", "Wu Li Gou" and "Ba Li Qiao" as well as the Jing Wei Roads. The Jing Wei Roads is likened to a huge net, catching all of Jinan's history and modern stories.In this net, the communication may be slow but it's always fluent.

一语活现一座城

一百年前那个红叶遍山、黄花吐艳的晚秋季节，一个名叫"老残"的郎中，背个箱笼，摇个串铃，风尘仆仆从高青赶到济南，一心想到济南府看看大明湖的风景。"进得城来，但见家家泉水，户户垂杨，比那江南风景，觉得更为有趣⋯⋯"这是晚清作家刘鹗在他的小说《老残游记》中的一段描写。每一个济南人、每一位读者都会记住这段文字中对济南八个字的传神写照："家家泉水，户户垂杨。"

撰文／侯　林　摄影／赵晓明

济南的泉如同珍珠漫撒，数不胜数。济南城是整个儿泡在泉水里的，已故著名山水诗人孔孚诗云："若问泉有多少，数一数济南人的眼睛。"

一百年前那个红叶遍山、黄花吐艳的晚秋季节，一个名叫"老残"的郎中，背个箱笼，摇个串铃，风尘仆仆从高青赶到济南，一心想到济南府看看大明湖的风景。"进得城来，但见家家泉水，户户垂杨，比那江南风景，觉得更为有趣⋯⋯"

这是晚清作家刘鹗在他的小说《老残游记》中的一段描写。每一个济南人、每一位读者都会记住这段文字中对济南八个字的传神写照："家家泉水，户户垂杨。"

因为，再也没有别的文字能比这八个字的描摹更为真切和到位的了。

街巷看泉

济南的泉水不仅存在于公园、园林和其他一些公共场所，更多的还是隐藏在街巷的深处，一些传统民居和老百姓的庭院里，所谓"养在深闺人未识"是也。

所以说，来济南看泉，你最好寻一位当地人做向导，带你到小巷民居走一走，和老百姓唠唠嗑品品茶，你方可体会到"家家泉水，户户垂杨"的神韵与风采。

走进街巷看泉，你也许还能遭遇济南街巷的典型风物：青青石板路。青青石板路，青黑精亮，光滑如冰，宽约尺半，长可数尺，列阵一般，竖铺成济南的大街小巷。泉水便从那石缝间涌出，汩汩地，潺潺地，漫了青石板，漫了人们的脚丫，那么清澈，那么晶莹，孩子在水中欢快地嬉闹，妇女们在青石板上洗衣浣纱，棒槌捣衣的"砰砰"之声传出好远好远。如果屏息细听，你还会听到石板下传来的水声：哗啦、哗啦⋯⋯青青石板路，许多年里，它曾经和清泉相互依存，共同演绎出济南城内流水被道、清泉街上流的独特景观。

街巷看泉，告诉你一条最佳路线。从泉城路中段路北的珍珠泉大院西侧，一头钻进巷子里，两侧的青瓦白墙头伸出垂柳的绿枝，窄得只容下你和一架单辕马车，顺着这条名叫西更道的古巷

孟家胡同 7 号，赵丙玉家四代人住在这里

泉水伴随着济南人的生活

往北，再往北，然后顺着曲曲拐拐的小巷往西，你不久就会完全惊呆了，谁能想得到呢，在这古巷深处竟有如此奇观，那是一个好大又好清澈的泉池哟，长约 30 米，宽也在 10 米以上，总面积有 480 多平方米呢。

它是"王府池子"，又名"濯缨泉"。当年曾是附近的德王府的一部分，清代废除王府改建山东巡抚衙门时，又将它划出院墙之外。于是，它便彻底平民化了，池中常有游泳翻滚的泉城百姓，岸上则有对弈谈笑的人们。附近居民说，当年这泉池更加威风大气，可以行船放鸭，可以驾舟采莲的。翻开史志一看，果不其然。据乾隆《历城县志》载，这濯缨泉"俯视澄渊，须眉可鉴；杨柳交匝，金鳞游泳，龙舟荡漾，盖世奇观"。孔子七十一代孙、清代曲阜圣裔作家孔昭虔便有《明湖棹歌词》专咏此泉："水西桥外濯缨泉，日暖清秋放鸭天。薄暮采莲人不见，轻风吹转渡头船。"

王府池子至曲水亭一带的街巷民居景致极美，堪称济南"家家泉水，户户垂杨"的标志性地带。早在北魏，人们即引舜泉水为"流杯池，州僚宾燕，公私多萃其上"（参见《水经注》）。当年，位于百花洲南的曲水亭是极其风雅秀丽的所在。现已废圮多年。清代诗人王初桐《济南竹枝词》云："曲水亭南录事家，朱门紧靠短桥斜。有人桥上谕裙坐，手际漂过片片花。"盖此亭位置极佳，它北临明湖，荷香北渚；南依群山，倒映绿波；莲坞可通游舫，苔矶自下钓竿。时至今日，这里依然秀丽如江南水乡：数不尽的众多泉眼，流出数条溪河，泉池溪河内，水草摇曳，游鱼戏逐。池岸水边民居错落，曲巷藏幽，杨柳叠翠，藤架古朴；溪流穿民居，过起凤桥，入大明湖。泉畔，小桥流水人家，蹲在水边浣洗的年轻姑娘，沿溪戏水的齿龀孩童，居民枕水而居，其乐融融……在这里你依然可以读得出数百年前清代诗人、画家孙兆溎所描写的济

垂柳依依，风景宛若江南

南街巷的意境："多少名泉散四隅，纡回络绎赴明湖。阿侬最喜长流水，流到门前洗绿襦。"（孙兆溎《济南竹枝词》）

"家家泉水"是不折不扣的写实

濯缨泉一路北流，形成一条溪流，淙淙流淌，弹琴歌诗。在这里，你可以随意叩开一家住户的大门，他们的院落中大都有一眼泉。

这样的家庭在济南所在多有，在旧城区，许许多多个居民院里都有泉，不过，许多居民不叫它们泉，而是叫作"井"。准确的叫法应该是"泉"，或者是"泉井"。

泉井不同于"井"，泉井水极清，水深数米清可见底，泉动，珍珠般的水泡不断上冒，水极旺极旺，到了盛夏，汩汩的泉水眼看就会漫上井口来。

过去，老百姓的食用水和生活用水全靠它。有了自来水，老百姓依然用它来洗菜、洗衣、浇花种草。它是老百姓的"天然冰箱"。夏天，人们把容易坏的食物吊在泉井里保鲜；买来西瓜，用尼龙袋装起来泡在里面冰，西瓜吃起来原汁原味，清凉解暑。

三年前，旧城区改造使得一些街道房屋拆迁时，曾经有一位报社记者不辞劳苦地在济南探访老百姓家里的无名泉，二十天里竟然探得三十一处。其中仅县西巷、芙蓉街便有十处。而在太平寺街的探访更令人惊诧不已。原来，那些迷人的泉不仅在老百姓的庭院里，也可以在屋门口、窗台下，甚至可以涌流于居室内。其中，有一泉就在二号院的厨房里汩汩流淌；还有一泉则在四号院的卧室床下。女主人为了防止污物落入，在泉井盖上抹了一层水泥保护起来。

这位记者十分感慨，他说自己原来以为刘鹗写济南"家家泉水，户户垂杨"用的是文学笔法，免不了的会有夸张，没想到，原来竟是不折不扣的写实啊！

如此众多的别具特色的市井之泉，加上园林与府第中的大泉与名泉，构成了济南泉水形态的多样性与丰富性。

古人早已看到并且记述过济南泉的这一特点。明代初年，文渊阁大学士、江西丰城人朱善（字备万）于洪武戊午（1378）十二月和两位同僚游览了趵突泉以后，似乎意犹未尽，于是便"循流以观"，来到市井中，终于看到了其他游客未曾看到的精彩景象。他在《观趵突泉记略》一文中这样描述道："则又知斯泉交灌于城中，浚之而为井，潴之而为池，引之而为沟渠，汇之而为沼沚，缺者如玦，圆者如环，萦者如带，喷者如雾，激之而鸣者如金石丝竹之声，随地赋形，不可殚记。诚济南之奇观也。"

Spring Water and Dangling Willows

Before Each and Every Household

A Sentence Generalizes the City

In the late autumn 100 years ago, when red leaves covered the mountain and yellow flowers blossomed and with luggage on his back and bells swinging in his hands, quite worn out by the journey, a doctor named of "Lao Can" hurried to Jinan from Gaoqing with great anticipation to see the scenery of Daming Lake. When he came to the city he saw that spring water and dangling willows were there before each and every household and he couldnt help but feel that it was even more interesting than the landscape of regions south of the Yangtze River……This is a portrayal from travel notes by "The Travels of Lao Can" written by Liu E in the late Qing Dynasty. Every Jinan citizen and every reader will be sure to forever remember the vivid and lifelike description of Jinan with the spring water and dangling willows that are before each and every household.

荷塘水乡——大师起航的地方

季羡林

明湖北岸的江北水乡，北园十里荷塘，是一代大师文学起航的地方。季羡林从小小荷塘划起双桨，一生努力，小船划向大海，划向大洋，划向远方。

撰文/张　柯　摄影/CFP

人生如海，舟楫匆匆。

著作等身的季羡林晚年曾经"三辞"。这"三辞"是：辞国学大师，辞泰斗，辞国宝。可是，不管季先生如何请辞，又如何吁请"还我一个自由自在身"，许多好心人馈送桂冠的热情依旧像万能胶熬成的膏药，你辞你的，他贴他的，不把老人家粘个结实是不算个完的。

其实，在送给季先生的数顶桂冠中，最不准确的一项正是"国学大师"。季先生国学虽说不错，却并不是他的专业，怎能担得住国学大师的桂冠呢？依笔者之见，研究了一辈子语言的季先生是一位语言大师，除了通晓12种语言之外，他是国内唯一掌握吐火罗文的语言学家。1929年在济南上高中的时候，季羡林创作了《文明人的公理》《医学士》等短篇小说，由此健步登上文坛，开始了长达70多年的文学创作和文学翻译。文学是语言的艺术。季先生研究语言成果丰硕，驾驭语言的功夫炉火纯青，说他是语言大师，完全站得住。

季羡林是6岁时来到济南的，那一年是1917年。季先生生前说过："济南的每一寸土地都有我的足迹。"从小学、初中到高中，他一气在泉城生活了13年。1934年清华大学西洋文学系毕业后，季羡林回到济南，在省立济南高中教书，一年后远赴德国留学。季羡林在济南城生活了整整 14 年。

季羡林真正开始发愤读书，是在济南北园的荷塘水乡。在大明湖南岸的正谊中学读完初中后，他考取了山东大学附设高中。山大附中坐落在大明湖北岸的北园白鹤庄，与正谊中学一湖之隔。季先生后来在多篇文章里回忆白鹤庄。每每提到风景如画的母校，他的"笔端总带感情"，妙笔总是生花，水乡美景跃然纸上，意境非常动人。2002 年 2 月，已经 91 岁高龄的季先生在《我的高中》这篇散文中，4 次写到白鹤庄胜景，他赞道："这真是一个念书的绝妙的好地方。"老人对白鹤庄印象之深，怀念之殷，溢于言表。

季先生写道："泉城济南的地势，南高北低。常言道：'水往低处流'。泉城七十二名泉的水，流出地面以后，一股脑地都向北流来。连泰山北麓的泉水也通过黑虎泉、龙洞等处，注入护城河，最终流向北园。一部分注入小清河，向大海流去。因此，北园成了水乡。风乍起，吹皱一塘清水。无风时则如一片明镜，可以看见 20 里外的千佛山的倒影。……塘边绿柳成行，在夏天，绿叶葳蕤，铺天盖地，都如绿雾，仿佛把宇宙都染成了绿色的宇宙……"

在山大附中，他读书两年，学习成绩得了 4 个全优。在山大高中，他遇到了一生中第一位恩师，国文教师王崑玉先生。最值得他自豪的"优胜纪略"，是得到了"状元公"王寿彭的奖赏。

原来在季羡林第一学年结束的时候，前清状元、山东省教育厅长兼山东大学校长王寿彭决定亲自表彰学习成绩优异的学生。表彰的条件是年级的甲等第一，平均分数达到 95 分的学生。表彰的奖品是王寿彭手书的对联和扇面。按说，高中 6 个班可以出 6 个甲等第一。结果成绩统计出来后发现，超过 95 分的学生只有季羡林一人。王寿彭官拜厅长，"再加上状元这一个吓人的光环，因此他的墨宝就极具经济价值和荣誉意义，很不容易得到的"。

那一天，在同学和老师的瞩目中，季羡林走到王厅长跟前，将状元的墨宝接在手中，抱在怀里，瞬间他尝到了心花怒放的感觉。几十年后，季先生回忆这段往事，认为这件事"对我万分巨大"，改变了他的一生，"自己即使不是一条大龙，也绝不是一条平庸的小蛇了"。山大附中教学力量雄厚，师资"极一时之选"，在这个读书的好地方，季羡林抱定决心，学习上去了就不能让他再下来，他的学习愈加努力。后来，在北京报考大学的时候，许多同学为了保险，同时报考了六七个大学，雄心勃勃的季羡林只报考了北大和清华，两所名校他都考上了。他觉得清华出国的机会更多，于是选择了后者。

白鹤庄原本风景绝佳，季先生老来忆旧，往事历历如在昨天，下笔之时情注毫端，字里行间无不打上作者的主观色彩。

看看他是怎样描写夜色中的白鹤庄的：

每到春秋佳日，风光更加旖旎。最难忘的是夏末初秋十分，炎夏刚过，秋风降临。和风微凉，冷暖宜人。每天晚上，夜课以后，同学们大都走出校门，到门前荷塘边散步，消除一整天学习的疲乏。其时月明星稀，柳影在地，草色凄迷，荷香四溢。

季羡林没有就此打住，他笔下的白鹤庄晨景也不俗：

我喜欢自然风光，特别是早晨和夜晚。早晨在吃过早饭以后上课之前，在春秋佳日，我常常一个人到校舍南边和西边的小溪旁散步，看小溪中碧水潺潺，绿藻浮动，顾而乐之，往往看上很久。

不过，这还不算高潮，高潮是在白鹤庄的荷塘边，他意外发现了《老残游记》里描写的"佛山倒影"。

那一天，他与同学从白鹤庄赶往商埠的二大马路邮政总局，去取从日本东京丸善书店邮购来的图书，无意之中，一幕千佛山倒映荷塘的画面让他特别惊喜："……走在荷塘边上，此时塘里什么都没有，荷叶、苇子和稻子都没有。一片清水像明镜一般展现在眼前，'天光云影共徘徊'。风光极为秀丽。我忽然见（不是看）到离开这二三十里路的千佛山倒影清晰地印在水中，我大为狂喜。记得刘铁云（鹗）《老残游记》中曾写到在大明湖看到千佛山的倒影。有人认为荒唐。离开20多里，怎能在大明湖看到佛山的倒影呢？我也迟疑不决。今天竟无意中看到了，证明刘铁云观察的细致和准确，我怎能不狂喜不已呢？"

"佛山倒影"说的是城南千佛山的倒影投在大明湖的水面上。没有见过此景的人总有怀疑。笔者在济南生活五十多年，佛山倒影仅仅见过一回。七十多年前，千佛山的倒影投在了比大明湖更往北的北园荷塘，印证了《老残游记》所写不虚，爱好文学的季羡林怎会不狂喜不已呢？

季先生早年负笈欧洲，新中国成立后又数次出访海外，一生游历过世界许多地方，看过数不尽的异域风光，老来忆旧，对泉城济南极尽赞美，对北园水乡倾情歌颂，一篇文章，四写白鹤庄佳境，对故土对母校的一往情深跃然纸上。

季羡林先生最后说："我在北园白鹤庄的两年，我15岁到16岁，正是英国人称之为teen的年龄，也就是人生最美好的年龄。我的少年，因为不在母亲身边，并不能说是幸福的，但是，我在白鹤庄，却只能说是幸福的。只是'白鹤庄'这个名字，就能引起人们许多美丽的幻影，古人诗：'西塞山前白鹭飞'，多么美妙绝伦的情景。我不记得在白鹤庄曾见到白鹭；但是，从整个北园的景色来看，有白鹭飞来是必然会发生的。到了现在，我离开北园已经70多年了，再没有回去过。可是，我每每会想起北园，想到我的teen，每一次想到，心头总会油然漾起一股无比温馨无比幸福的感情，这感情将会伴我终生。"

明湖北岸的江北水乡，北园十里荷塘，是一代大师文学起航的地方。季羡林从小小荷塘划起双桨，一生努力，小船划向大海，划向大洋。

2009年7月11日，98岁的老人慢慢松开了握桨的双手，平平静静地离开这个世界。

他的身后，留下了1200万字的学术和文学著作。

Ji Xianlin

Lotus Pools, Lands of Springs, Where the Great Master Started His Legends

North shore of Daming Lake, lotus pond in Beiyuan - this is the Master's shipyard of literature. Mr Ji Xianlin spent all his life to row his walnut shell from the little pond to the sea and ocean.

享誉全国的城市名片

20 年前，济南交警——这个应时代呼唤而出的先进群体，如一股和暖的东风，给我们的精神文明建设带来盎然春意。20 年来，一座城市、一城百姓、一支队伍，用心呵护这张城市的名片，向我们展示了一种力量，一种紧扣时代脉搏、传承城市精神的力量。

撰文 / 王　彬　图片由济南市交警支队提供（除署名外）

2000 年，济南小伙张斌初入军营。北京街头的一家报亭前，他的济南籍贯被人问出。

"济南人好呀，济南交警全国都有名啊！"报贩笑着竖直了大拇指。

来自他乡的赞许，让初赴异地的年轻人意识到，原来"济南交警"这四个字，意义并非局限于走在家乡街头的安心，它还是一张城市的名片，济南人随身携带的最值得骄傲的一张名片。2008 年，这位年轻人成为济南交警的一名新人。一年后，他被誉为"济南最帅交警"，他所负责的经二纬三路口，成为许多外地游客特意驻足停留的景点。

济南交警的吸引力并不局限于唤回游子，一个家在武汉的武汉大学研究生谈及来济南工作的原因时说："我就是冲着'济南交警'这四个字来的。"

这是怎么一面旗帜，让全国人民都对她刮目相看？这是怎样一张名片，让济南百姓引以为傲？

很多济南人还对那个历史性时刻记忆犹新——1995 年 10 月 15 日，国家领导人为济南交警作了"严格执法，热情服务"的重要题词。从此，济南交警这面旗帜进入了人们的眼帘。学习济南交警，成为全国的主旋律。

20 年来，这张城市的名片越擦越亮，伴随着城市的发展将济南人诚信、创新、和谐的精神发扬光大，得到了社会各界的赞许和肯定；20 年来，济南人对她倍加

济南交警是享誉全国的城市名片　摄影 / 梁大磊

济南市交警支队市中区大队女子中队

珍惜，一瓶水、一顿水饺、一句问候汇集成了爱心的海洋，万千百姓与这支队伍共同成长。

一个伟大的时代，总是需要一个先进的代表与之相匹配；一座奋进的城市，总是需要一些优秀的标志与之相对应。全心全意为人民服务的南京路上好八连、拉开中国改革开放序幕的小岗村、展示新时期中国形象的北京奥运志愿者……这些闻名全国的标志，在历久弥新的历史舞台上不断触摸时代脉搏的高度，在漫漫历史长河中丰富着时代的内涵和精神，可谓实至名归。从某种意义上讲，济南交警，这是一种标志，她是时代发展的一个标杆，也是城市文化的一个符号。

一个时代的先进标杆

1995年4月26日，泉城济南在初夏的薄雾中醒来，匆匆上班和街头晨练的人们忽然发现，交通岗台上的交警悄然发生了变化。他们没有用语言，而是以崭新的仪表和规范、标准、统一的指挥动作在岗台上疏导交通。"忽如一夜春风来，千树万树梨花开"，这个转变，也拉开了济南交警打造服务型警队的序幕。

当年10月15日，国家领导人为济南交警作了"严格执法，热情服务"的重要题词。10月16日、17日，公安部在济南召开了学习济南交警经验现场会。此后，一场轰轰烈烈的学习济南交警活动在全国公安机关展开，有力地推动了全国公安工作和公安队伍建设。

崭新的仪表、规范标准统一的指挥动作，在当今人的眼中或者不值一提，为何却能在上世纪90年代掀起热潮、震撼人心？

济南交警是新时代的象征

事实上，济南交警开展的意在改变警察执法形象的"刮骨疗伤"并不容易。经历过那段历史的交警回忆说，那时大练基本功非常苦，每天上午6时至7时、下午4时至6时，凡不在岗上执勤的交警一律参加集体训练；集体训练期间在岗上执勤的交警，下岗后就地训练15分钟。每天晚上召开岗组会，对一天的训练和执勤情况进行小结，对存在的问题集体"会诊"。不少人上岗、训练累得吃不消，但都坚持了下来。

济南交警大练基本功、规范化执勤的事迹深深地感动着人们。"火天火地交通岗，千车万车喇叭响，泉城交警献爱心，四面八方都敬仰。"1995年春夏之交，当时已经70多岁的残疾人马文龙按捺不住激动之情，伏在交通岗上写下了这首诗。

我国哲学、法学、社会学、交通工程学和新闻界百余专家学者对济南交警进行了研究，做了定位，给出了她应得的评价——济南交警是对党的路线、方针、政策领会得深、执行得好，成就大的先进集体……印证了"精神文明重在建设"方针的正确性，诠释了精神文明建设的一系列实践难题，为全国提供了一种精神文明建设的实践形式。

20年不断的守护传承

收获荣誉不容易，守护荣誉更难。

20年来，济南人精心守护这份荣誉，用爱心浇灌这朵城市的鲜花。

时光追溯到1996年的大年三十，济南市政协离休干部真文老人在家中守岁时，看到除夕之夜仍在寒风中执勤的女交警，被她们的坚守精神所感动，于是带领全家人将第一锅水饺送到岗上。让谁也没想到的是，这一送就坚持了20年。

2014年大年三十，真文老人再次给自己的"孩子"送水饺，他动情地说："女子中队一代代的女交警们，都像我自己的孩子一样，不仅每年的除夕看望她们，平时也经常到执法站坐坐，看看她们，鼓励她们，希望她们一如既往地干好工作。"

是啊，济南交警就像是济南人的孩子。年迈的老人为她送去一瓶水、匆匆而过的行人为她送上一句暖心话、上学的孩子送给她一个敬礼……泉城人看着她长大、成名，也珍惜、爱护这个孩子。

20年来，济南交警换了一茬又一茬，但每一代人都不辱使命。面对着烈日，他们心中流淌着一丝惬意；肩披着雪花，他们眼中投射出一束坚毅。为了这座城市绽放更多幸福的面容，为了这座城市荡漾更多快乐的笑声，他们激越着无限的大爱，昂扬着无畏的力量，赤诚地守望着这座城市的畅通安宁，捍卫着"济南交警"无上光荣的责任和使命。

寒冬，突降雨雪，路坑积水，为了防止车辆沉陷，他以自己的身体做标尺，站在刺骨的冰水中指挥疏导交通。无意而为的事迹，温暖了整个泉城，成为传递崇高与温暖的"标尺哥"。

一位年轻的交警，在群众危难之机，挺身而出，义无反顾，用自己的双臂成功救起一位坠楼老人，成就了平凡警察中的英雄形象，成为网络上赞誉一片的"铁臂哥"。

一城百姓20年的精心呵护，呵护的是这座城市文明进步的结晶；一支队伍20年的责任接力，接力的是时代繁荣发展的成果。

一座城市的精神结晶

身处同样的时代潮流中，济南能够获得这样一张全国闻名的名片，仅仅是历史的抉择，或者只是一种偶然吗？

山东大学历史文化学院教授王育济在《济南历史文化的变迁与特征》一文中说："每当有大的历史变故之际，以济南或以济南为中心的周边地区，每每会担承起文艺复兴或历史转型的责任，这是济南历史文化的一个非常显著的特征。"

仿佛是一种坚守，又似一次对答。当执法乱象横生、社会管理错综复杂之时，济南人再一次走在了全国前面，济南交警横空出世，"严格执法、热情服务"让国人眼前一亮。

地处拥有几千年历史积淀的齐鲁大地，泉城济南自古就有"济南名士多"的美誉。司马迁在评论包括济南人在内的整个齐地之民风时说："齐俗宽缓阔达，而足智、好议论"，"大国之风也"。杜牧说：济南人"多才力，重许可，能辛苦"。于钦说："忠义之风，齐俗为多。"从古人的言语中不难看出，自古以来，济南人就拥有勤劳、朴实、忠诚、守信、创新的优良品质。

对答历史、叩问当下，在济南交警身上，我们看到了这些品质。

在济南，诚信是穿越数千年历史隧道吹来的"风"。济南位于齐文化和鲁文化的交界处，自古深受传统文化的熏陶和滋润，市民深深懂得"无信不立"的道理。诚信之风吹到现代，体现的不仅是人们之间的道德关系，更是一种契约信用关系。济南交警严格执法，同时树立起以"文化管理和自我管理"为特色的济南交警幸福文化体系，这不正是对诚信的守护吗？

《礼记·大学》说："苟日新，日日新，又日新。"济南作为最古老城市之一，恰恰表明其无时无刻不在与时俱进的变化和创新中。在改革开放年代，创新更是时代精神的灵魂。济南交警不断用新思维、新举措打破旧的思想观念和工作方式的束缚，不正是对创新的践行吗？

北枕黄河，南倚泰山，趵突泉、大明湖、千佛山灵秀一脉，济南堪称物华天宝、人杰地灵。有人说，济南之美，在于人文和谐。济南交通从"我为人民管交通"到"我与人民管交通"，使政府与群众关系更加融洽、警民关系更加和谐，不正是对和谐理念的传承吗？

一方水土养一方人。喝着泉水、耳濡目染着齐鲁文化成长起来的济南交警，不正是济南人形象的代表吗？如果你细细琢磨，他们身上是不是有着"济南名士"的影子呢？

Jinan Traffic Police

Business Card of Jinan Enjoys the Nationwide Fame

20 years ago, Jinan traffic police, who made their figure and was summoned by times, brought us blossom of spiritual civilization like genial east wind. In the past 20 years, this city and its citizens care this business card with this team, and show us a power which keeps abreast of the times and bear the weight of city spirit.

水墨清奇听瀑声

九如山，关于风、关于花、关于雪、关于月，关于风花雪月，抑或无关于风花雪月的低吟浅唱，都会留给你别样的况味、品味、玩味、韵味和无尽的回味。水墨清奇九如山，真是一个采天地间灵秀之气，孕育诗情画意的地方。

撰文 / 张继平　图片由九如山景区提供（除署名外）

那年盛夏，我是一个人去看九如山的。

来看九如山，是因为它有一个让很多人遐思又为很多人费解的名字，更因为它的名字能在济南众多景区中脱颖而出，迅速成为济南南部山区的一大景观亮点。

好听的名字，九如山

九如山的名字说起来，颇有来历。

所谓"九如"，指的是：如山、如阜、如冈、如陵、如川之方至、如月之恒，如日之升、如南山之寿、如松柏之茂。这个典故出自《诗经·小雅·天保》，所以人们又称之为"天保九如"。《天保》是一首臣子祝颂君王的诗，原诗140多字，篇中连用九个"如"字，既祝福国家强大、经济繁荣，又祝愿人民生活富足、幸福安康。对君王的祝颂也是无所不至，吉祥词语连绵不断。诗句巧妙运用比喻手法，用词夸张却恰到好处，成为后人经常引用的经典语句。这"九如"翻译成白话就是：祝（国运蒸蒸日上），恰如那连绵丘陵，又如那巍巍山岗；祝（人民幸福生活），如大河之水滚滚而来，永远不断增长。祝（您）像新月渐盈，旭日东升，像南山高寿，福寿绵长；像松柏常青，恒久未央。

后来，不断有艺术家们把这首诗的诗意形象地表达出来。唐代大书画家董其昌专门根据诗意绘有《九如图》，清代画家钱维城又绘有《仿董其昌九如图》。画中高山耸立，山上长着繁茂的松柏，松柏顶上一轮红彤彤的太阳冉冉升起，山涧溪流蜿蜒奔腾而下，汇入大海。这幅画将"九如"之意栩栩如生地表达出来，艺术手法十分高超。此外，好多古代艺术品（如瓷器纹饰等）还利用谐音来表达"九如"，如绘有九支如意或九条鱼的图案也称之为"九如图"，把绘有九支如意和佛手、桃子、石榴的图案称为"三多九如图"，以"九如"之意，再加上"多福、多寿、多子"之意，成为深受人们喜爱的祈愿祝颂的艺术品。

九如山，九如之山。啊——，好听的名字，九如山！

一种怀念，一地乡愁

可它原来的名字却没有这么雅致。

济南南部山多，山多山泉就多，泉水一多，山峪就多。公元882年，黄巢率起义军退出长安转战到济南南部山区，安营扎寨，准备东山再起。黄巢大军所到之处，军纪严明，爱民如子，深受百姓爱戴。黄巢殉难后，为了纪念他，人们便把当年黄巢造战车的地方，称为车子峪，种菜的地方就叫黄瓜峪、大（小）菜峪，做军服的地方就叫上（下）裁缝峪，操练军马、饮水的地方，得名为旗杆窝、饮水湾、跑马岭。

有一天，黄巢率众由大黄草峪（今黄巢村）向东北方向沿途视察各兵营，翻山越岭突然发现一条宽阔的山峪。山峪间杂木丛生，溪流淙淙。散落的几处农家屋前，种植着一片一片的葫芦。正口渴难耐的黄巢及随军，即向百姓买了几百只葫芦，做成了盛水的军壶，灌满了山顶天池的泉水，精神振奋地向西营、大南营和小南营进发了。后来当地百姓据此，又根据此峪的地形颇似葫芦形状，另葫芦又与福禄谐音，便把这个地方称之为葫芦峪了。清乾隆年间，又有崔氏祖先由崔家庄迁徙于此，据崔廷茂"崔昆之碑"记载，随着葫芦峪农家户数逐渐增多，于嘉庆十二年（1807）正式立村设庄。

葫芦峪的名字一叫就是一千多年。

而今，九如山名震天下十万里，没有游客再来这儿会打听一个叫葫芦峪的地方了。葫芦峪，

荷花仙子　摄影／梁大磊

更多的是一种怀念，一地乡愁。

当然，如今的九如山景区，葫芦峪仅仅是其中的一部分，它的景区面积已达36平方公里，约等于欧洲梵蒂冈国土面积的82个大小，成了以"八潭、九瀑、二十四泉、三十六峰"为核心景观，以山、瀑、栈、溪、泉融一体为特色的中国北方首屈一指的大型国家级森林生态景区。

一山风韵，万种风月

一次九如山之行，竟让我成了九如山的"铁粉"。

无数次游山，或呼朋唤友、或携妻挈子、或蒙主人盛邀，总之，一次次都是被九如山那诱人景色"勾"来的。

九如山有风。一夜春风吹来，数百种草木绽放出满眼新绿，漫山遍野的迎春花、山茶花，争奇斗艳，花枝招展。最叫人不舍的，是山景的变幻，晨曦初露，是一抹绿中泛黄，中午是一抹金黄透绿，在夕阳的照耀下又是一抹粉色明灭，宛如美少女更易衣装，一换一份惊喜，一换一方天地。

九如山有花。盛夏季节的九如山，放眼望去，一片葱郁葱绿，叫不上名来的杂花，或红，或紫，或蓝，或橙，点缀其间。树荫溪声，鸟鸣山幽，柔柔山风吹得游人满身清爽。从天亭归来，坐在滴水崖旁的山亭下，边憩边酌，顿觉一山风韵、十分风情、百代风光、千般风景、万种风月尽揽胸中。此刻，酒香和花香杂糅一起，人们便会飘飘然起来。那花香从山顶随风一直飘到谷底，沿着十公里木栈道走一圈归来，满身都是花香了。

九如山有雪。大雪飘落时节，整个九如山区，银装素裹，晴光四野，绮丽景色，令人叹为观止。在老舍眼里，济南冬天的艺术是上帝赐予的杰作。那么，我想说，九如山的冬天理应是这幅杰作上浓艳的一笔。来九如山赏雪，会碰上冰瀑、冰挂、雾凇等独特的自然景观。宋代曾巩曾在济南为官多年，他曾解释济南独有的雾凇现象："齐甚寒，夜气如雾，凝于木上，旦起视之如雪。日出，飘满阶庭，尤为可爱。齐人谓之雾凇。"曾巩都觉得济南的雾凇"尤为可爱"，那么，寒冬季节，来九如山看雾凇，一定是一件很抒情的事情。

　　九如山有月。九如山秋色更是一幅水墨清奇、绝妙无伦的大画，观之大有"但知山为景中之画，顿忘我为画中人"的陶醉感。秋日九如，霜林尽染，万木红遍。来这里赏秋后，你会不由慨叹："当秋此境界，不佛也神仙！"入夜，一轮圆月挂在天上，群山静谧，只有那哗哗的山间流水声，依然那么动人心弦。此时，坐在山半的木屋里，品饮着香茗，望一望披霜挂银的山景，你会瞬间忘记一切，心也会像那轮圆月一样，皎洁起来。

　　九如山，有风有花有雪有月，九如山有风花雪月吗？

有关或无关风花雪月的回味

　　九如山，似乎没有风花雪月。有的是"双脚踏四地，一步跨两国"的雄浑气质，有的是"不到长城非好汉"的无畏气概。

　　景区深处，一道长满苔藓的石板古道，一座"四方城"（亦称"四界首"，泰安、莱芜、章丘、历城划界的交会处），向人们诉说着千年沧桑。在这条应该被今人称之为"国道"的石板路尽头，就是号称"中国长城之父"的齐长城遗址。古老年间，长城北面是齐国辖区，南边则是鲁国。

　　距今2560多年的公元前555年，晋、鲁等十几个国家联合攻打齐国，浩浩荡荡的战车和兵马奔至南山麓时，却被一道高耸魏立蜿蜒望不到尽头的城墙挡住了去路。这道城墙就是比秦始皇下令修建的秦长城还早500年的千里齐长城。齐长城修筑时，充分借助泰山北麓的地势之力，形成一道天然军事屏障，大有"一夫当关，万夫莫开"之势。清代诗人董芸曾专门写过一首《长城》诗，专门描绘济南南山齐长城的雄伟宏大："万壑千岩一望迷，长城岭上碧天低。"如今，当你站在齐长城断壁残垣前，你会觉得时间似乎凝固，分分秒秒过得

特别长，长得仿佛两千多年都未曾流动。

九如山，有风花雪月吗？不光有，而且十足。在银雪飞泻的瀑布群旁，在宛若天梯的木栈道上，在跳跃于山间岩石间的溪流边，在清澈见底的潭水畔，在树荫遮天的山路上，如织的游人里，有老，有少，有男，有女，谁知道在这缠绵无尽的自然生态中会演绎出多少风花雪月的故事来呢。

我多少次看到，碧绿得猫眼石才有的漂亮光泽的潭水边，时尚姑娘把双脚浸泡到潭水里，很惬意的样子，眨眼之间，女孩的头上便多了一个山花编织的花环；在藤林缠绕的峡谷里，又有多少女孩子面对如倾如斜的峭壁时的本能惊悸，一头扑到身旁那副坚强的臂膀上。鸟儿低翔，蝴蝶双飞。

九如山，关于风、关于花、关于雪、关于月，关于风花雪月，抑或无关于风花雪月的低吟浅唱，都会留给你别一样的况味、品味、玩味、韵味和无尽的回味。

九如山，怎一个"清"字了得，清雅、清净、清爽、清幽、清丽、清馨；九如山，又怎一个"奇"字能概括，瑰奇、清奇、神奇、珍奇、雄奇，也便成了一方传奇。比如她无处不在的树，比如她空气里从不缺少的淡淡清香，比如她的瀑布、她的栈道、她的绿水、她的青山，还比如这里一片那里一片让你去了就不愿意离开的闲闲风景。

"疏影横斜水清浅，暗香浮动月黄昏"，这样的句子，本来是写杭州风景的，但是用在九如山身上，也像定做的旗袍一样合体。那里的风景，铺排的是一种心情。所以，九如山是值得来的。所以，来这儿四处走走吧！面对能铺排心情的风景，按捺不住没有什么不对。风景满眼，清爽满身，那颗心也会在浸润中慢慢透明的。

水墨清奇九如山，真是一个采天地间灵秀之气，孕育诗情画意的地方。

Jiuru Mount

Painting-like Scenery with Waterfall Sings

Jiuru Mount is a poem about the wind, the flowers, the snow and the Moon yet it speaks of all of these romantic themes but also none of them. Many have said that the poem leaves them with special flavors, charms or aftertastes. Painting-like Jiuru Mount, was born of beauty and soul.

半
城 湖 光

HALF CITY OF LAKE

K–L

图片由中共济南市委外宣办提供

内陆自主开埠第一城

1904 年 5 月 19 日，大清王朝外务部批准济南正式开埠。在中国近代开埠史上，由巡抚奏请自开商埠，济南是第一个。此举不仅大大加快了济南的城市化进程，拓展了城市发展空间，还一举奠定了济南、乃至整个山东经济社会近代化的基础。

撰文 / 张继平

1904 年 5 月 1 日，这一天按西历计算是个星期天。星期天是上帝都休息的日子。权重一时的北洋大臣袁世凯、山东巡抚周馥却没工夫理会这一套，他们只记得这一天是大清光绪三十年三月十六日。

添开商埠，以扩利源

许久以来，北洋大臣袁世凯、山东巡抚周馥的共同想法是：值此列强环伺、主权尽失之时，尽快自开商埠，以免利权再失。这一天，专门由济南赶到天津行馆的山东巡抚周馥和袁世凯一

自主开埠大大加快了济南城市化进程

起，看着经过一年密谋策划刚刚定稿的《直隶总督袁世凯等为添开济南潍县及周村商埠事奏折》，露出了会心的一笑。

奏折开头是这样的："北洋大臣直隶总督臣袁世凯、头品顶戴山东巡抚臣周馥跪奏：为查明山东内地现在铁路畅行，拟请添开商埠，以扩利源，恭折仰祈圣鉴。"

大观园曾是商埠区内最繁华之处

奏文称："查得山东沿海通商口岸，向只烟台一处，自光绪二十四年德国议租胶澳以后，青岛建筑码头，兴造铁路，现已通至济南省城，转瞬开办津镇铁路，将与胶济铁路相接。济南本为黄河、小清河码头，现在又为两路枢纽，地势扼要，商货转输，较为便利。亟应在于济南城外自开通商口岸，以期中外咸受利益。至省城迤东之潍县及长山县所属之周村，皆为商贾荟萃之区，该两处又为胶济铁路必经之道，胶关进口洋货，济南出口土货，必皆经由于此。拟将潍县、周村一并开作商埠，作为济南分关。"

自开商埠第一城

清廷的办事效率还算高。5月1日，袁世凯、周馥上奏；三天以后，5月4日，光绪皇帝朱笔一挥批道："外务部议奏，钦此。"5月6日，外务部"议复奉旨允准"，并于5月19日"抄录通行"，周知天下。济南开埠由此变为现实。

周馥，原名本来叫周宗培，1837年生。1902年5月擢升为山东巡抚时，已经六十六岁高龄。1904年济南开埠半年后，他升任两江总督。周馥在鲁抚任内，把山东原巡抚袁世凯在山东开创的新政局面大大往前推进了一步，使整个山东在那一时期成为全国局势比较稳定，发展较为迅速的省份之一，从而奠定了山东近代化事业的基础。

1902年12月，刚上任山东巡抚半年多的周馥冒雪察看了青岛租界，悲怆时局，赋诗一首："朔风吹雪海天寒，满目沧桑不忍看。列国尚尊周版籍，遗民犹见汉衣冠。是谁持算盘盘错，相对枯棋著著难。挽日回天宁有力，可怜筋骨已凋残。"其诗境悲凉凄冷，忧国忧民之情跃然纸上，令人感喟久之。这次青岛考察，所见所闻极大地刺激了搞了一辈子洋务的周馥的心灵，也更加坚定了他"自开商埠，以争利权"的决心和信心。

甲午战争以后，以外争利权、内促富强为特征的自开商埠思想已被朝廷内外普遍接受，并逐步成为清廷的一项重要国策。1903年9月，山东人吕海寰向朝廷倡议"广辟商埠"，外务部批转了吕海寰的奏请，令"各省督抚详细查勘，如有形势扼要、商贾荟萃，可以自开口岸之处，随时奏明办理。"但在中国近代开埠史上，由巡抚奏请自开商埠，周馥是第一人。而且，在济南开埠的同时，将周村、潍县作为济南分关，一省之内三地同时开埠，这也是前所未有的，表现出了周馥等改革派的远见卓识和开拓进取精神。

首倡之功不可没

济南开埠后，经过精心规划设计，整修道路，建造衙署，设立市场，开泉种树，大大加快了城市化的进程。商埠区内，道路规整，楼房林立，具备了近代化城市的风貌，并大大地拓展了济南城市发展空间。从全省而言，济南开埠后，加上原有烟台、青岛两个通商口岸，省内五处商埠呈大三角形分布，使得在清末新政改革中已经走在前面的山东更奠定了其优势地位。这其中，周馥首倡之功不可没。

1904 年的《东方杂志》第 8 期曾发表《东抚之办事》的评论文章，称赞周馥开设商埠之举说："德国尝以独占山东全省利益，屡向北京政府要求权利。其所经营者，著著进步。周中丞（周馥）见此情形，深知其害，遂将济南、潍县、周村镇三处，辟为商埠。俾利权不致为德人所垄断。密奏朝廷，即获谕允，忽然宣布万国。德人闻之，亦惟深叹其手段之神速而未可如何也。设事前稍不谨慎，泄漏风声，德人必起阻挠。"由此可见，周馥是以谨密主动、迅雷不及掩耳的手段完成济南开埠之举的。

周馥死后，山东当局呈请北洋政府，准其在济南为周馥建立专祠以资崇报。呈文中列举了他在山东的四大政绩，其三即是"创设商埠"。呈文说：

我国商埠之设，大抵由于各国之要求，故恒听命于人，为所牵制，从未有中国自倡之而使人听命于我者，有之自山东始。盖铁路所到之处，即商务所萃之处，亦是形胜必争之处。故抚有鉴于此，先发制人，特于济南、周村两地自辟商埠（按：此处疏失潍县），列隧置市，所以杜彼窥伺，使之就我范围。

周馥此举确实干得出色。在德国势力阴影笼罩下，他觑隙乘便，攻其不备，使德人在既成事实面前措手不及，无可奈何，真不愧是有胆略的政治家。

<hr>

Opening Commercial Port

The First City Opening Port in China's Inland

May 19th, 1904. The Ministry of External Affairs of the Qing Dynasty admitted Jinan to open its commercial port. In the recent history of China, Jinan was the first city whose grand coordinator of the city applied to officially open as a commercial port. It not only expedited the urbanization process of Jinan but it expanded the development of the city and laid the foundation of modern day Jinan including the Shandong Province.

留与人间一卷诗

"轻轻的我走了，正如我轻轻的来；我轻轻的招手，作别西天的云彩。那河畔的金柳，是夕阳中的新娘；波光里的艳影，在我的心头荡漾……"相信来开山寻迹凭吊在此陨逝的徐志摩先生时，每一个人都会默默吟诵起这首充满深情和爱恋的诗来。

撰文 / 张继平

过去，农民的活动半径小，没见过多大的天地，当然也没有走南闯北的物质条件和兴致，很多人一生可能都是在生于斯长于斯的小山村里度过。所以在地名命名上也就多了许多随心所欲，譬如村南有一条河，就叫南大河，村东有一座山，就起名东大山。

济南长清地界儿，就有这么一座山，这座山在开山村和炒米店村的西向，所以开山村、炒米店的村民俗称为"西大山"；这座山在王府庄等村的北向，所以，虽然和开山村、炒米店距离不远，但王府庄等村的村民却把这座山称之为"北大山"。这座山，地图上标注的标准山名，是开山。

诗人葬魂开山

开山，山不高，看起来只有百八十米，论海拔也只有295米。明朝洪武二年，也就是1369年，有一家姓陈的人家由山西洪洞县迁到了该山的山西脚下定居，所以，陈氏一家也称这座可以西望的山为"东山"。后来，该户人家不断繁衍，又有外户不断迁入，遂成聚落，村民皆以开山售石营生，所以把这座既叫西大山，也叫北大山，还叫东山的山命名为"开山"。一山四名，以致多少年后还引出了一场又一场笔墨官司来。

这座叫开山的小山，名不见经传，甚至好多当地人都不知道这座形如马鞍状、突兀而起且周边山脉连绵不断的低矮小山，究竟是在何处。满山的碎石和不多的树木，如果不是一个著名诗人葬魂此处，如果没有那么一个惊魂动魄的故事发生，也许它会永远在世界上籍籍无名。1931年11月19日中午时分，著名诗人徐志摩在此坠机

诗人徐志摩魂葬开山 摄影 /CFP

开山石碑上镌刻着故乡人对徐志摩的怀念　摄影／王新勇

身亡。从此，这座山便有了灵魂，漫山的坚石也懂得了悲咽。

"在那淋漓的大雨里，在那迷蒙的大雾里，一个猛烈的大震动，三百匹马力的飞机碰在一座终古不动的山上，我们的朋友额上受了一个致命的撞伤，大概立刻失去了知觉，半空中起了一团大火，像天上陨了一颗大星似的直掉下地去。"胡适在《追悼志摩》一文中曾如此描述。

"济南号"惨剧经过

11月19日这天，徐志摩急忙赶赴北平的原因是参加林徽因当晚在协和小礼堂举行的讲演，主题是面向外国驻华使节讲解中国古建筑。而他这次免费搭乘的是运送邮件的飞机——"济南号"，机上除搭客徐志摩之外，还有机师王贯一、梁璧堂。早上8点，徐志摩乘"济南号"飞机从南京明故宫机场起飞。起飞前，徐曾发电报给梁思成、林徽因夫妇。10点10分，飞机抵达徐州机场，徐志摩突然头痛欲裂，他在机场写了封信给陆小曼，说因头痛不拟再飞。但是10点20分，飞机还是再次起飞了……

据11月20日胡适日记记载："昨早志摩从南京乘飞机北来，曾由中国航空公司发一电来梁思成家，嘱下午三时雇车去南苑接他。下午汽车去接，至四时半人未到，汽车回来了。我听徽因说了，颇疑飞机途中有变故。今早我见《北平晨报》记昨日飞机在济南之南遇大雾，误触开山，坠落山下，司机与不知名乘客皆死，我大叫起，已知志摩遭难了。电话上告知徽因，她也信是志摩。上午，十点半我借叔永的车去中国航空公司问信。他们也不知死客姓名。我问是否昨日发电报的人，他们说是的。我请他们发电去问南京公司中人，并请他们转一电给山东教育厅长何思源。十二点钟，回电说是志摩。我们才绝望了！"

徐志摩遇难之后，当时的《大公报》《申报》《益世报》《北平晨报》《民国日报》等报纸都进行了连续追踪报道。徐志摩所乘的"济南号"飞机是美国司汀逊式（Stinson—Detroiter）六座单叶飞机。《大公报》以"济南号触巅惨剧，徐志摩与（遇）难 航空界之大不幸！文学界之大损失"为题，详细报道了失事过程：济南号"距济南城南三十里之党家庄附近，因天雨雾大，误触党家庄迤西十八里之开山山头"。《申报》则在当日以"京平航空济南号机失事"为题报道说："今日京平航空公司济南号机由飞机师王锡五、梁璧堂驾驶早十点二十分由徐州北开"（原文如此），"飞抵津浦线济南站南三十里之党家庄站西南十二里、距路线两里余开山地方"坠毁。《北平晨报》报道：济南号"正午抵济南以南党家庄附近，忽遇大雾，隧误触开山，汽缸炸裂着火，司机乘客均惨毙，邮件全部焚毁，机身仅余一铁骨"。又称"济南号肇祸原因：汽油渗漏因而燃烧，撞击地点系西大山"。《民国日报》也报道济南号"飞至距济南城南卅里党家庄附近，因天雨雾大，误触党家庄迤西十八里之开山山头，当即堕落山下，机身全焚"。

天纵奇才死亦奇

对于失事原因，汇总当时报纸报道，可归结为：① "大雾迷漫，不辨方向"，"因天大雾，对面不能见人，机触山尖，将葛斯林油箱发火，机由山顶落于谷内"；② "天气不佳，机师忙于识辨方向，未暇顾及机件损坏"；③ "外传为汽缸渗漏，天气报告亦迟误"，"追该机飞行已十分钟后，徐州站始接到天气报告。驾驶者对前方天气之如何，毫无所闻"。等等，不一而足。

至于那场笔墨官司，皆源于沈从文的记述，他的回忆中是说飞机撞上了济南白马山，这已被有关学者证误，不再赘述。至于有些论者关于开山、西大山，甚至北大山之争，如前文所述，则源于开山一山多名所致。徐志摩遇难后，黄炎培等名流纷纷撰联以示悼念，黄炎培的挽联是："天纵奇才死亦奇，云车风马想威仪。卅年哀乐春婆梦，留与人间一卷诗。"诗人郁达夫的挽联是："两卷新诗，廿年旧友，相逢同时天涯，只为佳人难再得。一声河满，九点齐烟，化鹤重归华表，应愁高处不胜寒。"

"轻轻的我走了，正如我轻轻的来；我轻轻的招手，作别西天的云彩。那河畔的金柳，是夕阳中的新娘；波光里的艳影，在我的心头荡漾……"相信每一位来开山的朋友在寻迹凭吊徐志摩先生时，都会默默地吟诵起这首充满深情和爱恋的诗来。

开山，竟是一座伟大的山！是一座永垂不朽的山！

Kaishan Mount

The Poem That is Left to The World

"Very quietly I take my leave/ As quietly as I came here; Quietly I wave good-bye/ To the rosy clouds in the western sky. The golden willows by the riverside/ Are young brides in the setting sun; Their reflections on the shimmering waves/ Always linger in the depth of my heart……" Everyone who comes to Kaishan Mount might silently ponder the writings of Xu Zhimo whose poem is full of affection and love.

一弯腰捡起的古文明

在章丘市龙山镇政府西1公里处，有着全国唯一的一座土堡式建筑"龙山文化博物馆"。在这里，会让你恍如穿越到刀耕火种的史前济南——漆黑温润的龙山黑陶、预示吉凶的卜骨，从事生产的工具石镰、石钺、4000多年前的夯土城墙……龙山时代的济南，是中国早期文明的高地。

撰文／赵景雪　摄影／郭　尧（除署名外）

如果你想寻找济南最早的文明，那就从市区出发，乘车沿经十东路东行半小时，在章丘市龙山镇政府西1公里处，全国唯一的一座土堡式建筑"龙山文化博物馆"就会矗立在你的眼前。在这里，会让你恍如穿越到刀耕火种的史前济南——漆黑温润的龙山黑陶，预示吉凶的卜骨，从事生产的工具石镰、石钺，4000多年前的夯土城墙都一一展现在你的眼前。

在这里，如果你看到龙山黑陶的精品——"蛋壳陶"，会被它的巧夺天工所震撼：它薄如纸、硬如瓷、明如镜、黑如漆，掂之飘忽若无、敲击声响似磬，因薄似蛋壳而得名"蛋壳陶"。蛋壳陶之薄，至今无有企及者。龙山时代的济南，是中国早期文明的高地。

中华本土文明自证之地

千百年来，黑陶技艺一脉相承

说起来，济南城子崖龙山文化是不经意间一弯腰捡拾起来的。

1928年4月4日，当时还在齐鲁大学任助教的吴金鼎来到济南，准备考察汉文化平陵古城，路过龙山镇至平陵城的路旁时，看到有一个高出平地三五米的台地。按照当地人的说法，这个台地就是城子崖，俗称"鹅鸭城"，传说是古代养鹅鸭之城。唐太宗五子李祐被任命为齐州都督，李祐骄奢淫逸，特别喜欢斗鸭、斗鹅，在平陵养了许多善斗的鸭鹅，老百姓就讽刺这里叫鹅鸭城。"养鹅鸭何必建城？"吴金鼎有些疑问。

在"鸭鹅城"，吴金鼎不经意间捡到了

一些陶片、贝壳、兽骨等物。"出镇东北行，经一河水即《水经注》所谓武源者是也。河东岸系黄土峭壁，高三四丈。大道穿过，割为深沟，沟之两壁上微露灰土及陶片等物。余颇异之。"这是吴金鼎发现城子崖遗址的最早记录。轻轻抖落蒙在这些物品上的厚厚尘土，吴金鼎无意中发现了一座原始社会的古城遗址。同年 7 月 31 日，他再次来到这里，从四米深的地下挖掘出一只完整的石斧。紧接着他又先后两次来到龙山，并在地表深处挖掘出了一种从没见过的漆黑发亮的陶片。

这一发现，顿时引起当时考古界的重视。之后，这里出土了大量的陶器和石制工具，一个以磨光黑陶为主要特征的新石器时代文化遗存，在沉睡了 4500 年之后又重新展现在世人面前。济南之东，章丘龙山，城子崖，这里不仅存在着一座距今 4000 至 4500 年的龙山文化古城，而且还有一座距今 3500 至 3900 年夏代时期的古城。

据考古报告显示，龙山时代的古城，城周约 2 公里，面积 20 万平方米；城墙东、西、南三面平直，北墙向北凸出，大致为方形，有人估计当时城内可住有居民一万余人。

蛋壳黑陶高柄杯　摄影／周　坤

当埋藏于地下的黑陶片，重新向世人展示出它的温润光泽时，一段曾经波澜壮阔的历史也揭开面纱。

20 世纪 20 年代，中国史前文化西来说的假说甚嚣尘上，城子崖出土的大批蛋壳黑陶被誉为稀世珍品，与欧洲、西亚出土的彩陶乃至中国仰韶文化彩陶，是完全不同的。其代表的黑陶文化被认为是起源于东方而与仰韶文化不同系统的遗存，它证明中国远古文化源于本土，让"中国文化西来说"不攻自破。济南龙山城子崖，也就成了中华文明本土说的自证之地。

火与水淬炼的黑陶

城子崖太古老了，你来到博物馆，能有幸看到被世界考古界誉为"四千年前地球文明最精致之制作"的蛋壳陶高柄杯，"薄如纸、硬如瓷、明如镜、黑如漆，掂之飘忽若无，抚之铮铮有声"，是后人对它的评价。在山东博物馆的山东历史文化展厅中，有一个专门展示龙山文化"蛋壳陶"精品的玻璃展柜。4000 多年前的艺术精品，经过时间的打磨更加温润如玉。听过工作人员的介绍，你会忍不住惊叹古人制陶的精湛技艺，"蛋壳陶"的造型一般是高柄杯，如同今日的高脚杯。陶胎薄如鸡蛋壳，最薄的盘口部分，一般厚度在 0.2~0.3 毫米，最厚的地方也仅仅有 0.5 毫米，重量不超过 70 克。因为一触即倒，所以"蛋壳陶"是一种专为礼仪用的器皿。

龙山黑陶是怎么制作出来的？城子崖下的武源河畔土地耕作层下的一层生土，俗称"胶泥"，是十分难得的制陶土。取土后捣碎过筛、用清水浸泡，再过滤、沉淀、发酵，然后经千百遍的揉压，成为可以制陶的陶泥。这样处理后的泥细腻度很高，在制作陶器时不容易开裂。龙山黑陶之所以黑，是因为在即将烧成时往窑内掺水，使窑内产生大量浓烟，烟中的碳粒渗透到陶器表面，

龙山文化博物馆是全国唯一——座土堡式建筑　图片由中共章丘市委宣传部提供

充满坯体空间，从而产生里外均匀的漆黑的黑陶。

　　经历了火与水的淬炼，龙山黑陶质地坚硬，埋藏在地下数千年，出土之后，以手指弹之，依然铮铮有金属声。通体漆黑油亮，且表里一致，几乎没有渗水性，足见4000多年前的人对火候的把握已经出神入化。

　　龙山黑陶的造型千姿百态，除了最精美的"蛋壳陶"，更多的是民间生活制品，有盂、杯、盆、碗、盘、罐、瓮、鬲、鼎等。可见，黑陶制品已经成为当时人们使用最普遍的器物。

　　龙山黑陶的装饰图案多为植物叶子、花朵、菱形、三角形等。尽管当时的黑陶制品多是生活器物，但是凝视每件陶器，它们的造型都端庄古朴，质感细腻润泽，具有一种如珍珠般的柔雅沉静之美，透过玻璃展柜，依然可以触摸到世俗风情的脉搏。

　　其中，令人瞩目的是作为炊煮器的"黑陶鬶"，具有玉石一般的沉静优雅之美。而最妙的，是它的造型。

　　三个袋足，细长颈，如同鸟喙一样的流。造型如同欲展翅飞翔的鸟儿，极富神韵。在使用过程中，因为三个足带撑住器身，便于加热，可以说是集美观和实用于一体。即使4000多年后的今天，也不得不为古人的独具匠心所惊叹。

　　老济南，不好说它有多老了；济南城，也有着4000多岁高龄了，这在整个世界上恐怕也不多见。

Longshan Culture

The Ancient Culture That One Can Pick Up Just by Taking a Bow

　　One kilometer west of Longshan Town Government in Zhangqiu City, you will find yourself in the front of the Longshan Cultural Museum, a massive museum that is a very unique piece of architecture not only in Jinan but in all of China. Here you will feel as if you have time-traveled back to prehistoric Jinan where the ancient people adopted the "slash-and-burn" farming method. There you can see the pitch-black, the Longshan black pottery, the animal bone used to practice prophecy, the tools of war such as the bunt and the battle-axe, as well as ancient city walls made of rammed earth more than 4000 years ago. Longshan culture has given birth to the earliest civilization of Jinan.

李清照 千古才女 婉约词宗

在中国女性中，她毫无疑问是古今第一才女；在中国文学史上，她当之无愧地是宋词婉约派的领军宗师——她就是李清照，以锦词丽文傲视千古的李清照！她的词作那么精巧，浑然天成，情真意挚而又婉美飒爽。这种词体风格是始自于李清照而又独属于李清照的，这就是"易安体"，是李清照对词坛的又一重大贡献。

撰文/侯 琪 摄影/王 平（除署名外）

在中国女性世界里，她毫无疑问是古今第一才女；在中国文学史上，她当之无愧地是宋词婉约派的领军宗师——她就是李清照，以锦词丽文傲视千古的李清照！

我们济南人。

能有大成就者，多有家学渊源，李清照亦不例外。

其祖父、父亲皆出北宋名臣、与范仲淹齐名的韩琦门下，均为齐鲁名士。

李清照父名李格非，宋神宗熙宁九年（1076）进士，历任冀州司户参军、郓州教授、太学正、博士、广信军通判、校书郎、礼部员外郎等职。在太学时，"以文章受知于苏轼"，为"苏门后四学士"之一。著有《济北集》《李格非集》《礼记精义》《史传辨志》《历下水记》等，可惜皆已失传，存世者仅《洛阳名园记》一书。

作为北宋著名学者文人，李格非主张为文"以气为主，气以诚为主"。（宋·彭乘《墨客挥犀》）他还曾对司马迁、班固、韩愈等大家文章，评点优劣，坦诚真率，激扬文字，充满自信。李清照深受乃父熏陶，她的《词论》显露的文风、气度见识乃

李清照以锦词丽文傲视千古

百脉赏鲤　摄影 / 李厥训

至其性格，都与李格非十分相似。

　　李清照的母亲王氏，出身于家世显赫的贵族之家，是宋元丰间宰相、岐国公王珪的孙女，博雅善属文。李清照自幼生活在这样的诗书之家，加之她颖悟过人、博闻强记，自是耳濡目染，文华早茂，非寻常人家儿童可比。更兼李格非身为苏门后四学士之一，所交多饱学之士，李清照亦然受益匪浅。在这样的家庭环境中成长的天才少女，"自少便有诗名，才力华赡，逼近前辈"，那就是水到渠成之事了。

二

　　李清照生于宋神宗元丰八年（1084），宋徽宗建中靖国元年（1101）她 18 岁时，嫁给 21 岁的大学生赵明诚，赵明诚是山东诸城人，徽宗宰相赵挺之之子。他酷爱金石文字，有《金石录》30 卷传世，亦颇好诗文，与李清照可谓志同道合的恩爱夫妻。清照晚年所作《金石录后叙》一文，娓娓忆及夫妇二人苦心搜求校勘金石书画，猜书斗茶，诗酒唱和的幸福岁月。

　　身为少妇的李清照，是幸福美满的，不过随着婚后不久赵明诚的出仕，小夫妻时有别离，聪慧而感情细腻的李清照，便把她的深闺情趣、离愁别绪，一股脑融入她的词中。

比如"莫道不消魂，帘卷西风，人比黄花瘦"。比如"此情无计可消除，才下眉头，却上心头"等，皆以形象意境的新奇巧妙，情感抒发的真切细腻而成千古绝唱。李清照之为旷古才女，还在于她虽然存世作品不多，却多为精品。少妇时期的词作，除上引《醉花阴》《一剪梅》外，她如《武陵春》（风住尘香花已尽）、《醉花阴》（薄雾浓云愁永昼）、《点绛唇》（寂寞深闺）、《如梦令》（昨夜雨疏风骤）、《一剪梅》（凤凰台上忆吹箫）等等，等等，都是她少妇时期创作的震烁古今的绝妙好词。

　　不知有多少人，尤其是济南人，发出过这样的感叹：如果没有"靖康之变"，李清照能在优雅宁静中安度一生，适意诗酒，鉴宝填词——哪怕她因生活的安适而创作不出不亚苏辛的《乌江》《渔家傲》等诗词，而独享"婉约之宗"的盖世殊荣就好！

可惜，上苍赋予她绝世的才华，却安排了她半生悲苦的命运。

三

靖康之难，徽、钦二帝被俘，北宋灭亡，宋王室仓皇南渡，李清照收拾累年所积金石书画等15车，追随王室南下，于建炎二年（1128）春到达江宁与时任江宁知府的赵明诚会合，而留于青州家中不及运走的书籍文物，却毁于兵燹，建炎三年二月，赵明诚罢官，遂沿江西行至池阳并暂寓于此，五月又出任湖州知州，六月奉旨去建康入朝召见，中暑染疾。七月末清照自池阳奔建康，明诚已病危，于八月十日死亡。中年丧夫、又无子嗣的李清照，欲投奔在洪州（今江西南昌）的小姑，便将行李及二万卷善本书籍，二千卷金石拓本等珍贵文物，先行运往洪州，然而洪州于十二月被金兵攻陷，致行李文物尽皆委弃。其时有谣传谓李清照家藏珍宝，且有通敌之嫌，为避不测，她遂携劫余金石文物远赴浙西欲献于朝廷，一路追随皇帝行踪，从越州到台州，再到温州，又返越州然后至临安，遂在临安定居。

绍兴二年（1132）夏，孤苦无依的李清照做出一个让她悔恨终生的决定：再嫁右承奉郎张汝舟。孰料张人品低劣，常施家暴，又有赃情，刚烈绝决的李清照不顾按宋律揭发丈夫将被判入狱的惩处，毅然检举张"妄增举数入官"的罪行。张因罪除名编管，两人离婚。自结婚到离异，不过百天而已。

我们今天可以为李清照追求自由自立，冲破世俗樊篱的刚强果决而击节赞赏，然而在封建时代，她要背负着"晚年无检操"，晚岁颇失节的指责与羞辱，承受着山一般沉重的精神压力。而一个没有经济来源，坐吃山空的妇人，其生活的艰辛与前路的无望也可想而知。巨大的不幸和苦难深刻影响了李清照流寓江南后的创作，这一时期，无论是诗文还是词作，都突破了婉约词派抒写个人心绪的狭窄与琐细，一改南渡前的温馨柔婉，而是将个人漂泊流离，孤寂终老的凄苦，揉进了国破家亡的刻骨之痛和黍离之悲。这一时期的代表作品，词有《渔家傲》（天接云涛连晓雾）、《凤凰台上忆吹箫》（香冷金猊）、《行香子》（草际鸣蛩）、《声声慢》（寻寻觅觅）、《永遇乐》（落日熔金）等，是现存清照词的代表作，尤其是其《声声慢》，堪称中国词史上的冠世名篇。这一时期的诗作，可知的如《乌江》《咏史》《上枢密韩公诗》《上工部尚书胡公诗》等，皆沉郁雄壮。豪放本色，不减苏辛。朱熹曾赞其"生当作人杰，死亦为鬼雄"诸诗句曰："如此等语，岂女子所能。"李清照的文其实亦极佳，只是她的词写得太好，诗、文均为词所掩，我们从《金石录后叙》这篇至情至性而又浸透着兴亡之叹的文字，不难断定李清照也应是文章大家。殊为可惜的是，她的诗词文章，散佚者多，传世者少。这就不仅是历代中国读者之失，更是中国文学乃至中国文化之失了。

四

李清照对中国文学的贡献，不仅在于她为后世留下了传世佳作，还在于她开创了一枝词坛奇葩——易安体。李清照青年时期，写过一篇著名的《词论》，该文不仅毫无顾忌地对她的前辈大家李璟、李煜、柳永、张先、晏殊、欧阳修、苏轼、王安石、曾巩、晏几道、贺铸、秦观、黄庭坚等评点优劣，还提出了词"别是一家"的主张。认为词须合乐，词应"典重""故实"，"铺叙"和"协律"。她的创作，是践行了她的理论主张的，她十分注重音律，爱用双声叠音，追求声韵的错落与和谐。她的词，多用白话和家常语，喜白描铺叙，别具一格又保持着词之为词的特质。另外，她的词都是真情的流溢，不模仿他人，不人云亦云，也不怕别人非议，"沛然如肺肝流出"，能表现出细微变化、他人难以描述的微妙心绪和复杂感情。正是因为多方面的创新，她的词作才会那么精巧，浑然天成，情真意挚而又婉美飒爽。这种词体风格是始自于李清照而又独属于李清照的，这就是"易安体"，是李清照对词坛的又一重大贡献。

中国文化的星空上，高悬着一颗最为耀眼的女神之星，那么高，那么亮……

那是她应得的位置与荣耀！

Li Qingzhao

Talented Woman Through Ages, Queen Grand Master of Song Poems

The Chinese woman is considered by many to be the most talented women in both ancient and modern times. As depicted in historical Chinese literature, she is seen as the grand master of the Song Poems——She is Li Qingzhao, a lady who could turn up her nose at the ages with her eloquent poems and elegant prose. Her poems are so delicate, so natural, so affectionate and also so valiant. This kind of writing style originates from Li Qingzhao and is also unique to Li Qingzhao. This is called "Yi'an Style", and it's a major contribution that Li Qingzhao made to Chinese poetry.

老残

领你逛逛老济南

刘鹗离开济南十余年后，依然对济南如同自己家乡一般的美好景致记忆犹新。他写下的《老残游记》一书中，对济南的风土人情做了许多精彩的描述。《老残游记》被捷克汉学家称为"古老的中国文明在其衰落之前的最后一篇伟大的赞歌"。小说的主人公"老残"，也成了近代济南历史上第一位旅游达人。

撰文 / 牛国栋　摄影 / 梁大磊（除署名外）

刘鹗（1857~1909），字铁云，江苏丹徒（今镇江）人，祖父和父亲都有很高的官位和学识，在家学熏陶下，自幼聪颖过人，过目成诵，但不喜八股文章，科举屡试不中。

他涉猎广泛，是个杂家，治河、天算、乐律、词章、医学、儒经、佛典、诸子百家，旁及洋教，无不通晓。他弃官从商，热衷实业，开烟草店，开煤矿，也从事过悬壶行医。他极爱搜集研究古董，书画碑帖、秦砖汉瓦、钟鼎石印无所不包，在古文字研究方面也颇有心得。

河南殷墟刚刚出土甲骨文时，很多人都表示怀疑，而他是最为坚信的一位，他所撰写的甲骨文收藏与研究专著《铁云藏龟》，成为我国甲骨文研究史上的开先河之作，就连甲骨文研究大家罗振玉，也是在读了刘鹗这本专著后走上了这方面的研究之路。他还是治水专家，著有水利专著《历代黄河变迁图考》《治河七说》和《治河续说》，对黄河下游的水患治理立下大功。但身处乱世、命运多舛的他，最终被袁世凯罗织罪名，于 1908 年被捕，发配新疆，次年中风死于迪化，终年仅 52 岁。

最后一篇伟大赞歌

刘鹗写章回体白话小说《老残游记》属于不经意之作。刘鹗好友连梦青因牵连冤案由北京逃至上海以卖文为生。刘鹗看其日子过得清苦，便于 1903 年"写一小说赠之"。连梦青接受其好意，遂将书稿投予上海商务印书馆出版的《绣像小说》杂志连载，并约定不可改动一字。但因杂志编辑违约，遂中断连载，于1907年改投天津《日日新闻》连载。刘鹗发稿时用的是笔名"洪都百鍊生"，加之后来遭祸，直到民国后，他的后人才公布了作者的真实身份。正如刘鹗四子刘大绅在《关于〈老残游记〉》所说："《老残游记》一书为先君一时兴到笔墨。初无若何计画宗旨，也无组织结构，当时不过日写数纸，赠诸友人。不意发表后，数经转折，竟尔风行。不独为先君预想所不及，且先君也未尝有此预想。"

光绪十六年（1890）山东闹河患，刘鹗被调来济南任黄河下游"提调"。他先是只身住在历城县衙（今县前街北），后接来家眷居小布政司街（今省府东街），不久又移居县西巷内的英武街。他这几处住所都距珍珠泉、王府池子和曲水亭很近。这一带泉水众多，或在街巷中，或在民居四合院里。老城里的人们习惯于垂杨下、清泉畔、小河边，淘米、洗菜、担水、洗衣服，乃至洗澡、游泳，形成老济南特有的市井百态。长江边上长大的刘鹗写《老残游记》时，尽管已离开济南十年有余，但对济南如同自己家乡一般的美好景致仍记忆犹新，历历在目，对济南的风土人情做了许多精彩描述。他笔下的济南"家家泉水，户户垂杨"，这诗一般的语句也成为泉城济南一张靓丽的名片。由于《老残游记》在海内外华人中有着广泛的影响，尤其在台湾和香港，该小说的某些章节还编入了国中课本，像根据第二回《历山山下古帝遗踪，明湖湖边美人绝调》被改编成课文《老残游大明湖》。而且香港著名剧作家何冀平将其改编成话剧《梨花梦》，后改名为《还魂香》，很多华人正是先通过《老残游记》知道和了解济南的。一个世纪以来，《老残游记》印行的各种中文版本在200种左右，此外又被译成英文、法文、德文、俄文、日文、捷克文、匈牙利文、朝鲜文8种文字在国外发行。捷克著名汉学家普宗克（Jaroslav Prusek）翻译过《老残游记》，对其在东欧的传播有很大贡献，他说："这本书是古老的中国文明在其衰落之前的最后一篇伟大的赞歌。"这部小说也因其广泛的国际影响力被联合国教科文组织认定为世界文学名著。

叙景状物，时有可观

应该说《老残游记》带有很强的自传性，贯穿小说始终的主人公姓铁名英，号补残，别号老残，姓名及籍贯都暗合作者自身，不难看出老残即是刘鹗本人之化身。小说中正是假借老残之眼之口之思索，反映了作者所见所闻所想的一切。由于该小说抒发了对当时社会的不满，反映出民生疾苦和国家的内忧外患，鲁迅先生在其《中国小说史略》中将其与《官场现形记》《孽海花》《二十年目睹之怪现状》一道评价为"晚清四大谴责小说"。小说中对济南的写景状物非常真实生动，即使对号入座，也往往不出其左右。正如鲁迅对《老残游记》称赞的那样："叙景状物，时有可观。"因该小说有着很强的纪实性和史料价值，至今仍是外地人了解济南所必读的文学作品，也是研究济南城市文化不可或缺的文献。无论在外乡人，还是在土生土长的济南人眼里，"老残"无疑是济南的民间文化大使和形象代言人。

清末时，济南府旅馆、客栈统算起来不过三十余家，主要分布在大小布政司街、后宰门、鞭指巷、县东巷和县西巷等靠近各级衙门府署、人多热闹的地方。《老残游记》中写了一段老残住店的经历，虽是小说的叙事手法，却成为晚清济南客店为数极少的生动描述。进来济南府，老残"到了小布政司街，觅了一家客店，名叫高升店，将行李卸下，开发了车价酒钱，胡乱吃点晚饭，也就睡了"。

1915 年出版的《济南指南》中确有高升店的记录，地址写的是"在府学门前南首路西"，位置与小说中所述的十分接近。而小说中还说，老残当时住店内院东厢房，北上房内住着的是两位天津来捐官的"李老爷"和"张老爷"。从老残和店里茶房的对话中还可以了解到，这家客店有点心和夜膳供应，还有外面的馆子来此送菜。从所住客人的身份、服务门类及院落中还有潺潺流水的描述判断，高升店属当时较高档次的客店。

《老残游记》第二回《历山山下古帝遗，明湖湖边美人绝调》中，不吝笔墨，大篇幅细致入微、生动传神地刻画了老残到大明湖南岸明湖居观看黑妞，尤其是白妞演唱梨花大鼓的精彩情景。由于明湖居里唱大鼓书的才艺高超，环境清幽，又距巡抚衙门、提督学院很近，清末至20世纪二三十年代，这里常常座无虚席，热闹非凡。当年老残来时园子里坐得满满的，"看了半天，无处落脚，只好袖子里送了看座儿的二百个钱，才弄了一张短板凳，在人缝里坐下"。而白妞的大鼓书演绎令人叫绝，老残听得更是痛快淋漓，"五脏六腑里，像熨斗熨过，无一处不伏帖；三万六千个毛孔，像吃了人参果，无一个毛孔不畅快"。这里所说的白妞、黑妞的人物原型就是清光绪年间活跃在鲁西地区和济南一带的山东鼓书艺人王小玉姊妹。胡适先生极为赞赏这一回中将抽象的音乐做如此具体化的描述。他说："这一段写唱书的音韵，是很大胆的尝试。音乐只能听，不容易用文字写出，所以不能不用许多具体的物事来作譬喻。白居易、欧阳修、苏轼都用过这个法子。"

对游历中的老残来说，济南城内的大明湖是不可或缺的。而秋日的湖景让他流连。他乘着船，"荡到历下亭的后面，两边荷叶荷花将船夹住，那荷叶初枯，擦得船嗤嗤价响，那水鸟被人惊起，格格价飞；那已老的莲蓬，不断的绷到船窗里面来"。秋高气爽之时还是远观"佛山倒影"的最佳时机。他站在明湖北岸铁公祠向南望去：千佛山上"梵宇僧楼，与那苍松翠柏，高下相间，红的火红，白的雪白，青的靛青，绿的碧绿，更有那一株半株的丹枫夹在里面，仿佛宋人赵千里的一幅大画，做了一架数十里长的屏风。正在叹赏不绝，忽听一声渔唱。低头看去，谁知那明湖业已澄净的同镜子一般。那千佛山的倒影映在湖里，显得明明白白。那楼台树木，格外光彩，觉得比上头的一个千佛山还要好看，还要清楚"。今天，铁公祠小沧浪里立有"佛山倒影"石碑，让人期待老残所看到过的奇妙景象能够再现。

济南第一位旅游达人

到了济南自然少不了观泉。老残是极爱金线泉的，写趵突泉时三言两语，到了描绘金线泉时，他却打开了话匣："老残吃完茶，出了趵突泉后门，向东转了几个弯，寻着了金泉书院西北角上，芭蕉丛里，有个方池，不过二丈见方，就是金线泉了。老残左右看了半天，不要说金线，连铁线也没有。后来幸而走过一个士子来，老残便作揖请教这'金线'二字有

无着落。那士子便拉起老残踅到池子西面，弯了身体，侧着头，向水面上看，说道：'你看，那水面上有一条线，仿佛游丝一样，在水面上摇动，看见了没有？'老残也侧了头照样看去。看了些时，说道：'看见了，看见了！这是什么缘故呢？'想了一想，道：'莫非底下是两股泉水，力量相敌，所以中间挤出这一线来？'那士子道：'这泉见于著录好几百年。难道这两股泉的力量，经历这么久就没有个强弱吗？'老残道：'你看，这线常常左右摆动，这就是两边泉力不匀的道理了。'那士子倒也点头会意。说完，彼此各散。"这里所说的金泉书院，实为尚志书院，为清同治九年（1870）山东巡抚丁宝桢创办，设儒学、天文、地舆、算数。该堂刊刻《十三经注疏》、王渔洋诗文著作等书在国内书界有盛誉，称尚志堂版。

看得出长江边上的老残是极爱喝茶的，他在趵突泉畔喝过茶，在黑虎泉畔的茶棚用粗瓷茶碗喝过，在济南郊野的山乡也喝过茶。《老残游记》第九回《一客吟诗负手面壁，三人品茗促膝谈心》中写道：申子平接过女店主为他沏的热茶，端起茶碗，"呷了一口，觉得清爽异常，咽下喉去，觉得一直清到胃脘里，那舌根左右，津液汩汩价翻上来，又香又甜，连喝两口，似乎那香气又从口中反窜到鼻子上去，说不出来的好受，问道：'这是什么茶叶，为何这么好吃？'女子道：'茶叶也无甚出奇，不过本山上出的野茶，所以味是厚的。却亏了这水，是汲的东山顶上的泉。泉水的味，愈高愈美。又是用松花作柴，沙瓶煎的。三合其美，所以好了。'"刘鹗在这里写的是济南平阴一带的山乡风貌，他对品茶者的感受刻画得丝丝入扣，对沏茶之水、之柴、之器等点中要害。

正如香港中文大学教授李欧梵先生说的那样："中国传统小说里面，写景写得这么细致的，写得这么有抒情味道的，这是第一本。""老残"也是近代济南历史上第一位旅游达人。

Lao Can

He Can Show You Ancient Jinan City

When author Liu E left Jinan, it took him over 10 years to recant his wonderful memories of the city. Liu E described many of the Jinan local customs in his book called the "Travel of LaoCan". This book is referred to by the Czech sinologists as the "last great hymn of ancient China civilization before its fading". The main character "LaoCan" had also became the first famous traveler in Jinan history.

笔下济南诗意美

　　为什么不说别人，单说老舍写出来济南的诗意美呢？这是因为，老舍掌握了一种方法，一种如何展示济南诗意美的方法。他将它称作一种"诗意的体谅"，他说："要领略济南的美，根本须有些诗人的态度。那就是……把湖山的秀丽轻妙地放在想象里浸润着。"(《更大一些的想象》) 见识高，才这样说；懂艺术，才做如此语。

撰文 / 侯　林

　　一提到济南山水，人们都忘不了著名作家老舍的传世美文《济南的秋天》《济南的冬天》；有许多的人们，正是读了老舍的文章之后，方始来到济南游览、求学、就职甚至常年居住的。

　　济南山水之于老舍，老舍之于济南山水，其知音之遇，实堪称高山流水，千古一叹！

　　作为一名作家，你可以写出济南的真，但你未必能写出济南的诗意；你可以写出济南的美，但是你未必能写出济南的诗意美。

　　而老舍，则是最能展示出济南的诗意之美的现代作家。

　　老舍（1899~1966），原名舒庆春，字舍予，北京人，现代著名作家、戏剧家、语言大师。主要作品有小说《老张的哲学》《骆驼祥子》《猫城记》《离婚》《牛天赐传》《四世同堂》《正红旗下》等，话剧《龙须沟》《茶馆》等。

　　老舍与济南有着极深的情缘。20世纪30年代，老舍曾两次执教于齐鲁大学（校址在原山东医科大学、今山东大学西校区），在济南工作、生活了四年多的时间，这段时间在老舍的一生中占有极其重要的地位，它是老舍创作生涯中的黄金时代，其代表作《猫城记》《离婚》均创作完成于此时期。除了小说之外，老舍还写了许多描写济南山水和济南风情的散文作品，如《一些印象》（共七篇，连载于《齐大月刊》），《济南通信》（共九篇，分别为《更大一些的想象》《济南的药集》《非正式的公园》《趵突泉的欣赏》《耍猴》《国庆与重阳的追忆》《广智院》《估衣》《路与车》）等。

"诗意的体谅"

　　为什么不说别人，单说老舍写出来济南的诗意的美呢？

　　这是因为，老舍掌握了一种方法，一种如何展示济南诗意美的方法。他将它称作一种"诗意的体谅"，他说："要领略济南的美，根本须有些诗人的态度。那就是……把湖山的秀丽轻妙地放在想象里浸润着。"(《更大一些的想象》) 见识高，才这样说；懂艺术，才做如此语。

　　老舍教会了我们如何欣赏济南的美。我们且看他的《趵突泉的欣赏》：

　　在西门外的桥上，便看见一溪活水，清浅、鲜洁，由南向北的流着，这就是由趵突泉流出来的……

这是伏笔，让你未见这泉便自激动不已起来。下面是正面写泉：

泉太好了。泉池差不多见方，三个泉口偏西，北边便是条小溪流向西门去。看那三个大泉，一年四季，昼夜不停，老那么翻滚。

这是一段对泉的白描，接下来，作者迅速由泉转人，转入人对泉的感慨与想象：

你立定呆呆地看三分钟，你便觉出自然的伟大，使你不敢再正眼去看。人为何会有这样的感受，无疑是受泉的气势的震撼。这真是含无限深意，见于言外。

接下来作者写泉，依旧是在白描与想象之间交错游走：

永远那么纯洁，永远那么活泼，永远那么鲜明，冒，冒，冒，永不疲乏，永不退缩，只是自然有这样的力量！冬天更好，泉上起了一片热气，白而轻软，在深绿的长的水藻上飘荡着，使你不由得想起一种似乎神秘的境界。写文章要有虚有实，而更重要、更关键的，恰恰是虚的亦即想象的、诗意的这一块。

老舍对趵突泉的小泉即泉泡的描写，亦堪称生花妙笔：

池边还有小泉呢：有的像大鱼吐水，极轻快的上来一串小泡；有的像一串明珠，走到中途又歪下去，真像一串珍珠在水里斜放着；有的半天才上来一个泡，大，扁一点，慢慢的，有姿态的，摇动上来；碎了；看，又来了一个！有的好几串小碎珠一齐挤上来，像一朵攒整齐的珠花，雪白。有的……这比那大泉还更有味。

写动态中的水泡，他用了那么多传神写照的动词，如"大鱼吐水""歪下去""斜放着""碎了""挤上来"等等，将那水泡直如孩童嬉戏一般的可爱情状与丰富姿态，淋漓尽致地展示出来，真是生动极了、形象极了。

老舍认为，"诗的境界中必须有山有水"，而"以量说，以质说，以形式说，哪儿的水能比济南？有泉——到处是泉——有河，有湖，这是由形式上分。不管是泉是河是湖，全是那么清，全是那么甜，哎呀，济南是'自然'的 Sweet heart 吧?"为了写济南的泉水与诗意，作家选取了泉河中最常见的水藻：

只说水中的绿藻吧。那份儿绿色，除了上帝心中的绿色，恐怕没有别的东西能比拟的。这种鲜绿色借着水的清澄显露出来，好像美人借着镜子鉴赏自己的美。是的，这些绿藻是自己享受那水的甜美呢，不是为谁看的。它们知道它们那点绿的心事，它们终年在那儿吻着水波，做着绿色的香梦。淘气的鸭子，用黄金的脚掌碰它们一两下。浣女的影儿，吻它们的绿叶一两下。只有这个，是它们的香甜的烦恼。美慕死诗人呀！（《济南的秋天》）

老舍笔下的美文写出了济南的诗意美 摄影 / 张源源

将绿藻和清泉的关系，比作"美人借着镜子鉴赏自己的美"，这比喻，不，这拟人，实在太绝妙了。在作家笔下，那绿藻已经变成仪态万千的有着鲜活生命的纤纤美女，甚至，作家本身似乎已经化身为绿藻了，你看他知道绿藻的心事、香梦，甚至还有小小的烦恼！

写大明湖发现诗意

老舍笔下的大明湖带有一定的复杂因素，老舍一面批评他"既不大，又不明，也不湖"，一面又指出湖非不美，而是"人工"和"中国人的征服自然造成的"。所以他一直执着地发现并挖掘大明湖固有的美。他说："济南城内据说有七十二泉，城外有河，可是还非有个湖不可。泉，池，河，湖，四者俱备，这才显出济南的特色与可贵。它是北方唯一的'水城'，这个湖是少不得的。""北方的城市，要找有这么一片水的，真是好不容易了。"

老舍还特别赞赏大明湖"名贵的"水产，"大明湖的蒲菜，茭白，白花藕，还真许是它驰名天下的重要原因呢……在夏天，青菜挑子上带着一束束的大白莲花骨朵出卖，在北方大概只有济南能这么'阔气'。"

然而，老舍写大明湖，依然不满足于"写实"，而是发现诗意，他说："在千佛山上往北眺望，则见城北灰绿的一片——大明湖；城外，华鹊二山夹着弯弯的一道灰亮光儿——黄河。这才明白了济南的不凡，不但有水，而且是这样多呀。"他写大明湖的秋天："这时候，请到城墙上走走，俯视秋湖，败柳残荷，水平如镜；唯其是秋色，所以连那些残破的土坝也似乎正与一切景物配合。"他称赞友人桑先生画出大明湖的油画更是着眼于其中的诗意："湖边只有几株秋柳，湖中只有一只游艇，水作灰蓝色，柳叶儿半黄。湖外，他画上了千佛山，湖光山色，连成一幅秋图，明朗，素净，柳梢上似乎吹着点不大能觉出来的微风。"（见《大明湖之春》）

细心的读者会发现，老舍散文中喜用"假如""设若""请你想象"等字眼，他说趵突泉"设若没有这泉，济南定会丢失一半的美"；他写大明湖："我只请你设想：设若湖上没有那些蒲田泥坝，这湖的面积该有多大？设若湖上全种着莲花，四周界以杨柳，是不是一种诗境？""我请你想象，因为只有想象足以揭露出济南的本来面目"，这绝对不是一种用词的偏好，而是一位深谙艺术真谛的作家的至为高明的抉择：一个"假如"（或者"设若"，或者"请你想象"）便可以顺理成章地为读者打开另一个闻所未闻见所未见的世界，便可以使叙述超越现实规定性的窠臼，进入可能性的阔大领域，而"可能"比"实在"更丰富，因为，它使"实在"成为了终极的"存在"，成为了艺术和诗。

Lao She

He Wrote Every Beauty of Jinan

It's often asked why we don't quote other author's works besides the work of Lao She when it comes to the task of describing the poetic beauty of Jinan. It's probably because Lao She knew the ropes of Jinan and he could easily demonstrate the poetic beauty of Jinan. He called it "poetic consideration". He explained that "to appreciate beauty of Jinan needs attitude of poets, which means soaking the elegance of the lake and mount in your imagination (Even Bigger Imagination)". Only Lao She could write it like this because of his broad experience and his understanding of art.

阳春白雪　风雅正宗

李攀龙

　　李攀龙在大明湖百花洲所筑的湖上白雪楼，又名第二白雪楼或南楼，他依靠这片水域，杜门谢客，而有合己者引对则累日不倦，诗酒酬答，优游于湖光山色之间。李攀龙一生创作了1400余首诗歌，各体兼备，尤以七律成就最高，堪称明代之冠冕。

撰文/侯　林　摄影/梁大磊

为了纪念李攀龙，后人在趵突泉畔建起了第三座白雪楼

　　在济南，流传着许多明代"后七子"领袖李攀龙的动人故事。其一是，李攀龙在陕西提学副使任上谢病告归后，先是在鲍山之下筑楼以居，榜名"白雪"，取宋玉"阳春白雪，曲高和寡"之义。后又于大明湖南岸百花洲中筑楼，人称"湖上白雪楼"，楼建水中央，四面环以水，须以舟渡。

　　楼分三层，最上层为吟咏处，中层居姬人蔡氏，下层为客厅。俗客来，则不放舟。李攀龙高卧楼上不出。若有文士到来，亦先试其诗文如何，那办法是"先请投其所作诗文，许可，方以小蚱蜢渡之，否者遥语曰：'亟归读书，不烦枉驾也'。"（参见王士禛《带经堂诗话》《轶闻类》）这种高自标置的文人清骨，实为古城济南之文化特征与流风遗韵也。

高华杰起，一代宗风

　　李攀龙（1514~1570），号沧溟，字于鳞，祖籍济南长清，自其曾祖父起徙居历城韩仓店。他九岁丧父，家境贫寒，勤奋读书。嘉靖二十三年（1544），李攀龙中进士，官授刑部广东司主事，不久升员外郎，又升郎中。这其间，他参与了吴维岳、王宗沐等人的诗社，又与王世贞、谢榛、徐中行、宗臣、梁有誉等结识，正式形成"后七子"文学团体，李攀龙遂成为一代文坛领袖。

　　嘉靖三十二年（1553）秋，李出任顺德知府，有善政，三年后升陕西提学副使，因与上官陕西巡抚殷学不和，又有感于数次地震，遂谢病告归。隆庆元年（1567）李攀龙出任浙江按察副使，不久擢为河南按察使，因母卒扶柩归乡，并因哀毁得疾，后心痛病突发病逝。葬于柳沟（今北马鞍山之东）。

李攀龙一生创作了1400余首诗歌，各体兼备，尤以七律成就最高，堪称明代之冠冕。王世贞誉其诗品之高为"峨眉天半雪中看"（《漫兴十绝》）；胡应麟称为"高华杰起，一代宗风"（《诗薮》）；沈德潜评为"高华矜贵，脱弃凡庸"（见《皇明诗选》）。如他的《杪秋登太华山绝顶》（四首其二）：缥缈真探白帝宫，三峰此日为谁雄？苍龙半挂秦川雨，石马长嘶汉苑风。地敞中原秋色尽，天开万里夕阳空。平生突兀看人意，容尔深知造化功。

这首诗充分展示了李攀龙诗歌宏丽响亮、雄浑壮美的风格。这种壮美景致的状写，这种大笔如椽的描绘，这种瑰丽意境的营造，实堪称笔力雄健，气概非凡，而这也正是典型的李攀龙风格。

湖上衔杯弄白云

李攀龙自幼生长在济南，31岁中进士后才离开济南，45岁后又辞官家居十多个春秋。他对济南的山水名胜多所游览，留下诸多脍炙人口的名篇佳作。

大明湖是济南的风景名胜，也是自古以来文人雅士经常聚会和诗酒唱酬的地方，李攀龙曾经无数次地在这里游览宴集（他的诗句"诘朝小作湖中集""湖上衔杯弄白云"均可为证）。

我们且看他的《五日和许傅湖亭宴集二首》之二：青樽临北渚，一为故人开。此事成今昔，浮云自往来。花间移枕簟，镜里出楼台。忽就投湘赋，深知贾谊才。

首联"青樽临北渚，一为故人开"意即美酒与胜景，都一应地为我们这对老朋友准备好了，请享用就是。情绪愉悦而感奋。而颔联却又将情绪导入幽谷，显得有些摇曳不定，含而不露，令人回味再三：今天的湖亭宴集已能分割出今日昨夜之别（意谓成为历史），而天上的浮云却在径自飘来飘去。诗人摒弃议论，他只是着意描绘人事与天象这两种不同的意向，这其中下一"自"字，尤为神来之笔，许是让人体会人事之匆促、局限与天象之自在、廓大，从而以形象的营造引发出读者深远的哲思。该联以"此事"对"浮云"，以"今昔"对"往来"，极其工稳妥帖。

最后两联，情绪又复明丽、张扬，宴席中的客人不断地在花间更换着座位，因为如同明镜的大明湖水映照着亭台楼阁、水榭长廊的倒影，只有这样才能从不同的角度欣赏到春日游湖的姿容。最后一联，忽就，指一挥而就；

李攀龙是"后七子"之一，一代文坛领袖

投湘赋，指贾谊《吊屈原赋》，此处诗人以许邦才喻指贾谊，称赞他像西汉大文学家贾谊那样文思泉涌，才思敏捷。该诗充满了对大明湖良辰美景的热爱，以及对朋友之间真挚情谊的抒写与赞扬。

珍珠泉是济南七十二名泉之一，其华贵典雅、雍容大气历来为文人游客激赏。李攀龙在泉边观赏，诗情盎然，如其《和殿卿白云亭醉歌》：狂杀王门客，空亭日啸歌。那知珠履散，自爱白云多。短发明秋水，长裾曳芰荷。独怜枚叟在，不复厌婆娑。

殿卿即许邦才，白云亭在珍珠泉上。因许为德王府长史，故称其为"王门客"。许邦才作为李攀龙的密友，二人经常结伴游济南老家之山水湖泉；二人之狂傲清高，白日啸歌，更可说是情趣相投。而如同珍珠漫撒的泉水，更能激发他们的诗情和想象。诗中"秋水""芰荷"是对珍珠泉典型风物的描绘，而"短发""长裾"则是对他们自身名士风流的写照。"枚叟"，指枚乘，汉代大辞赋家，曾为梁孝王门客，此喻指许邦才。婆娑，徘徊。二句是说因为好友许邦才在这里，所以诗人也喜欢在此徘徊流连，不能去云。

李攀龙在大明湖百花洲所筑的湖上白雪楼，又名第二白雪楼或南楼，前面说过，李攀龙依靠这片水域，杜门谢客，而有合己者引对则累日不倦，诗酒酬答，优游于湖光山色之间，如殷士儋，如许邦才等人，我们看他的《答殿卿过饮南楼见赠二首》（其二）：南楼雪后忆离群，湖上衔杯弄白云。也道酒如春水薄，樽前无日好无君。

清静湖中楼，好友雅集，水上衔杯，赏蓝天白云，雪霁湖景，真乃神仙日子，一个"弄"字，将主客赏心悦目、不胜欣喜之情态，全然脱出。然而，在这般美景之下，敏感好思的诗人们面对着满湖春水和杯中的春醪，却谈起一个富有意味的话题：这酒如同春水般地薄（淡薄、薄情），为什么人们却每天都离不开它呢？

因而这首诗的弦外之音，我们至今仍在细心聆听着！

Li Panlong

Leading Literary Pursuit in Baixue Pavilion

The Baixue pavilion was built by Li Panlong on the Baihua sandbar in Daming Lake which is also named the Second Baixue pavilion or the South pavilion. He locked himself in this pavilion and was said to recite poems while drinking and touring along the lake and the moat with his friends day and night. Li Panlong wrote over 1400 poems of different types over the course of his life. His seven-character octave was so superior that he is considered the best in the Ming Dynasty.

幽绝古刹冠海内

始建于东晋的灵岩寺，距今已有 1600 多年的历史。作为"海内四大名刹"之首，文人墨客不吝笔墨，盛赞其"四绝中最幽"。这里有高耸入云的辟支塔，传说奇特的铁袈裟，隋唐时期的般舟殿，被梁启超称作"海内第一名塑"的彩色泥塑罗汉像……明代文学家王世贞曾感叹："灵岩是泰山背最幽胜处，游泰山而不至灵岩不成游也。"

撰文/刘 芳

泰山西北，始建于东晋的灵岩寺，距今已有 1600 多年的历史。

作为"海内四大名刹"之首，文人墨客不吝笔墨，盛赞其"四绝中最幽"。这里有高耸入云的辟支塔，传说奇特的铁袈裟，隋唐时期的般舟殿，塑于宋代的彩色泥塑罗汉像……明代文学家王世贞曾感叹："灵岩是泰山背最幽胜处，游泰山而不至灵岩不成游也。"

置身这处绝佳的居心地，感受深山藏古寺的意境，你会全然忘却时间的存在。

名刹之首

作为"海内四大名刹"之首，灵岩寺的履历颇为光鲜。

始建于东晋的灵岩寺，距今已有 1600 多年的历史。史料记载，灵岩寺自晋代开始就有佛事活动，传说僧朗曾在此建寺。北魏太武帝太平真君七年灭法，佛事遂废，至孝明帝正光年间再兴。正光元年，法定禅师来此游方山，爱其泉石，重建寺院，逐渐兴旺。此后，唐、宋、元、明

始建于东晋的灵岩寺，距今已有 1600 多年历史，被称作"海内四大名刹"之首 图片由灵岩寺景区提供

灵岩夕照　摄影／李鲁建

各代为寺院盛期。

　　早在唐代，济南灵岩寺就与浙江国清寺、南京栖霞寺、湖北玉泉寺并称"海内四大名刹"，位居首位的排名，再次验证灵岩寺历史悠久，佛教底蕴丰厚。最鼎盛时期，灵岩寺有僧侣 500 余人，禅房 500 多间，殿宇 50 余座，古建筑群的规模堪称宏大。直至清代乾隆十四年，仍有殿宇 36 座，亭阁 18 座。

　　时至今日，灵岩寺香火鼎盛，延续千年。

　　灵岩寺坐落于泰山西北麓灵岩山脚下，灵岩山是泰山十二支脉之一，主峰海拔 668 米。作为世界自然文化遗产泰山的重要组成部分，灵岩寺拥有多个响亮的身份：全国重点文物保护单位，国家级风景名胜区，全国首批 4A 级旅游区。

　　海内外的游客纷至沓来，灵岩胜景令人惊艳。

　　灵岩寺坐北面南，依山而建，沿山门内中轴线，依次为天王殿、钟鼓楼、大雄宝殿、五花殿、千佛殿、般若殿、御书阁等。现存殿宇多为明清形制，但保留了不少宋代构件。另有各种碑刻题记，散存于山上窟龛和殿宇院壁。

金秋盖宝　图片由灵岩寺景区提供

驻足灵岩寺，胜景一览无余。这里不仅有高耸入云的辟支灵塔，传说奇特的铁袈裟；亦有隋唐时期的般舟殿，宋代的彩色泥塑罗汉像；"镜池春晓""方山积翠""明孔晴雪"等自然奇观令人应接不暇……

景冠天下

在传于后世的诗作中，我们不难读出"四大名刹之首"景冠天下。对于灵岩胜境，历代文人墨客丝毫不吝啬笔墨。

在唐代李吉甫编纂的《十道图》中，将济南灵岩寺与浙江天台山的国清寺、江苏南京的栖霞寺和湖北江陵的玉泉寺誉为"域内四绝"。宋代济南府从事卞育作诗赞道："屈指数四绝，四绝中最幽。此景冠天下，不独奇东州。"

"四绝中最幽"，并不仅仅是卞育的一家之言。

明代文学家王世贞曾说："灵岩是泰山背最幽胜处，游泰山而不至灵岩不成游也。"这样的"最幽胜处"，令帝王家也倾心。唐高宗以来的历代皇帝到泰山封禅，到灵岩寺参拜成为必修课。清代的乾隆皇帝更甚，他在灵岩寺建有行宫，巡视江南曾 8 次驻跸灵岩，饱览灵岩风光。

"法定禅房临峭谷，辟支灵塔冠层峦"，宋代文学家曾巩曾在诗中赞叹灵岩寺。诗句中的辟支塔，是灵岩寺的标志性建筑。这座高 55.7 米八角九层楼阁式砖塔，为典型的宋代建筑风格。始建于宋淳化五年（994），竣工于嘉祐二年（1057），历时 63 年才完工。

近现代文人同样瞩目灵岩寺。1912 年，梁启超来灵岩寺游览，赞誉千佛殿泥塑罗汉像为"海内第一名塑"，并亲笔写下了碑碣。被称为"海内第一名塑"的，是四十尊彩色泥塑罗汉像，其中三十二尊塑于宋治平三年（1066），八尊补塑于明万历年间（1573~1620）。

这些彩色泥塑坐于 80 公分高的砖砌束腰座上，真实生动，活灵活现。40 尊彩色泥塑罗汉像，有的勇猛愠怒，有的和善老成，有的据理力争，有的闭眸沉思，有的笑容可掬，有的俯首低吟，有的纵目远眺，无不细致入微。

不仅仅是文人墨客，历代高僧对灵岩寺同样青睐有加。

大多数人都知道，唐玄奘东渡日本取经。却少有人知道，他曾住在清幽的灵岩寺翻译经文。

海内第一名塑，塑于宋代的千佛殿泥塑罗汉像　摄影／王新勇

灵岩寺大雄宝殿后五花殿遗址西有一古树，传说玄奘法师去西天取经前摩抚过这棵柏树，并对它说："吾西去求佛，教汝枝西长，归时向东，使吾门弟子知之。"后来，果然如唐玄奘所愿。

居心之所

日光照耀，翠谷环抱。在满目葱茏的灵岩寺，时间一下子变得很慢。

山中方一日，世上已千年。这有些像电影里的场景，深山里的寺庙不受外界打扰，清净自在。

院子里有正在写生的画家。面前的画板上，画笔涂涂抹抹，正在勾勒眼前的灵岩胜境；倾心创作的摄影师藏在镜头后，等待一天中最合适的光线出现，随时按下快门。四周不断有游客走过，上香祈福。

一切并不一致，却出人意料地和谐共存。

现在，具备国家 4A 级风景区身份的灵岩寺，和普通人的距离越来越近。从 2005 年开始，每年正月，灵岩寺风景区都会举办新年祈福法会，众僧和乐诵经，敲新年第一钟、燃新年第一香、击新年第一鼓。

千百年来，不管社会如何变革，祈求平安喜乐的生活，仍旧深深镌刻于中国人的骨子里和灵魂深处。这让灵岩寺和众多寺庙一起，成为中国人的居心之所。无论是来上香祈福，还是来沐浴佛光，哪怕只是来发发呆。

灵岩寺墓塔林 摄影 / 郑曙光

　　事实上，我们当中，好多人已经丧失了慢的能力。

　　出行，最好选高铁；寄件，最好选特快；开车，最能能加塞……在越来越快的时间追逐战中，焦躁成为每个人脸上最常见的情绪，我们逐渐丧失了幸福感。而这样浸泡在山中的日子，缓慢安宁，对于被生活挟裹着往前走的你我来说，都极为难得。

　　抛却时间，找到自己。这是古刹灵岩寺，用千年的时光带给我们的。

Lingyan Temple

Top Ancient Temple of China

　　Built in the Eastern Jin Dynast, the Lingyan Temple has a history of approximately 1600 years. Considered to be the best of the "domestic four famous temples", scholars praised it as "the deepest and remotest of the four famous temples". The features include a cloud-kissing Pratyeka Pagoda, a peculiar iron cassock, a Banzhou Hall built in Sui and Tang Dynasty and many colored clay sculptures of Arhats which was praised by Liang Qichao as the top domestic sculpture…… Chinese Ming Dynasty scholar, Wang Shizhen, used to praise Lingyan as the deepest and most remote place in the back of Mount Tai. Visiting Mount Tai without seeing the Lingyan Temple would be a big mistake.

杨柳春风醉古城

柳树

　　济南人爱柳，并不亚于爱泉。因而柳在济南，有着特殊的地位。由于济南泉水多，"水皮子浅"，很适合垂柳生长；而垂柳又有着高雅的气质和独特的风姿，所以自古以来，济南的土地上便广植垂柳。垂柳得地利之先，人和之便，生长得也特别旺，特别美。

撰文／魏　杰　摄影／赵晓明（除署名外）

大明湖畔，垂柳随风摇曳的身影倒映在水中　摄影／郑曙光

"北岸是在千万株垂柳掩映之下的。垂地拂水，抚摸着游人的头发的，长长的垂柳是软的——遂使这里的清风也是软的，水波是软的，游艇从而也是软的，而那树间的绵蛮鸟声也软软的，这是一个柔和的清爽的所在。"已故学者徐北文在一篇文章中，以动人的文笔如是写道。

"家家泉水，户户垂杨"，老一辈人这样描述济南。作为济南的市树，柳树的生命力极其顽强，但凡有点土的地方就能生存，这种坚毅、随遇而安的特质像极了济南人的性格。在济南，只要有水的地方定会有柳树的倩影，小桥流水、垂柳依依，让济南有了"北方江南"的神韵。

济南泉水最好的陪伴

"到了济南府，进得城来，家家泉水，户户垂杨，比那江南风景，觉得更为有趣。"100多年前，《老残游记》这样描写老济南。当年的济南到处都有泉水，到处都是杨柳飘拂。

"柳树1986年就成了济南的市树。已经有近30年的历史。之所以选择柳树作为市树，主要还是因为柳树的生长形态与济南的泉城特色十分相符，更加突出了泉城的特色。"济南市园林局相关负责人说。早在1983年8月，10位园林专家向市政府提出推选市树市花，第二年推选的各项筹备工作全面展开。1985年3月，市科协与市园林处召开了市树市花学术讨论会，会议投票推选柳树为市树。同年6月，全市展开市民推选活动。1986年1月30日，济南市第九届人民代表大会常务委员会第二十次会议最终确定柳树为市树。

济南人爱柳，并不亚于爱泉。因而柳在济南，有着特殊的地位。由于济南泉水多，"水皮子浅"，很适合垂柳生长；而垂柳又有着高雅的气质和独特的风姿，所以自古以来，济南的土地上便广植垂柳。垂柳得地利之先，人和之便，生长得也特别旺，特别美。

之所以选柳树作为市树，还有一个重要的原因就是柳树的生长形态美观，尤其是垂柳，高大繁茂，郁郁葱葱，近看似片片绿云，远看如条条彩带，与济南的泉水相得益彰。作为济南的市树，它与济南的市花荷花珠联璧合，构成济南的一道靓丽风景。"四面荷花三面柳，一城山色半城湖"，更是将柳树、荷花和济南的山青水色合为一体，把济南独特的美充分描述了出来。

与济南文化不可分割

柳树虽然广泛分布于中国各地，但在泉城济南，其社会地位、文化内涵才是首屈一指的，也是园林植物中唯一的能够融于城市（地区）社会经济、文化生活的木本植物。垂柳的美丽多姿，让人艳羡，更令文人墨客着迷。他们满怀清兴，写出不少咏柳的诗文。

曾任济南太守的宋代文学家曾巩有"杨柳巧含烟景合，芙蓉争带露花开"的佳句，写的就是大明湖畔的柳色，美得恰如其分。明代诗人晏璧也在咏柳诗中写道："杏花开遍柳垂丝，柳下清泉漾碧漪。莫折柔条留系马，绿阴深处听黄鹂。"他写的是"柳泉"边的柳色，美得呼之欲出。清代诗人刘伍宽还专为明湖柳作了一首七律，诗题就叫《明湖柳色》。就连清朝皇帝乾隆对明湖柳也大加赞美："秋月春风初较量，白榆应让柳千条。"清代著名诗人王士禛有感于大明湖水面亭之柳色，写出了著名的《秋柳》诗四首，意韵含蓄，境界优美。更叫人叹绝的是，全诗句句写柳，却通篇不见一个"柳"字。这四首诗传开后，大江南北应和者甚众，新科进士王士禛亦因此

柳树下喝大碗茶，是济南人的一种生活常态　摄影／王　锋

一举成名。自那以后，人们将此处称为"秋柳园"。且街以园名。

　　现在，漫步大明湖南岸，还可以见到一块刻有"秋柳含烟"字样的奇石。"秋柳含烟"说的是旧时"明湖八景"之一，它的组成元素中包括秋柳园、秋柳诗社、天心水面亭3大景点，随遇而安、坚毅刚强的品格，以及其柔和飘逸的外表——柳树与济南有缘，确实具有可以代表济南的内在底蕴。依泉而生的柳树，是济南人最为偏爱的植物。这些柳树依偎在水边，为景观增色不少。

老济南人生活中的柳

　　对更多济南人来说，对于垂柳的深情，多贯穿于日常生活中，融于民俗风情里。垂柳给他们的生活，增添了许多乐趣。过去每到清明时节，济南人都有"赏柳""戴柳""插柳"的习俗。"赏柳"常到郊外，广袤的田野上垂柳如烟，含绿吐翠，芳草青青，百花盛开，景色格外迷人。恰如清代济南诗人朱绅在《清明日东城踏青》一诗中所写："轻黄柳线落雏燕，浅碧草痕浅乳鸡。"而"戴柳"的多为妇女儿童。清明这天一早，他们就把柳枝编成圆圈戴在头上，或将嫩柳枝直接插在头上。这既是美的点缀，又能保平安吉祥。"插柳"则遍及千家万户。过去清明这天，济南的家家户户都把柳枝插于门上，据说此俗源自纪念"教民稼穑"的神农氏，而更普遍的说法则是柳有解毒辟邪的功能。

　　济南人热爱垂柳的另一种方式，就是与柳为伴，傍柳而居。"山色四围明月里，人家半住柳阴中"就是济南民居的真实写照。至于那些达官贵人、文人雅士，居室也多有垂柳掩映。老家济南的宋代著名女词人李清照曾在词中写道："垂杨庭院，暖风帘幕，有个人憔悴"，清代诗人田雯

柳
树

则进一步解释说："跳波溅客衣，演漾回塘路。清照昔年人，门外垂杨树。"

就连如今济南不少地名都和柳树有关系。柳行社区、大柳行头、小柳行头等地区，其实都和柳树有关系。济南市天桥区北园街道办事处柳行社区居委会工作人员表示，不少地方的命名都是根据地貌特征来的，该区域有一条柳行河，河边柳树众多，"而且都说杨树成林，柳树成行，这应该就是柳行的来历"。

柳树种植的"特色路线"

自古以来，大明湖畔柳树成行，垂柳随风摇曳的身影倒映在水中，美得像幅画。春夏季节，人们都喜欢在柳树下聊天、散步，这也是老济南的一景。一位年近古稀的老城建工作者说，俗语有云，无心插柳柳成荫。这说明了柳树的一大特性：极易成活。此外，柳树还具有耐旱、耐水，对空气污染及尘埃的抵抗力强等特性。

"不仅如此，柳树每年3月就发芽，12月才开始落叶，一年不过3个月没有绿叶，还可以欣赏枝条，这样高的绿化贡献率，是其他行道树种很难比拟的。"济南市园林局相关负责人说，现在柳树主要分布在有水的地方，大明湖等公园有很多柳树，社区内也有柳树，环城河等河道周围的道路也分布着柳树，应该说，除了南部山区土层较浅不适合种植柳树，其他地方市民经常能够见到柳树。

柳树成为市树，是有很多原因和历史积淀的，更是市民所喜爱欢迎的，所以它将会一直在城市绿化中扮演着重要的角色。未来济南将根据柳树的特性及城市发展现状，更多地将之应用到济南市的公园和景区里去，把柳树点缀的美发挥到极致。事实上，柳树只有依附在水体边才最出效果。比如，小清河沿岸，就适合柳树生长，今后会沿河种植更多柳树。

Jinan Willows

Willows Intoxicating the Ancient City

Citizens of Jinan love willows as well as springs. Willows have a special status in this city. There are lots of springs here with water gushing here and there and it makes it an ideal environment for willows. Willows have an elegant temperament and unique posture, so willows naturally take root in Jinan since ancient times. With topographical advantages and the support of the people, willows thrive in Jinan.

中华菜系第一味

食物，有时候不仅仅是食物，它还承载着一个地域的记忆代码，也见证着一个地域的过去、现在与未来。离乡多年的济南人，在异乡的饭馆里夹起一筷九转大肠，唇齿间回味那兜兜转转的味道时，想必脑海里萦绕的都是家乡那醇香可口的鲁菜，还有一泓泓清泉和佛山倒影的美丽风光。

撰文／姚　正　摄影／刘富国（除署名外）

民国时候的日子是缓慢的，对于大学教员们尤其如此。据那时在省城念书的学生回忆，课后出门走走，总能看见穿着长衫的先生们三三两两地坐在茶馆里吃茶，有一搭没一搭地吸着烟斗谈天……对于生活，先生们是极讲究的。

每到周末，几位熟识的教员照例会去泰丰园、聚丰德这几家老字号"下馆子"。油爆双脆、爆三样、爆炒腰花、九转大肠、奶汤蒲菜……每一回都是在这几样招牌菜里兜兜转转，再叫上几例清汤面或者几个银丝卷，菜色远谈不上丰盛，却分外讲究。

现今，我们再挑几家地道的馆子吃，几样菜色依旧是从前味道。鲁菜本身所承载的饮食文化同样一脉相承，不曾褪色。

菜系之首，当之无愧

鲁、川、苏、粤、闽、浙、徽、湘，出炉于民国年间的八大菜系中，鲁菜高居榜首。时人将鲁菜比作君临天下的北方帝王。

任何一种菜肴，其产生及发展都与当地地理环境、气候影响、生活习俗、地域文化等诸多因素息息相关，各个菜系的形成都反映了该地区居民的生活习惯，并经过一定历史时期的沉淀和凝聚，鲁菜也是如此。

"齐带山海，膏壤千里。"出自《史记·货殖列传》的这句话揭示了齐鲁大地得天独厚的地理条件。章丘的大葱、苍山的蒜、莱芜的姜、胶州的白菜等蔬菜蜚声海外，烟台苹果、莱阳梨、乐陵小枣、肥城桃等皆为果中上品，除此之外，沿海水域盛产鱼、虾、贝、藻等海产品六十余种，这些来自上天的馈赠为鲁菜的食材提供了丰富的选择。

论起烹调技法之丰富，鲁菜依然首屈一指。"蒸、煮、烤、酿、煎、炒、熬、烹、炸、腊、泥烤"，一千五百余年前的《齐民要术》中的记载奠定了中餐的烹调技法框架。而细究鲁菜的烹调技法，干炸、软炸、油爆、酱爆、葱爆、红烧、酱烧、清炖、生拌、酥、冻、卷、熏……多达六十余种，技法和绝活之多堪居中国乃至世界各大菜系之冠，令人叹为观止。

据老一辈的鲁菜师傅们讲，一般说来，说起鲁菜，是由济南地方风味菜和福山地方风味菜组成，以后又融入了以孔府为代表的宫廷风味的孔府菜。鲁菜中既有沿海菜肴，也有大陆菜肴。每一道菜又都能说出点门道，带出些典故。

舌尖上的文化味

置身于两千年丰厚的儒家文化，传承先哲们的生活理念，聆听着孔夫子"食不厌精，脍不厌细"的饮食经验，鲁菜所拥有的深厚文化内涵可以说无堪企及。这其中，又以孔府菜体现得最为明显。

孔府又称"衍圣公府"，孔门的嫡系长子、长孙世代居住于此，素有"天下第一家"之称。由孔府历代名厨精心创制、逐渐形成的孔府菜，历史悠久，技艺精湛，是中国著名的官府菜之一，也是中国饮食肴馔中的极品之作。不但风味独特，且极具文化品位。

"诗礼银杏"是孔府宴会用的名菜之一。孔子教其子孔鲤学诗习礼时说"不学诗，无以言；不学礼，无以立"，传为美谈，其后裔自称"诗礼世家"。至五十二代衍圣公孔治，建诗礼堂，以

鲁菜代表菜之一的糖醋鲤鱼

摄影/梁大磊

表敬意。堂前有两株银杏树,苍劲挺拔,果实硕大丰满。

"诗礼银杏"这道菜的主料银杏,就取自"诗礼堂"院内的银杏树。这两棵树虽历经千年沧桑,至今仍枝繁叶茂,苍劲挺拔。树上的果实不但胖大饱满,而且香甘异常。孔府的厨师将树上的银杏摘下,趁鲜去除外壳及果内脂皮,将果仁放入开水锅中汆过,除去异味,放入白糖、蜂蜜调制的汤液中,煨至酥烂时盛在盘中,谓之"诗礼银杏"。

"一味菜中竟藏着这样一段典故,足见中华文明之博大精深。"在中国任教多年的日本人关口贤一到曲阜游览三孔时,听过"诗礼银杏"的典故,发出这样的慨叹。

鲁菜的吃法同样特别讲究。"鲁菜是大菜,是官府菜,它有着一整套的仪式来辅佐一道菜的滋味。"鲁菜大师于晓波在接受媒体采访时,谈起旧日里鲁菜的仪式感。

吃的艺术

"上天生人,在他嘴里安放一条舌,舌上还有无数的味蕾,教人焉得不馋?馋,基于生理的要求,也可以发展成为近于艺术的趣味。"梁实秋在《雅舍谈吃》中道出自己对饮食的理解。

如此看来,鲁菜绝对称得上是殿堂级的艺术。

20世纪30年代,梁实秋在青岛顺兴楼第一次品尝西施舌,"一碗清汤,浮着一层尖尖的白白的东西,初不知何物,主人曰是乃西施舌,含在口中有滑嫩柔软的感觉,尝试之下果然名不虚传。"自此,他对这道菜念念不忘。

那时节,鲁菜风头之劲,完全压住了其他派系。北京的前门一带,食肆林立、小吃汇聚。复顺斋酱牛肉、年糕王、豌豆宛、馅饼路、爆肚羊……无所不有。平民百姓喜欢这一口,王公贵族、文人墨客也对这些吃食青睐有加。鲁迅、老舍、梁实秋、程砚秋、荀慧生都曾经是前门的常客。不同于如今提起"有面儿"的饭局,人们大多会想到粤菜或海鲜,在那时的京城,只有鲁菜才最入流。

在鲁菜故里济南,同样不乏精细的食客。据鲁菜大师王兴兰回忆,过去许多商号的老板、大学的先生到聚丰德下馆子,嘴巴是极"刁"的,哪个菜用刀不对,哪个菜火候不到,都吃得出来,后厨的师傅们一点都不敢大意。

现今,川菜、粤味的扩张不可谓不迅猛,曾拥有无数荣光的鲁菜所受到的冲击也不可谓不强

九转大肠

滑炒里脊丝

烈，但有着深厚底蕴的鲁菜却从未没落过。素有"京城鲁菜第一家"美誉的丰泽园饭店一道"葱烧海参"一年卖出 1300 多万元，创下国内单一菜品销售最高纪录。

"我如今闲时沉思，北平零食小贩的呼声俨然在耳，一个个的如在目前。"1949 年离开大陆的梁实秋寓居台北，却总对北京的食物念念不忘。

"故乡，就在你的胃里面。"这话一点不假。

食物，有时候不仅仅是食物，它还承载着一个地域的记忆代码，也见证着一个地域的过去、现在与未来。离乡多年的济南人，在异乡的饭馆里夹起一筷九转大肠，唇齿间回味那兜兜转转的味道时，脑海间萦绕的一定有一泓泓清泉和佛山倒影的风光。

Shandong Cuisine

First Flavor of Chinese Cuisine

Sometimes, food is not only something to satisfy people's hunger but it also bears the memory of a place, be it the testimony of its past, present and future. When a man travels on a long journey away from Jinan and he comes across a dish of Braised Intestines in Brown Sauce in a foreign land, sometimes the flavors in his mouth can trigger powerful memories of home and the delicious Shandong cuisine of Jinan.

飞针走线的历史痕迹

　　作为中国传统手工艺的代表之一，"八大名绣"中的鲁绣是历史文献中记载最早的一个绣种。鲁绣史称"齐纨"或是"鲁缟"，兴于春秋，至秦而盛。东汉王充在《论衡》中有"齐郡世刺绣，妇女无不能"的记载，反映了当时鲁绣的兴盛之景。 古老而又独特的发丝绣是鲁绣最具代表性的一个绣种，也是济南特有的地方绣种。

撰文 / 刘　芳　摄影 / 刘富国（除署名外）

在工业化和全球化的冲击下，传统手工艺变得比任何时候都珍贵。

日本作家盐野米松用二十余年的时间走遍日本，倾听和记录下或将是日本最后一批传统手工艺者。他们和他们的祖辈千百年来取法自然，用树皮、藤条、箭竹等天赐之物编织布匹、打造工具、维持生活。

作为中国传统手工艺的代表之一，"八大名绣"中的鲁绣是历史文献中记载最早的一个绣种。鲁绣史称"齐纨"或是"鲁缟"，兴于春秋，至秦而盛。东汉王充在《论衡》中有"齐郡世刺绣，妇女无不能"的记载，反映了当时鲁绣的兴盛之景。

"冠带衣履天下"

刺绣与养蚕、缫丝分不开。中国是世界上发现与使用蚕丝最早的国家，人们在四五千年前就已开始了养蚕、缫丝。随着蚕丝的使用，丝织业产生与发展，手工刺绣工艺逐渐兴起。

据《尚书》记载，4000多年前的"章服制度"就规定了服装"衣画裳绣"的装饰。此外，《诗经》中也有"素衣朱绣"的描绘。由此可见，中国在四五千年前，手工刺绣品已经广为流行了。

千百年来，刺绣在中国民间传统手工艺中占据着重要地位，衍变成历史悠久的中国刺绣文化流传至今。宋代，崇尚刺绣服装的风气，已逐渐在民间广泛流行，这也促使了中国丝绣工艺的发展。在明代，刺绣已成为一种极具表现力的艺术品。

作为"八大名绣"之一，鲁绣博采"苏、粤、蜀、湘"四大名绣之长，而又独具一格。

春秋时期，鲁绣在齐鲁大地上已然兴起，史称"齐纨"或是"鲁缟"，至秦而盛，至汉已相当普及。《史记·货殖列传》中有着"冠带衣履天下"的记载。不仅如此，据《汉书》记载，"齐三服官作工各数千人，一岁费数巨万"，当时绣业的重要性由此可见一斑。

鲁绣集抽、勒、锁、雕等精华工艺于一身，色彩淡雅、构图优美、虚实适宜、形象逼真。绵远悠长的齐鲁文化赋予了鲁绣浓郁的地方特色和丰富人文内涵。那一幅幅精美绝伦的绣品，宛如历史的画卷，生动地记录着时代的变迁。

发丝绣，指尖上的绝活

古老而又独特的发丝绣是鲁绣最具代表性的一个绣种，也是济南特有的地方绣种。清朝出版的《顾绣考》中记载"远绍唐、宋发丝绣之真传"，表明济南发丝绣的历史可以追溯到唐朝。

最早的发丝绣传世珍品是南宋的《东方朔像》，这幅作品长一尺，宽八寸，现藏于英国伦敦博物馆。

发丝绣工艺极其复杂，每幅作品都要经过选题、设计、配线、落稿、刺样、印样、上绷、绣制等多道工序。所采用的原材料，是丝线和经过特殊处理的人发。其中，丝线要将普通的丝线劈成二十四分之一，每幅作品都要用上多种色系、几十种不同颜色的丝线与头发。

现在的徐秀玲有很多头衔，她是山东省工艺美术大师、中国工艺美术协会会员、山东省工艺美术学会会员。作为现今从事济南鲁绣（发丝绣）唯一的大师，她对飞针走线的热爱始终未曾改

创作中的徐秀玲　摄影／梁大磊

这对鲤鱼活灵活现，仿佛正在游动　摄影／梁大磊

变。从1978年进入原济南刺绣厂直到现在，她和鲁绣朝夕相处了三十多年。

以针代笔，以线作色。三十多年如一日，徐秀玲就这样将发丝绣这门濒临失传的技艺传承了下来。她的发丝绣作品采用鲁绣独特的辫绣、网绣、缀绣、接针、平针、套针和打籽等数十种针法，运用编、结、缀、钉、补贴、盘金等表现手法手工绣制而成，绣品生动自然、清隽淡雅。

满屋子的作品，全是徐秀玲一针一线手工绣制而成。刺绣就要坐得住，从17岁接触刺绣，每天8个小时以上的刺绣已经成为家常便饭。发丝绣不同于其他的艺术，需要极大的细心与耐性。一幅作品的问世，少则数十天多则数年。她指着店内的《六骏图》说，这幅作品花了两年多的时间才绣成。

手艺就是存在方式

手艺人往往不善言辞，所有的思考与坚持都通过他们指尖的技艺展示出来。从这个角度来看，这个日益喧嚣的时代中，他们的身影多少显得有些落寞。

由于鲁绣需要极高的耐性，因此年轻人很少能静下心来学。如今，徐秀玲的视力和刺绣的速度已经大不如从，但她依旧坚持每天刺绣。同时，她也在努力寻找能够继承这一民族瑰宝的传人。

每次文博会上，我们都能看到徐秀玲的身影。作为传统鲁绣的代表，徐秀玲带着自己的鲁绣作品亮相，让更多的人得以接触到这门传奇的手工艺。

也正是因为一代代手艺人的执着与坚守，鲁绣这门手艺才能历数千年之久，依然留存于我们的生活中。

舞榭歌台，风流总被雨打风吹去。多少曾经显赫一时的帝王将相已化为尘土，多少曾经富丽堂皇的建筑已化成灰烬，但有些东西经受了时间的考验，最终留存下来，比如鲁绣。

历史的车轮滚滚向前，鲁绣从帝王公卿所穿着的华服进入寻常百姓家。无论是邹县 1350 年李裕庵墓葬中沉睡的绣裙、袖边、鞋面，还是存于故宫博物院中的明代作品《文昌出行图》《芙蓉双鸭图》，它们都表现出鲁绣绣饰鲜明而不脱离实用的民间艺术风格。

盐野米松在《留住手艺》中，记录了日本最后一批传统手工艺者。合上书本，我们也再一次思考——为何要"留住手艺"？对于这个问题，不同的人或许有不同的答案。然而，对于像徐秀玲一样的手艺人而言，这个问题根本就不成立，因为"手艺"本身就是他们生活的一部分。

一辈子执着一件事，从中体验无限的乐趣和智慧。仅凭这一点，就足以让这个时代的人望而却步。哪怕未来某一天，手艺终将不复存在，但这就是他们存在的方式，就是他们的人生。

Shandong Embroidery

Artwork Around the Fingertips

Shandong embroidery was founded in The Spring and Autumn Period, and became prosperous during the Qin Dynasty. Wang Chong of East Han Dynasty wrote in *"Lunheng"* that every woman in Qi Kingdom must be good at embroidery. The ancient and unique "Hair-like embroidery" may be the most representative style of embroidery, which first appeared in Jinan.

绘制中国"云图"

作为中国领先的云计算、大数据服务商，浪潮集团已在全球 85 个国家开展业务。这家极具影响力的 IT 企业，始终以超前的技术和独特的软硬件综合实力，在中国 IT 品牌中独树一帜，并在中国信息产业发展的关键阶段，以极具前瞻性的技术突破引领中国 IT 产业的发展。

撰文 / 刘　芳　摄影 / 楚　峰（除署名外）

济南高新技术开发区，为人熟知的"Inspur 浪潮"标志牌正在盛夏艳阳下熠熠闪光。

2015 年，这家中国老牌 IT 企业刚刚搬进位于经十路的新总部大楼，一个全新的浪潮呈现在世人面前。而这，仅仅是浪潮来袭前最外围的一个表现。作为中国领先的云计算、大数据服务商，截至目前浪潮集团已在全球 85 个国家开展业务。

这家极具影响力的 IT 企业，始终以超前的技术和独特的软硬件综合实力，在中国 IT 品牌中独树一帜，并在中国信息产业发展的关键阶段，以极具前瞻性的技术突破引领中国 IT 产业的发展。

革新之路

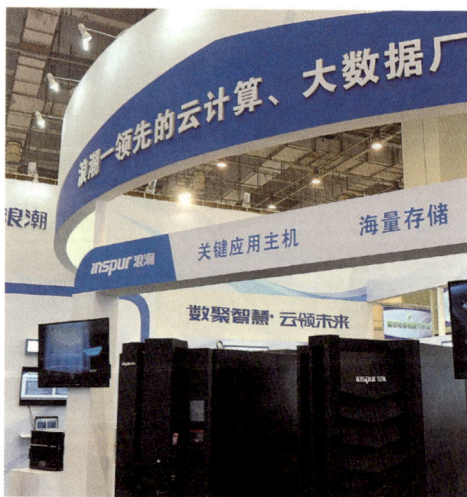

在中国 IT 品牌中，浪潮集团独树一帜　摄影 / CFP

几十年以技术创新为本的 IT 征程，浪潮集团铺就了一条革新之路。

作为中国 IT 行业的标志性符号，浪潮集团的故事以硬件和软件两个产业为主角展开，正是"软硬兼备"，让这家企业在激烈的市场竞争中，不断画出漂亮的直线上升图。

目前，浪潮集团拥有浪潮信息、浪潮软件、浪潮国际三家上市公司，业务涵盖系统与技术、软件与服务、半导体三大产业群组，为全球 85 个国家和地区提供 IT 产品和服务，全方位满足政府与企业信息化需求。

中国 IT 企业前两位，中国自主品牌软件厂商第一位，浪潮服务器销量全球第五、

中国第一，自主研发的中国第一款关键应用主机浪潮 K1 获 2014 年度国家科技进步一等奖……一连串抢眼的排名，都是浪潮不俗实力的佐证。

在中国 IT 产业发展征程中，浪潮是见证者，更是亲历者。在浪潮集团，有一面专利墙，记录了浪潮人创造的各项专利。正是持续创新的基因，让浪潮集团持续走在行业前端。

早在 20 世纪 60 年代，浪潮集团的前身——山东电子设备厂就开始生产计算机外围设备和低频大功率电子管。1970 年，中国第一颗人造卫星"东方红 1 号"就采用了浪潮生产的晶体管作为电子元件。

20 世纪 80 年代，全球信息产业方兴未艾，当时还是山东电子设备厂的企业经营者决定投身中国 IT 产业。此后，浪潮集团的软硬件业务在各个领域全面开花。借势出击，浪潮集团迅速反应，多次在市场拔得头筹。

1983 年，第一台浪潮微机在济南诞生，这是中国 IT 发展的新起点；1990 年，浪潮研制出全球第一台中文寻呼机；1993 年，浪潮在新加坡的技术人员研制出中国第一台小型机服务器，打破国外服务器厂商在中国多年垄断；1996 年开始，浪潮服务器连续 15 年蝉联国产服务器第一品牌；2007 年，IT 领域唯一设在企业的国家重点实验室——浪潮高效能服务器和存储技术国家重点实验室落户浪潮；2010 年，浪潮推出中国首款自主研发的云操作系统；2012 年，浪潮自主研发的中国第一台 PB 级海量存储通过科技部验收；2015 年，浪潮 K 荣获 2014 年度国家科技进步一等奖……

在中国互联网市场，浪潮服务器占有率超过 60%，市场占有率遥遥领先。不仅在阿里、百度等世界顶级互联网公司得到大规模应用，并推广到美国、英国等发达国家。其中，百度 85% 使用浪潮 SmartRack、阿里巴巴 60% 使用浪潮 SmartRack、12306 系统 40% 使用浪潮 SmartRack、奇虎 60% 使用浪潮服务器。

布局全球

2015 年 5 月，国务院总理李克强对巴西、哥伦比亚、秘鲁和智利进行正式访问，双方签署了政治、经贸、金融、农业、科技等领域的政府间和企业间合作等一系列协议。作为中国信息产业的代表，浪潮集团应邀随同总理出访，并出席多项重量级活动，成功向全世界展示中国 IT 业顶尖企业的实力与水准。

事实上，早在 2014 年，国务院总理李克强视察浪潮集团时承诺，要像支持高铁、核电一样推动中国云计算核心装备在全球的发展。此后，浪潮集团跟随中国领导人先后到达俄罗斯、德国等国家，与当地成功开展了一系列的经贸洽谈合作项目。

作为 21 世纪的主导产业，信息产业国际化是必然之路。

上世纪 80 年代末，浪潮集团就已经开始了国际化探索，先后在新加坡、美国、日本等国设立贸易公司。同时，浪潮集团选择与国际 500 强企业的合作作为有计划国际化的起点。

通过开展国际交流与合作，围绕主导业务，引进和学习国外的先进技术和管理经验，来提高自身的创新能力和经营运作水平，这是浪潮集团与国内众多大型企业迥然不同的国际化战略。

浪潮集团开始频频向国际名企特别是世界 500 强企业伸出"橄榄枝"。先后与微软、LG、爱立信等世界 500 强设立了合资公司，与 Intel、IBM、SAP、VMWARE、NIVIDIA、REDHAT 等建立了战略合作伙伴关系，与印度 UPTEC 合资共同发展软件实训产业。通过这些合作，在技术研发水平与管理水平上，极大提升了浪潮的核心竞争力。

2005 年，国际软件巨头微软向浪潮集团投资 2 亿元人民币，这是微软在中国的最大单笔投资，双方在 ERP、电子政务及软件外包领域展开了一系列深入合作。这一次联姻，为浪潮软件的国际化带来了前所未有的机遇，浪潮的国际化由此驶入快车道。

信息产业没有国界。坚持走出去，是浪潮为国际化战略加速的重要途径。

截至目前，浪潮集团国际化业务如火如荼，已拓展至全球 85 个国家和地区。在美国、日本、拉美等多地设立研发中心和工厂，在海外 26 个国家设立分公司和展示中心。全球拥有 1000 多家大中型渠道代理商，产品和方案广泛应用于全球数据中心、超算中心、税务、教育、智慧政府等领域。

云领未来

"制定'互联网+'行动计划，推动移动互联网、云计算、大数据、物联网等与现代制造业结合，促进电子商务、工业互联网和互联网金融健康发展，引导互联网企业拓展国际市场。"2015 年政府工作报告中，出现了上述字眼。

"互联网 +"上升到前所未有的高度。

事实上，云计算、大数据等技术在世界范围内已是不可逆转的趋势。未来 5 年里，全球用于云计算服务的支出或将增长 3 倍，增长速度将是传统 IT 行业增长率的 6 倍。而作为云计算界的"后起之秀"，中国无疑将是增速最快的市场之一。

面对发展迅猛的云计算产业，中国政府出台多项政策扶持。2010 年，中国将云计算产业列为国家重点培育和发展的战略性新兴产业；2011 年，国家发改委、财政部、工信部批准国家专项资金支持云计算示范应用，支持资金总规模高达 15 亿元；2012 年，《"十二五"国家战略性新兴产业发展规划》出台，将物联网和云计算工程作为中国"十二五"发展的二十项重点工程之一。

新的产业契机来临，浪潮集团很快进入"战备"阶段，并发力实战。

2010 年，浪潮集团在国内率先发布云海战略，提出行业云理念，并推出中国首款自主研发的云操作系统。现在，浪潮集团云计算装备实力已达到世界前列，在全球建设了 30 个云计算中心，在为政府和企业提供云计算服务方面积累了丰富经验，为全球信息化建设注入来自中国的"云动力"。

不久前，以"同心致远，云领未来"为主题的"浪潮云"战略发布会在北京举行。浪潮集团提出将基于浪潮云在政务云领域的领先优势，凭借安全的云、行业的云及服务的云三大核心能力，持续为区域政府、行业部委及大型企业提供一体化整体云服务，打造符合中国市场需求的"中国云"。

浪潮集团计划投资 100 亿元，建设全国 7 个核心云计算数据中心、50 个地市云计算中心，完成全国云中心布局，通过布局为全国 200 个区域政府、40 个行业部委、200 个大型企业提供云服务，以此更好地推进中国云计算产业的发展。

公司是文艺复兴中创造出的最重要的组织形式，如果没有它，现代社会就不会存在。作为一家出生于济南本土的企业，浪潮集团影响了一个时代。它用几十年的时光坚守 IT 业，创造了惊人的品牌神话，并将中国智造推向国际市场。

云领未来，这将是新浪潮。

Inspur

Painting China's Cloud

As a leading cloud computing company and big data provider in China, the Inspur Group has expanded its service in over 85 countries throughout the world. This IT company has profound influence and is the leader in the Chinese IT computer industry. Inspur has developed a number of advanced technologies and has a exceptional strength in both software and hardware.

河孕济南

摄影／张崇元

舌尖蒲香回味长

蒲菜，在北方算是济南特有，这种水生植物在济南这样一个传统的北方城市生根发芽。蒲菜本身没有什么独特的味道，只是有些清香，吃起来口感比较脆，有些像葱白，嚼一口咯吱咯吱的；如果蒲菜不够嫩，任你拽掉门牙也奈何它不得。奶汤蒲菜的关键在于"奶汤"。用猪肚、猪肘等食材熬制高汤，色泽如羊脂玉一般，口味浓郁，加之清爽的蒲菜，可算的是一道上乘的汤品了。

撰文 / 樊禹辰　摄影 / 赵晓明

"选取最嫩的蒲芯，做一道济南的奶汤蒲菜。加上火腿、香菇和冬笋的陪衬，鲜香倍增……"《舌尖上的中国 2》中，鲁菜首次亮相。

蒲菜，在北方算是济南特有，这种水生植物在济南这样一个传统的北方城市生根发芽，或许是上天的一种恩赐，在鲁菜中，奶汤蒲菜便成为一道独特的小清新菜品。

"高贵"而不随意扎根

蒲菜，虽说叫"菜"，我却认为它更接近"蒲"。在我眼中，蒲菜与芦苇有些类似，都是长在水中的"一条长杆"。只是芦苇常见于任何一片水湾，蒲菜则不随意扎根，似乎略显"高贵"。

其实这种"高贵"在几十年前的大明湖也许算不得什么。民国时期的济南城里，大明湖是用坝划开的多少块"地"。湖中东一块莲，西一块蒲，土坝挡住了水，蒲苇又遮住了莲，一望无景，只见高高低低的"庄稼"。这片"庄稼"的特产便有蒲菜。

第一次接触蒲菜，与大明湖无关。差不多是盛夏时节，我与朋友去吃锅贴。店老板推荐说有蒲菜上市，店里供应奶汤蒲菜；倘若再晚一些，便只能等到明年才能吃到。我与朋友只是听过奶汤蒲菜的大名，却都没吃过，便点了一份。

奶汤蒲菜的名字，确实是这道菜的写照。奶白的高汤之上漂浮着蒲菜段儿，白玉泛黄的颜色，有时也带点儿绿。一汤勺舀下，汤底还有火腿丝、冬菇等丰富配料。细细闻来，一阵清香。

蒲菜本身没有什么独特的味道，只是有些清香，吃起来口感比较脆，有些像葱白，嚼一口咯吱咯吱的；如果蒲菜不够嫩，任你拽掉门牙也奈何它不得。奶汤蒲菜的关键在于"奶汤"。用猪肚、猪肘等食材熬制高汤，色泽如羊脂玉一般，口味浓郁，加之清爽的蒲菜，可算得是一道上乘的汤品了。吃过的人才会知道，我与朋友都对这道菜赞不绝口。

寻味明湖蒲菜

即使没真正吃过奶汤蒲菜，我们也能从一些文学大家的描绘中"尝"出它的美味。

老舍先生在《大明湖之春》中写道："游过苏州的往往只记得此地的点心，逛过西湖的人提起来便念叨那里的龙井茶、藕粉与莼菜什么的，吃到肚子里的也许比一过眼的美景更容易记住，那么大明湖的蒲菜、茭白、白花藕，还真许是它驰名天下的重要原因呢？不论怎么说吧，这些东西既都是水产，多少总带着些南国风味。"

臧克家先生对蒲菜也有着美好的印象。在《家乡菜味香》一文中，他写道"大明湖里，荷花中间，有不少蒲菜，挺着嫩绿的身子。逛过大明湖的游客，往往到岸上一家饭馆里去吃饭。馆子不大，但有一样菜颇有名，这就是：蒲菜炒肉。"可见，这蒲菜依靠大明湖的滋养，才能驰名海内。

大明湖的蒲菜，或许已经成为回忆了。

1958年以前，大明湖长满了芦苇丛。在大明湖北岸、北城墙根以南住着百余户人家。他们在湖中种藕，采藕，打鱼，渡人，算是"湖民"吧。大明湖的三珍——蒲菜、茭白、白莲藕——便是出自湖民之手。每年初春，湖民们便忙着收拾湖田，到了立夏时分就要种植蒲菜了。湖民们从湖里拔出蒲菜根，去掉老根，将新根分成单株，重新将其踩到湖中便可以了。那白莲藕和茭白也大致是这种情况罢。

大明湖中虽有湖田，却是自然水面。湖中不乏野生鱼虾。每到水涨之时，鱼便从黄河、小清河逆流而上，游到大明湖。这便是湖民另一大生活来源了。大明湖不仅为湖民提供生机，也为周围的孩童平添几分乐趣。尤其是在夏季，下湖捉鱼，捞虾是常有的事；在湖边嬉闹，是最快乐的。冬天的大明湖也是孩子们的天然乐园，这可是一片天然的溜冰场。从没听说哪个孩子失足掉进水中，他们对这里熟悉着呢。

湖畔飘香思旧味

大明湖是一块天然游乐场，这里的特产也异常美味，可这湖田却不美观。老舍先生也曾建议退田还湖，"假若能把'地'都收回，拆开土坝，挖深了湖身，它当然可以马上既大且明起来：湖面原本不小，而济南又有的是清凉的泉水呀。"

这样似乎会让济南多一些文艺范儿。

现在也确实如此了。随着现代化建设的不断推进，大明湖的湖田已被清空，这里的"土著"也被请了出去。他们似乎成了大明湖的客

清香的蒲菜伴着奶白的汤水，让人看一眼就垂涎欲滴

人。但随之消失的也有大明湖的蒲菜、茭白、白莲藕，和往日孩子们在大明湖畔大街小巷嬉闹的欢愉。也不知道老舍先生看到如今越来越"大"、"明"、"湖"的大明湖会作何感想。

后来，又重温了一次奶汤蒲菜的美味；那是朋友出国前夕，我们为他送行。送行嘛，自然要有家乡的味道，奶汤蒲菜便是首选。

清香的蒲菜伴着奶白的汤水，让我浮想联翩，与朋友的种种往事涌上心头。这似乎是奶汤蒲菜的特殊功效。

"这蒲菜是大明湖产的么？"我随口问了一句。老板说："大明湖哪有蒲菜呢？连藕都不产了。这蒲菜是济南附近滩涂上长的。"

这蒲菜虽已不是产自大明湖，我们津津乐道的依然是大明湖的奶汤蒲菜；或许，这已经不仅仅是一道菜了。

奶汤蒲菜重新扬名全国，还得益于《舌尖上的中国2》，大厨精湛的技艺让人看一眼就垂涎欲滴。可对济南人来说，这似乎不仅仅是一道满足食欲的家常菜，更多的还有一种美好的回忆吧。

流年似水，这些家常味道的缕缕香气非但没有随时光远去，反而因了其中情意，成为记忆里难以忘却的美食，并在不经意间勾惹出对于旧事亲情的无限回味……

Milk-souped Cattail

Long-lasting Fragrance on the Tip of Your Tongue

Cattail, which is rather rare in northern China, is a hydrophyte that takes root and sprouts in the northern city of Jinan. Cattails carry no special flavor of their own except but they do have a delicate fragrance. Like white onions, it tastes crispy and makes a unique "creak creak" sound when chewed. If it is not tender enough, even at the cost of breaking your front teeth, there is little if anything you can do about it. The secret of milk-souped cattail lies in the "milk soup". The Cattails are typically boiled down as soup stock with food ingredients such as bacon, and you'll find the color to be the color of green jade with a taste that is rich and strong. However it's the cattail that really makes this amazing bowl of soup.

花开遍地香如海

玫平
瑰阴

你若想在玫瑰花的无垠海洋中徜徉流连，你若想观赏到不同花色、不同品种的玫瑰花，你若想把各式各样的玫瑰花产品带给你的亲朋好友，非来济南不可。因为在这里有着驰名中外的玫瑰之乡，更有在中国唯一以玫瑰命名的乡镇——济南平阴玫瑰镇。

撰文 / 张继平　摄影 / 王　平

到济南不妨看看玫瑰花。

到济南不看玫瑰花真有点遗憾。

但并不是什么季节到济南都能看到玫瑰花的。玫瑰花在每年5月初绽放，花期不是很长。所以，来早了，去晚了，都会和玫瑰花失之交臂。

玫瑰花，各处都有，干嘛非来济南观赏不可？是啊。你若一盆一盆地看玫瑰，在自家的阳台上就可以了；你若一簇簇地看玫瑰，各地植物园里的玫瑰园就能满足你了。但是，你若想在玫瑰花的无垠海洋中徜徉流连，你若想观赏到不同花色、不同品种的玫瑰花，你若想把各式各样的玫瑰花产品带给你的亲朋好友，非来济南不可。因为在这里有着驰名中外的玫瑰之乡，更有在中国唯一以玫瑰命名的乡镇——济南平阴玫瑰镇。

玫瑰原产中国，是我国的传统名花，我国也是世界上最早使用玫瑰香料的文明古国。济南平阴玫瑰栽培历史非常悠久。据史书记载，玫瑰在平阴栽培始于汉朝，迄今已有2000多年的历史。

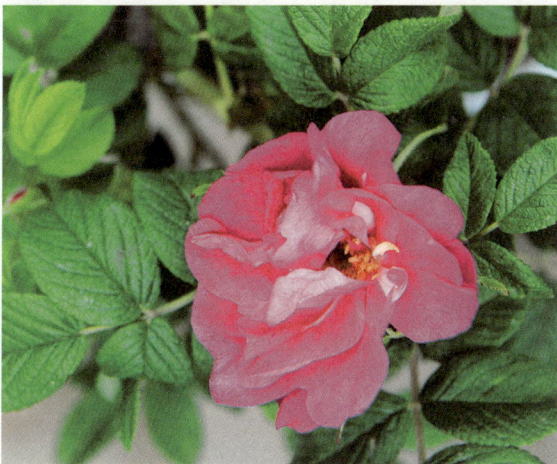

唐代时，翠屏山僧人曾在当地广植玫瑰，当地百姓们也开始利用玫瑰花制作香袋、香囊。明代时，当地百姓用玫瑰花制酱、酿酒、窨茶已成当地规模产业。《续修平阴县志》中有《竹枝词》为证："隙地生来千万枝，恰似红豆寄相思。玫瑰花开香如海，正是家家酒熟时。"

平阴玫瑰不单单用于观赏，而是已经成为当地的支柱产业。据民国初年《平阴乡土志》载："清光绪二十三年（1907）摘花季节，京、津、徐、济客商云集平阴，争相购花，年收花 30 万斤，值银五千两。"这个时期平阴玫瑰盛极一时。后因战乱，平阴玫瑰大减，至 1949 年，玫瑰花年产仅 1.5 万公斤。新中国成立后，政府采取措施，大力扶持玫瑰花生产，促进了玫瑰花的发展。如今，平阴玫瑰的种植以玫瑰镇为中心，已扩大到整个玉带河流域，种植面积达到数万亩。

平阴玫瑰节

《中国名胜词典》称济南平阴为"玫瑰之乡"。每到玫瑰花盛放季节，平阴数万亩玫瑰竞相开放，沟渠路旁、地头堰边、大地田园、房前屋后，到处是一行行、一簇簇、一片片鲜艳夺目的玫瑰花，香气沁人肺腑，令人赏心悦目。在玫瑰镇政府驻地，还辟有专供游人观赏的玫瑰园。园内种植有近 30 个玫瑰品种，形成了一个玫瑰花的王国，既便于科研人员进行实验，又便于游人观赏。每年 5 月中旬，红玫瑰、白玫瑰、紫玫瑰、黄玫瑰、黑玫瑰竞相开放，单瓣的、复瓣的，争奇斗艳，芳香醉人，吸引着一群群游人驻足观赏。1990 年以来，平阴每年都举办玫瑰文化艺术节，前来赏花、旅游、从事经贸活动的客人络绎不绝。以玫瑰花为原料的玫瑰酱、玫瑰酒、玫瑰饴、玫瑰精油、玫瑰系列化妆品及玫瑰风味的食品，便成了客人们必购的商品和品尝的佳品。

平阴的玫瑰花，是形、色、香、韵俱佳的花卉。杨万里的"一花两色浅深红"是写玫瑰的色，秋瑾的"占得春光第一香"是写玫瑰的香，唐彦谦的"无力春烟里，多愁暮雨中"写的是玫瑰那娇柔之形。可以说，玫瑰之于平阴，犹如红叶之于香山，樱花之于东瀛，牡丹之于洛阳……其蕴涵着的丰富而深长的文化意味，早就超出了植物学的范畴，有着多重的文化象征意义。

看玫瑰花的地方很多，气势最恢宏、最壮观的去处，还是平阴玫瑰。

到济南，你一定要去看看玫瑰花。

Pingyin Rose

Blossoming Everywhere and Aroma Diffusing All Around

If you love roses and the many varieties of them and you love to share them with friends and relatives, then Jinan is the place to come to, Pingyin is famous for its many diverse varieties of roses. In fact,there is even a village named after the rose in pingyin town.

乾隆收藏的济南画卷

《鹊华秋色》图呈现的是济南大明湖北面一带一片辽阔的沼泽地，极目远眺，一望平阔，矗立着两座山。右方尖峰突起的是华不注山，左方圆平顶的是鹊山。两山之间，错落着杨树、小松及不知名的杂树。远处一排杉树，郁郁葱葱，有些叶已略脱，树枝分明可见，叶子染红染黄，这是秋的信息。山羊五头，散处在简陋的茅草屋前啮食。水边扁舟数叶，舟上渔叟撑篙。岸边一渔夫持竹竿敲水赶鱼，正待提网。

撰文 / 张继平

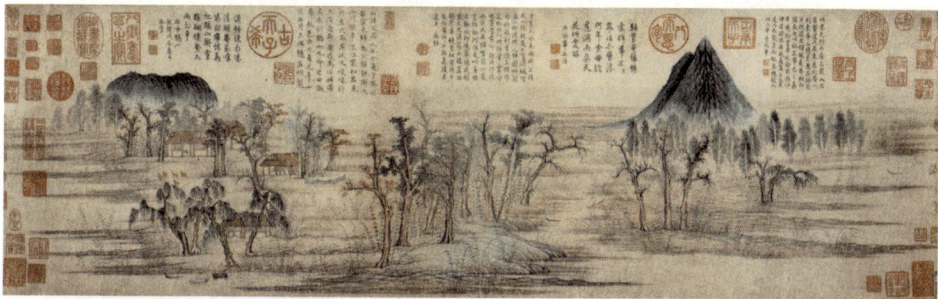

《鹊华秋色》图

"济南的秋天是诗境的。"《济南的秋天》是老舍先生写景散文中的名篇。这位语言大师将动静有致、形神俱佳的自然景物呈现在我们眼前，融情于景，极富感染力。在这篇文章中，他充满深情地描写济南秋天的山，"正像诗一样的温柔"。

秋季阴云之际，欣赏"鹊华烟雨"自然是一幅绝妙画图。实际上，秋季晴日观望鹊、华二山，更是一幅山水大画。

作画以慰故人情

元朝有一位叫赵孟頫的曾在700多年前为朋友画了一幅名叫《鹊华秋色》图的画作，不料这画成了传世之作，现在还被当作镇馆之宝，收藏在台湾故宫博物院。赵孟頫的少年时期是在坎坷忧患中度过的。青年时代，赵孟頫向当地名儒敖继学习经史，向钱选学习画法，经过十年的发奋努力，学问大进，成为"吴兴八俊"之一，一时声闻遐迩，达于朝廷。33岁那年，赵孟頫初至

鹊华秋色 选自《满勇国画作品》

京城，便受到元世祖的接见。元世祖赞赏其才貌，曾惊呼他为"神仙中人"！六年后，时为至元二十九年（1292），赵孟頫出任同知济南路总管府事，成了一个从四品的"政府官员"。在济南的三年任上，赵孟頫平冤狱，办学校，做了不少有益于济南人民的好事。元贞元年（1295）夏秋之交，赵孟頫借病乞归，返回阔别多年的故乡吴兴。

生长在吴兴的济南籍诗人周密（字公瑾）得知他曾在济南为官，加上意气相投、志向同一，两人遂成知音。赵孟頫曾写《次韵周公瑾见赠诗》，既吐露自己如"池鱼思故渊"的思乡情感，又抒发知音难觅之慨，同时对周密的关照表示感激。周密虽是济南人，但从未来过济南，对济南的情况知之甚少。赵孟頫还把在济南收购的书画古物拿给周密欣赏，向他讲述济南山川的旷逸秀美，并为他绘制了著名的《鹊华秋色》图。据赵孟頫在《鹊华秋色》图的题记云："（周公）谨父齐人也，余通守齐州，罢官来归，为公谨说齐之山川独华不注最知名。则可知公谨虽为齐人，生平未尝一履齐地也。"

168

济南的秋天是一首诗

《鹊华秋色》图呈现的是济南大明湖北面一带一片辽阔的沼泽地，极目远眺，一望平阔，矗立着两座山。右方尖峰突起的是华不注山，左方圆平顶的是鹊山。两山之间，错落着杨树、小松及不知名的杂树。远处一排杉树，郁郁葱葱，有些叶已略脱，树枝分明可见，叶子染红染黄，这是秋的信息。山羊五头，散处在简陋的茅草屋前啮食。水边扁舟数叶，舟上渔叟撑篙。岸边一渔夫持竹竿敲水赶鱼，正待提网。《鹊华秋色》图在赵孟𫖯满怀激情的笔墨色彩交融中，带给了周密一幅遥远的故乡梦境。

《鹊华秋色》图问世后，广受历代文人骚客的追捧赞赏。《锦秋老屋笔记》一书的作者，清人朱照曾多年居住在华山脚下的竹筲村，他认为《鹊华秋色》图是作者"在城隅之间望之"而取景画成的："华不注山，正面东南向，在八涧堡、竹筲两村间望之，丰隆丕大，形如决苞芙蓉，故曰华树。赵松雪画《鹊华秋色》，寄贻周公谨密，在城隅间望之，取其侧面，乃作单椒尖山。"直接歌咏赵孟𫖯画作的诗文更是数不胜数，由于画作真本很难见到，许多人便以见到摹本为快事，如任弘远《咏古今人物》："济南秋色画图里，记得王孙貌鹊华。今日得从马上看，吴兴真迹落谁家？"甚至，许多没有来过济南的外地文人，也以争相观看此画来作为认识济南的盛事："明湖秋水明如练，我在江南不见见。鹊华山色郁苍寒，我向吴兴画里看……"至于明清两代，许多文人墨客来济南游览，都以秋日攀登鹊、华两山为幸事的例子，更是不胜枚举。

李白也罢，赵孟𫖯也罢，还有老舍，他们留下屐痕的地方不是一两处，只有济南如此牵动他们的思恋，什么道理？因为，济南有他们魂牵梦绕的"鹊华烟雨"、"鹊华秋色"在。济南的秋色是画，济南的秋天是诗。如诗如画，这秋景应该是济南所特有的。前人将"鹊华烟雨"列为"济南八景"之一，确实得其三昧而不虚夸也。

The Painting of Jinan's Autumn

The Scenery of Jinan Cherished by Emperor Qian Long

The Painting of Jinan's Autumn finds its vast swampland as the subject of many artists. These swamplands are located to the north of Daming Lake in Jinan, which are flat and even if seen from a distance. In this painting, there are two mountains. The right mountain, with a protruding peak, is Hua Bu Zhu Mountain, and the left one with round and flat top is Que Mountain. Between the two, there are poplar trees, pine and a number of other trees. At a distance is a row of deep green cedars with some leaves having fallen off. With its branches clearly seen and its leaves dyed red or yellow, the painting conveys the message that autumn has arrived. In front of the shabby house made of couch grass stands five goats who are feeding themselves. Several rafts are resting along the river. An old fisherman is rowing the boat on the rafts. A younger fisherman is fishing with a bamboo pole on the bank, and he is just about to pull back the net.

齐长城

比秦长城还早五百年

齐长城是中国最古老的长城，是当之无愧的"中国长城之祖"。齐长城是中国长城的重要组成部分，是中国长城建置史上的一座丰碑。

撰文 / 张华松　摄影 / 郑曙光

齐长城是春秋战国时代齐国修筑的军事防御工程，是齐国特殊地缘政治和对外军事斗争的产物，更是广义上的齐文化的产物。它西起济水（今黄河）之畔，沿泰沂山地南北分水岭蜿蜒东行，然后斜跨胶南高地，终止于黄海之滨，沿途行经今山东省济南、泰安、莱芜、淄博、临沂、潍坊、日照、青岛等 8 个地级市及所属的 18 个县级行政区，全长 1000 余里。在上述 8 个地级市中，以济南境内齐长城长度最长、兴建时间最早。

历经时光洗礼，如今齐长城依然屹立

登上齐长城望去，城墙一直绵延到远方

中国长城之祖

齐灵公二十七年冬，在鲁国和卫国的要求下，以晋国为首的诸侯联军沿着济右走廊进犯齐国。为御敌于国门之外，齐灵公坐镇平阴城（故址在今济南市长清区孝里镇南面四里的东张一带），并下令"堑防门而守之广里"。所谓"守之广里"，就是以平阴城南的广里作为抗战的依托；"堑防门"，就是在广里以南堤防门阙（防门）的外侧挖掘堑壕，引济水以为城池。从堑壕中挖出的泥土当然要加筑在堤防上，使堤防更宽更高更为坚固，于是平阴城南的这道水利工程的堤防一跃成为军事防御工程的巨防，也就是夯土长城。

这就是齐长城的缘起，也是中国长城的缘起。正因为齐长城缘起于水利工程的防，所以它本来的名字就叫"巨防"，即便到了战国时代，"长城"的名字叫响之后，"巨防"依然是齐长城的别称。

至于泰山以西其他几段夯土长城，即清水沟、黄崖河、南大沙河（古名汉宾谷水）、北大沙河（古名中川水）等谷地中的夯土长城，也应该是在防门之战前夕兴建的。

到了战国中期，由于继赵武灵王胡服骑射之后，列强无不将骑兵作为主力广泛投入战场，骑兵翻山越岭如履平地，故而原先在平地上兴建的夯土长城已不能适应形势发展的需要，在这种背景下，"齐宣王乘山岭之上筑长城，东至海，西至济州千余里，以备楚"。

齐宣王"乘山岭之上筑长城",重点在于以前不需设防的高山长岭,济南地区南部的东西绵延二百多里的泰山分水岭更是齐国设防的重中之重。分水岭上土少石多,只能因地制宜,以石砌城,是为石砌长城。

如此,山上的石砌长城与山下的夯土长城就连为一体,构成完整的长城防线。至此,千里齐长城终于全线告成。

济南地区齐长城防御战略的重点在于各关隘要塞,这些关隘要塞除了上面提到的古平阴要塞,自西向东还有大石关(位于长清与肥城交界的五道岭上)、长城铺(地处地质学上闻名遐迩的张夏地堑的南端,今长清万德镇长城铺)、锦阳关(今济南章丘文祖镇大寨村南)、黄石关(位于今天章丘阎家峪乡北王庄南)。这些关隘或要塞是齐长城山地防御的据点,它们一般都控制着一条重要的交通线,是交通线上真正的封锁堡。依托这些关隘要塞,左右又有城墙向两翼山岭延伸,这样便能扼守附近的制高点,瞰制一定的防御地幅,形成点线结合、互为依托的防御阵地。

总之,这些以左右城墙为两翼、以内地城邑为依托的关隘要塞是抵挡敌人进攻的真正盾牌。它们就好像是长长铁链上的把把锁钥,将整个泰山分水岭给紧紧封锁起来。

秦始皇二十六年(前221),秦国军队占领了六国中最后一个王国——齐国,终于统一了天下。齐国的灭亡,标志着齐长城完成了其历史使命。然而我们要知道,齐长城是中国最古老的长城,是当之无愧的"中国长城之祖"。齐长城是中国长城的重要组成部分,是中国长城建置史上的一座丰碑。

孟姜女哭长城传说的发源地

齐长城历经两千多年的风雨沧桑,积淀了丰厚的历史文化,孟姜女哭长城传说就是其中最重要的组成部分。

孟姜女哭长城作为我国古代四大民间传说之一,同齐长城存在密切的渊源关系。这主要体现在以下三个方面:

第一,孟姜女的原型是齐人杞梁之妻。《左传》襄公二十三年(前550)记载,齐庄公偷袭莒国,杞梁战死。庄公回国,在郊外遇见杞梁妻,向她吊唁,她以不合礼法而断然拒绝。庄公不得已,只好到她家里举行了祭吊之礼。《礼记·檀弓》载曾子语,杞梁妻"迎其柩于路而哭之哀"。因为这个缘故,到了战国,齐人就把杞梁妻作为善唱哭调的歌手来谈论了,《孟子·告子下》引淳于髡语,"杞梁之妻善哭其夫而变国俗"。

第二,杞梁妻哭夫崩城的故事最初发生在齐地。西汉后期刘向《列女传》说,杞梁妻乃枕其夫之尸于城下而哭之,十日而城为之崩,遂赴淄水而死。故事中所哭崩的城墙显然是指齐都临淄的城墙。东汉王充《论衡》与北魏郦道元《水经注》,又分别有哭崩杞城(在今山东安丘东北三十六里齐城村)和莒国都城(今山东莒县)之说。

第三,以齐地美女之泛称"孟姜"作为杞梁妻的专名。晚唐敦煌曲子词《捣练子》:"孟姜女,杞梁妻,一去烟山更不归。造得寒衣无人送,不免自家送征衣。"就传世文献看,以"孟姜"为杞梁妻的专名,可以上溯到中唐以前。

可见,传说中孟姜女哭崩的长城原本应指齐长城,而非秦始皇长城。那么,也就可以肯定孟姜女哭长城的传说最初发源于齐长城沿线了，更确切地说发源于济南长清齐长城沿线了。

在古平阴邑所在地的长清孝里东张，从前曾有一座七级佛塔。这座古塔，是盛唐时一位名叫阿刘的妇女在禅院内敬造的。阿刘为此还请人撰写了一篇《优婆夷阿刘造石浮屠铭》，并刻在石碑上。铭文有这样一段话："有清信优婆夷阿刘，为亡过夫、亡过男，在禅院内敬造七级浮屠一所。前瞻古堞，梁妻大哭之城；却背孝堂，郭巨埋金之地。西临驲驿，共飞云而竞远；东望天孙，耸崇岩而切汉。"

阿刘为死去的丈夫和儿子祈求冥福，在禅院内敬造七级佛塔。从佛塔上，向前看古老的城堞，那是当年杞梁之妻恸哭的长城；背依孝堂山，那是郭巨埋儿获金的地方；西边紧邻驿站，驿道上的车马与飞云竞奔远方；东边远望泰山（天孙为泰山的别号），峰岩高耸直插霄汉。由此可知，禅院佛塔所处位置是十分明确的，即孝堂山之南，巨防长城之北，西临驿道和驿站，向东远眺则是泰山。那么佛塔原本就在古平阴城是确定无疑的了。光绪《肥城县志》记载，东障有一座古塔，"四面刻佛像，极精工"，或许正是阿刘所敬造的那座佛塔。

此碑刻镌立于唐玄宗开元八年（720），是现存最早的有关孟姜女哭长城传说的文献资料，足以证明传说杞梁妻哭崩的长城，原本指齐长城，孟姜女哭长城的传说最初应该发生在齐长城沿线，具体说应该是齐长城起始区的长清一带。

Great Wall of Qi

Built 500 Years Earlier Than the Great Wall of Qin

Great Wall of Qi is the oldest Great Wall of China. It's the well-deserved "Originator of Chinese Great Wall", and an important element of the Chinese Great Wall. It's also a monument of China's history of the Great Wall.

三周华不注　一笑几倾国

齐晋鞌之战发生于公元前589年。当时，晋国的执政卿士郤子为报齐王戏辱之仇，借鲁、卫求援之机，发兵攻齐。主战场为鞌，故史称"鞌之战"。这场战争以晋国胜利而告终，但大大消耗了交战双方的实力。鞌之战对后世济南的影响十分深远，乃至在历代文人雅士吟咏华不注的诗文中，凭吊古战场成为一个永恒的主题。

撰文 / 张华松　插画 / 张含婧

齐晋鞌之战是先秦时代发生在济南地区的规模最大的一场战役，《春秋》三传记述这场战役的文字又十分生动传神，极富传奇色彩。

出使受辱，郤克伐齐

齐顷公七年（前592），晋景公为了共谋对抗楚国，准备在断道（今河南济源西南一带）召开诸侯大会，就派大夫郤克出使齐国，邀请齐国与会。

郤克抵齐，恰逢鲁国使臣季孙行父、卫国使臣孙良夫、曹国使臣公子首也在齐都临淄。晋、鲁、曹、卫为盟国，四国使臣不期而遇，联袂觐见齐侯，本来就令人有些不可思议，可是更令人称奇的是，四国使臣身体形貌皆有残疾——郤克跛一足（瘸子），孙良夫眇一目（独眼瞎），季孙行父秃（秃子），公子首偻（曲背罗锅）。

齐顷公是个多事的主儿，他为讨母亲萧同叔子的欢心，在接见列国使臣的时候，竟然安排母亲以及嫔妃侍女登台观礼。然后，他派一名跛者引导跛者郤克，其他也是如此，秃子陪秃子，眇者陪眇者，罗锅陪罗锅，大家鱼贯而进。台上的妇女见了这滑稽的场面，不禁哄堂大笑。使者受到戏弄，十分生气，尤其郤克更是怒不可遏，发誓要报仇雪耻。

齐顷公十年（前589），齐国连续用兵于鲁国、卫国。卫国孙良夫、鲁国臧宣叔一起去向晋国求援。此时，郤克已是晋中军主帅，并主持国政，故而经他的鼓动，晋景公决定兴兵伐齐，战争由此爆发。

狭路相逢勇者胜

鞌之战，晋国共出动兵车800乘，由郤克将中军，士燮将上军，栾书将下军，韩厥为司马，共6万余人。晋军抵达卫国境内，会合卫、鲁两国军队，然后尾追从卫国撤退的齐军到达莘地（今山东莘县北）。

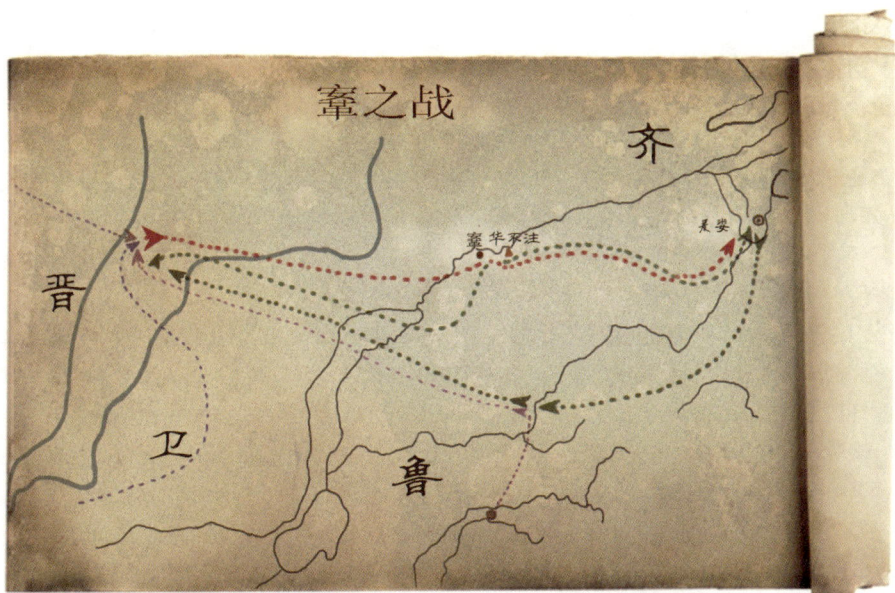

六月十六日，进抵靡笄山（今济南槐荫峨眉山）下。齐顷公派使臣前来请战，双方约定次日清晨交战。齐国大夫高固狂妄自大，手举石头投向敌方的战车，连车带人一起俘获过来，然后从车后拴上一块桑树根，登车驱驰于齐国的营垒前，高呼："欲勇者贾余馀勇！"所谓"余勇可贾"，即出典于此。

次日，双方列阵于鞌（今济南市区西北北马鞍山下），齐军主帅是齐顷公，为他驾车的是邴夏，为他保驾的是逢国人的后代逢丑父。齐侯踌躇满志，登车向三军将士喊话："余姑翦灭此而朝食。"要大家解决战斗再吃早饭。于是，马未披甲，就击鼓驱车掩杀过去。

混战中，晋中军主帅郤克被箭所伤，流血及屦，打算撤回营垒。此时，给他驾车的解张虽然手掌和臂肘也被弓箭射穿，却勉励郤克道：将士们的进退，全在于我们车上的旗鼓。披坚执锐，原本就是为了战死疆场。伤未及死，我们还是勉励向前吧！说罢，左手一把攥紧所有的缰绳，右手握起鼓槌奋力击鼓，这样一来，车马失控，向前奔驰不止，全军将士也就紧跟冲上前去。齐军抵挡不住，阵脚大乱，只好向东溃退。

那个时候，济南北郊的地貌环境可能与中古湖沼成片的景致不完全一样，兼之当时雨季未到，是可以行车的。齐军溃退，联军追击，于是，战场向东移到华不注山一带，双方战车绕山你追我赶，整整转了三圈。

当时，紧追齐侯的是晋军司马韩厥。逢丑父见难以甩掉敌人，为了保护齐侯，就同齐侯交换了一下位置，然后继续驱车疾驰，可是到了华泉（故址在华不注山东南麓，原本是一方圆百余步深不可测的深潭，古济水支流华泉发源于此，金元以后渐被湮没）附近，骖马竟被树木绊住，动弹不得，被韩厥追了上来。

韩厥下车，上前扯住马缰绳，向逢丑父行礼如仪。逢丑父见骗过了韩厥，就用君王的口气支使齐侯去华泉取水。齐侯走开后，登上郑周父驾驶的副车落荒而逃。

丑父遗忠无处问

韩厥将逢丑父作为齐侯献给郤克，郤克见送来的不是齐侯，不免大怒，命令手下将逢丑父杀掉。逢丑父高喊："自今无有代其君任患者，有一于此，将为戮乎！"郤克见对方说得有理，说："人不难以死免其君。我戮之不祥，赦之以劝事君者。"就赦免了他。

晋国等国军队结束了济南一带的战事，遂乘胜东进，深入齐国腹地。齐顷公遂派大夫国佐（宾媚人）带着纪甗、玉磬以及割地的图卷前去求和。

国佐来到晋营，郤克向国佐提出，若议和，必须满足两个条件："必以萧同叔子为质，而使齐之封内尽东其亩。"也就是说，要把当年嘲笑他的齐侯母亲萧同叔子作为人质带回晋国，同时齐国还要将境内的田垄沟渠都改为东西走向，以便于今后晋国战车往来。国佐据理力争，并指出：倘若晋国一定坚持这些无理要求，那么齐国不惜决一死战。七月，郤克与国佐在爰娄（今临淄西）举行盟会，双方罢兵言和。

鞌之战对后世济南的影响十分深远，乃至在历代文人雅士吟咏华不注的诗文中，凭吊古战场成为一个永恒的主题。如曾巩《华不注山》："高标特起青云近，壮士三周战气酣。丑父遗忠无处问，空余一掬野泉甘。"赵执信《华不注山行》："跛者御，跛者登，妇人帏房闻笑声，笑声未绝晋兴师。华不注山干青冥，山前东亩何纵横。欲寻丑父易位处，华泉之水今犹清。纪甗与玉磬，差异城下盟。寡君奉亲以色养，岂舍社稷将随倾。呜呼，宁独巧笑能倾城！"符兆纶《华不注》："一笑几倾国，兴师为释惭。竟忘蜂虿毒，遂起虎狼贪。山色愁凝碧，泉声咽泻蓝。三周怀往辙，跛者尔何堪。"

诸如此类的诗作，可谓汗牛充栋，不过论及诗作的主旨，大致主要集中为两点，一是反思和检讨此次战役的性质，认为不论是为博得母亲欢心而作弄使臣的齐侯，还是为发泄一己之私忿而不惜兴师动众的郤克，他们都不以社稷为重，将军国大事视同儿戏，因此战役的双方俱无正义可言；二是表达对逢丑父的敬意，认为逢氏舍身保主，是忠臣义士的典型，是值得歌颂和缅怀的历史人物。

The War Between Qi and Jin at An

During the War Caused by Teasing, Two Kindoms Pursued and Attacked Three Times Around Mount Hua

The war between Qi and Jin occurred in 589 B.C.. The war began because the king of Qi took advantage of the kingdom of Jin's Lu and Wei when they turned to him for help. Qing Shi, who was in power of the Jin Kingdom, retaliated and launched a battle against the kingdom of Qi. The major battlefield was An and it is historically called "the war of An". The war ended the kingdom of Jin victorious but the war greatly weakened both sides. The war of An exerted a profound influence upon Jinan of later ages, thus making it a permanent theme to pay respects to the old battlefield whenever Mountain Huabuzhu was chanted by scholars and poets of various dynasties.

要成腕儿先来济南拜码头

济南，连形容曲艺之盛，用的都是"曲山艺海"。山一样的深邃、挺拔，海一样的豁达、兼容。近代，有一种说法，叫"北京拜师，天津练艺，济南踢门槛"。就是说，北京是曲艺的根据地，要学看家本领真功夫，就往京城里跑。学成后跑码头，要上天津卫长长胆气，如再能蹚过济南府"曲山艺海"这片江湖深水，就可以穿州过府，走遍天下都不怕了。

撰文 / 赵景雪

济南，连形容曲艺之盛，用的都是"曲山艺海"，带着那山水的味道。"曲山艺海"，一个山，一个海，也将济南文化特性真实写照出来：山一样的深邃、挺拔，海一样的豁达、兼容。

山水之间话曲艺

1321 年，是元代至治元年，51 岁的张养浩愤然辞官，回到家乡济南府的北园云庄。这时他的家乡济南府，民间曲艺已蔚为大观。云庄之南，是景色秀丽的大明湖、趵突泉；东，是高峻的华不注山；西，是绿荫如盖的标山。此时的张养浩，面对"汇波楼醉墨淋浪，历下亭金缕悠扬，大明湖拔画舫，华不注倒壶觞"，徜徉在济南的湖光山色中，将隐逸情致尽情倾注，写下了大量流畅清婉的散曲。

济南府，集山、水、泉、林为一城，丰韵秀美，山水之间孕育了许多才子佳人缠绵悱恻的生死爱情佳话。《杜蕊娘智赏金线池》就是以当时济南府的胜景"金线池"——也就是今日的金线泉为背景，讲述济南府的歌伎杜蕊娘和韩辅臣的一出杂剧，它的作者就是著名的剧作家关汉卿。当时，一派碧澄澄的金线池畔，趵突泉边，勾栏歌楼林立，日夜笙歌不绝，早已是济南著名演艺繁华之地。

元代著名剧作家王实甫也以济南府为背景创作了杂剧《四丞相高会丽春堂》，被贬后每日闲坐大明湖畔，"闲对着绿树青山，消遣我烦心倦目"，"绕一滩红蓼，

明湖居听相声　摄影 / 姚　正

白雪楼戏台上的曲艺表演　摄影/王　锋

过两岸青蒲。渔夫，将我这小小船儿？将过去，惊起那几行鸥鹭。""见垂柳风摇翠缕，荡的这几朵儿荷花似舞"。

对济南盛景描摹之妙，让人很难想象，两位大剧作家关汉卿、王实甫没有在济南生活过。

明代的济南人李开先，晚年记录了不少当时济南地区传唱的民歌俗曲，"正德初尚《山坡羊》，嘉靖初尚《锁南枝》……二词哗于市井，虽儿女初学语者，亦知歌之。"所谓"哗于市井"，讲的是济南一带民歌俗曲广为流行的状况，连刚刚学会说话的男女儿童都会唱，足见当时演唱艺术在济南普及程度之高。李开先专门"筑万卷藏书楼，贮南北词曲甚丰"，自名其藏书处为"词山曲海"，曲山艺海便由此演化而来。

济南人和曲艺

济南百姓和曲艺的缘分，早在两千多年前的汉代就已注下。1969 年在济南无影山出土了一盘西汉初期的百戏陶俑，展现了公元前 2 世纪人们观赏百戏表演的生动场景：陶俑共 21 人，其中乐工、演员和观众各 7 人。观者分列左右两侧，乐工在后侧，乐器有钟、鼓、瑟、笙、磬等。7 个男女演员居中表演。其中，两个花衣少女正在翩然起舞，4 个青年男子在分别表演倒立、后空翻和柔术，最前面的一个陶俑，身着红袍，正在引吭高歌。

明代济南府的曲艺表演更加兴盛。《醒世姻缘传》中，就有对明代济南说书盛况的描述：正月初一那天，狄周穿着从济南府"南门里头"花了一两银子买的皮袄，"寻到三官庙里，正穿着那件皮袄，嗑着瓜子，坐着板凳，听人说书哩。狄周走到跟前，常功说道：'你来听说书哩？这书说得好，你来这里可天看'。"大年初一，济南街头便有说书艺人进行表演，而且说的是长篇传统书目，听书人如有闲趣可以听一整天或者连续听数天，可见明代济南说书艺术已成为普遍的情况。

民国时期的济南曲坛，更是热闹非凡。彼时济南的茶馆、戏园，多集中于城西繁华热闹的商埠区，如新市场、大观园、劝业场以及趵突泉等处。当时在济南城里就有正中楼、大舞台、雅观楼、明湖居、鹊华居、富贵茶园、闻善茶园等演出场所；而在商埠地区，则有庆商茶园、兴华茶园、俱乐部等演出场所。到 1921 年，仅新市场内就有戏院剧场 4 处，茶社茶棚多达 20 余家。到 20 世纪 30 年代，济南已是"游艺剧场林立，无论南北伶工，无不争先恐后莅临此间，以献歌艺焉。"

就说那时候济南人的夜生活吧，曲艺可是必不可少的：在商埠一带，一入夜，附近一带游戏场内的锣鼓声和卖唱声，不绝于耳，直到午夜方才停息，把一群疲惫的观众从各个游戏场的大门口"吐"出来。午夜以后，市街才算静寂下来。

曲山艺海声名远扬

上世纪初的济南曲坛，南词北曲荟萃，高手名家云集。近代，有一种说法，叫"北京拜师，天津练艺，济南踢门槛"。就是说，北京是曲艺的根据地，要学看家本领真功夫，就往京城里跑。学成后跑码头，要上天津卫长长胆气，如再能蹚过济南府"曲山艺海"这片江湖深水，就可以穿州过府，走遍天下了。

南北各地的诸多名角儿纷纷来济南跑码头，如京城"相声八德"中的"万人迷"李德锡和"周蛤蟆"周德山，天津著名相声世家来福如和常连安，京韵大鼓"三大鼓王"刘宝全、白云鹏、张小轩，河南滑稽大鼓王"山药蛋"富少舫、坠子皇后乔清秀、扬州评话名家王少堂等。

山东快书、山东琴书、山东评书、梨花大鼓……各种曲艺形式在济南遍地开花，而上世纪四十年代异军突起的"晨光茶社"更是让济南的"曲山艺海"声名远扬。说起来，济南相声的历史应该从1943年9月2日孙少林创建的"晨光茶社"在大观园开业算起。当时的相声界有"北侯南张中少林"之说，即北京侯宝林、南京张永熙、济南孙少林。孙少林之子孙小林先生回忆当时的热闹景象说："晨光茶社最盛时，听众要排长队购票入场。"当时，晨光的演员主要有孙少林、王凤山、李寿增、袁佩楼、李伯祥、赵文启、赵振铎等。在当时相声界流行有"北有启明（茶社），南有晨光（茶社）"之说，全国的相声名家都要来济南"拜码头"，除侯宝林外，相声大师马三立、郭全宝、常宝华等都来晨光茶社演出过。

如今，在济南曲艺人的努力下，"晨光茶社"重出江湖，"明湖居"矗立在大明湖畔，还有新一代的"芙蓉馆"，让泉城市民和外地慕名而来的游客又有了听书品曲的好去处，让济南"曲山艺海"重铸辉煌。

Melody Mountain and Art Sea

Want to be a Big Potato　Visit the Big Potatoes First

To describe the richness of Quyi (Chinese folk art forms) in Jinan, we will, more often than not, pick up the phrase "melody mountain and art sea", which means it is as profound and powerful as the mountain and as easygoing and inviting as the sea. Recently, there is a saying that explains Quyi when people say "study in Beijing, practice in Tianjing, and perform in Jinan". This means that Quyi is Beijing-based, so in order to learn the special skills and real tactics, one has to go study there. And after the study, the student should take a tour to the Tianjin garrison area for the purpose of becoming braver. If one can succeed in entertaining in Jinan, where Quyi is highly developed, then he'll perform throughout China and win the audiences' applause without the question.

179

东方名郡　人间胜境

"泉城新八景"为趵突腾空、明湖汇波、历山秋眺、泺水棹歌、清河烟岚、灵岩探幽、百脉寒泉和九如听瀑。"泉城新八景"几乎无一例外地将本地最具特色、最雅致的景观囊括其中，使其充满了诗情画意，融入了中国传统美学中"意、象、趣、韵"的特征。济南八景独特的灵气、雅趣和神韵，为老济南这座"东方名郡"的景观文化特征，增添了浓墨重彩的一笔。可谓人间胜境，气象万千。

撰文 / 张继平

趵突腾空

趵突腾空景观位于济南"天下第一泉风景区内。"趵突腾空"作为济南的奇妙景观之一，具有可观、可闻、可品、可触的"八景文化"特点。眼可观其水势，耳可闻其水声，口可品其水味，手可触其水泠，诚可谓"趵突腾空"一景四"奇"。老舍先生曾撰文对这一景观描述道："看那三个大泉，一年四季，昼夜不停，像喷水泉一般，老是那么翻滚，只听得'勃勃'的声音，一股股的水，从水底里直向上冒，冒，冒，冒得比水面高出二三尺，雪白的好像一座透明的玻璃柱，又好像那池底里在架着热火烧，把池水烧开了似的翻滚。一到冬天，便格外好看，屋面上都盖着白雪，泉上却起了一片热气，白而轻软，在深绿的长草上漂荡着，似乎像是一个极神秘的境界。"(参见《趵突泉 / 泉称第一古来传》)

明湖汇波

明湖汇波景观位于济南大明湖风景区内。"湖光山色"这句套话，通常很恶俗。但若说到大明湖，这四个字便不再空泛。大明湖景色优美秀丽，湖上鸢飞鱼跃，荷花满塘，画舫穿行，岸边杨柳荫浓，繁花似锦，游人如织，其间又点缀着各色亭、台、楼、阁，远山近水与晴空融为一色，犹如一幅巨大的彩色画卷。古人游湖，有"春色杨烟，夏挹荷浪，秋容芦雪，冬泛冰天"(见《济南府志》)之说，是说大明湖四季美景纷呈，各有风采。春日，湖上暖风吹拂，柳丝轻摇，微波荡漾；夏日，湖中荷浪迷人，葱绿片片，嫣红点点；秋日，湖中芦花飞舞，水鸟翱翔；冬日，一片银装素裹，分外妖娆。大明湖由众泉汇流而成，故名。(参见《大明湖 / 一湖清雅一湖诗》)

明湖汇波　选自《满勇国画作品》

历山秋眺

历山秋眺景观在济南千佛山风景区内。艾芜先生曾在《游千佛山》一文中写出了千佛山的独特魅力：当你爬上山去，然后掉回头来，陡然望见"盆一样的大明湖，躺在万家烟火的济南城里。如带的黄河，绕在苍茫无际的天野时"，你的心便会激动起来，激动得无以复加……作家侯林先生在描绘这一景观时写道："秋天是济南最美的季节，登山远眺，天高云淡，层林尽染，秋湖一镜，烟树万家，黄河帆影，齐烟九点……一切都历历在目，还不令人目醉神迷。历山秋眺表达了这座山的最大特点，最大优势之所在。这也许是新八景评选中唯一一个超越传统名称的吧。"（参见《千佛山／历山秋眺览胜景》）

白墙黑瓦，神韵仿若江南
图片由中共济南市委外宣办提供

泺水棹歌

景观位于济南环城公园及护城河一带。护城河又名娥英水，其中一段亦称泺水，是国内唯一的泉水河。此河两岸的环城公园，如今是将大明湖与五龙潭、趵突泉、黑虎泉等泉群联为一体的湖山泉水园林风景带。公园的东北，是四季花园中的冬景园。这里，青翠的雪松昂首挺立，株株腊梅绽蕾吐芳，最宜游人踏雪赏梅。冬景园往南就是春景园，冬去春来，杨柳吐絮，春花烂漫，紫藤盘旋婆娑，繁花似锦。过春景园就是夏景园。这里榴花似火、紫薇生辉、绿杨高耸、翠竹成林，岸边水榭正是品茗消暑的好去处。辞别夏景园再往南，就到了秋景园。每到秋高气爽的季节，这儿便是一片枫叶如丹，秋菊斗艳。亭廊水榭，沿河而建，游人驻足观景，别有一番情趣。（参见《护城河／清流绕城听棹歌》）

清河烟岚

景观位于济南小清河、鹊山、华山及黄河一带。元代赵孟頫画卷《鹊华秋色》描绘的就是这一带景色。在这里，鹊华相望，山水田园，春华秋声，烟雨朦胧。前几年，小清河得以治理疏浚。如今，这里河水清透，碧波荡漾。画舫往来，绿树成荫。板桥广场、五柳岛等景点已成为居民休闲观景的好去处。（参见《小清河／独运长波赴海流》《鹊华秋色／乾隆收藏的济南画卷》）

灵岩探幽

景观位于长清灵岩寺景区。泉因山而生，山因泉而幽。灵岩寺周围，群山环抱，林木葱葱，山泉叮咚，深奥幽邃，古迹荟萃，梵音袅绕。"灵岩探幽"一景被列入"泉城新八景"，可谓实至

百脉寒泉 选自《满勇国画作品》

九如听瀑 选自《满勇国画作品》

名归。灵岩之幽，一是环境使然，二是心里感受。其实，灵岩之幽，除了树密林深、松柏涌翠，除了古寺隐隐、清风徐来，除了鸟鸣蝉嘈，花香浮动，还有那一汪汪清泉，淙淙潺潺、清浅幽邃。明代王世贞有"灵岩是泰山背最幽绝处，游泰山不至灵岩不成游也"之说。（参见《灵岩寺／幽绝古刹冠海内》）

百脉寒泉

景观位于章丘市。章丘泉水众多，素有"小泉城"之誉。百脉寒泉珍珠滚，作为一自然奇观自古居"章丘八景"之首，被冠以"天下奇观"之美誉。宋代曾巩称颂"西则趵突为魁，东则百脉为冠"，明代戏曲家李开先曾发出"水劲无过济，脉泉更著名"的感叹。晴好春日游百脉泉，但见鹅黄初染，杨柳依依，微风徐来，绿波粼粼。东西南北，前后左右，到处都是泉水汩汩，碧波被阳光映照得浩渺一片，令人眼花缭乱。走近细看，池中泉眼星罗棋布，水泡如串，奔突其上，如大小珍珠，滚滚不断。水面上水汽氤氲，弥漫着，漂浮着，盘桓着，向上飞舞升腾，犹如人间仙境。

九如听瀑

景观位于济南南部山区。九如山为泰岱余脉，群山连绵，峰峦层叠，其中海拔超过 800 米以上的山峰有 36 座。游赏九如山，解说是多余的，情感是要溢出来的。漫山都是溪流、瀑布、水潭，纯净的原始生态，构成了一幅云蒸霞蔚的山水大画。来一次你是看不够的。你贪婪地看过它们后，静静地闭上眼睛，就会沉醉。坐在一座座亭楼木屋小憩，你会觉得她很奇妙，很令人心颤，她的美丽充满张力。整个景区弥漫着摄人心魄的氤氲，溶注着九如文化的安详和幽谧。（参见《九如山／水墨清奇听瀑声》）

秋日的灵岩寺，意境悠远　图片由中共济南市委外宣办提供

"泉城新八景"几乎无一例外地将本地最具特色、最雅致的景观囊括其中，使其充满了诗情画意，融入了中国传统美学中"意、象、趣、韵"的特征。济南八景独特的灵气、雅趣和神韵，为老济南这座"东方名郡"的景观文化特征，增添了浓墨重彩的一笔。可谓人间胜境，气象万千。"泉城新八景"必将成为济南现代美和城市文明的新文化标识。

Jinan New Eight Sights

Oriental County, Human Scenic Spot

"Jinan new eight sights"refers to ① Baotu spring rising to the sky, ② Daming Lake collecting waves, ③ Autumn view in Li Shan, ④ Barcarolla on Luo River, ⑤ Foggy Hills by Qing River, ⑥ Exlporation in Lingyan Temple, ⑦ Cold Stream from Baimai Spring and ⑧ the Great Jiuru Waterfall.

The "Jinan new eight sights" have consisted of all the local unique and beautiful scenery of Jinan, which is full of a quality poetry and paintings with characteristics of "meaning, image, interest and charm" in Chinese traditional aesthetics. The special elegance and charm of "Jinan new eight sights" adds more colors to the oriental country to make it both majestic and grand.

历山秋眺览胜景

千佛山

尽管济南人仍习惯将它称为千佛山，而它最具光彩和自豪感的名字却是历山，或者，舜耕山。其山不大，但古朴，优雅，顺着西边的山路往上走，首先看到的，是唐槐亭，接着，齐烟九点、仰观俯察、云径禅关、峰回路转等坊，那是绝妙好词对应着恰如其分的绝妙好景的。兴国禅寺不大，但它那雅致超逸的味道，却是任何高门崇楼所不能取代的。

撰文 / 侯　林

历山，体现深厚渊源

尽管济南人仍习惯地将它称为千佛山，而它最具光彩和自豪感的名字却是历山，或者，舜耕山。

所以，当济南的新八景评选将它的名字定为"历山秋眺"时，我就想，新八景中最具深意和最具诗意的一个终于出现了。

尽管全国有四处历山，但它却是最当之无愧的大舜耕种过的那座历山。这是有充分的历史文献依据的。比如说，将近一千年前，时任齐州知州的曾巩经过反复考证，便曾在他的名作《齐州二堂记》中断言："舜耕历山，以余考之，在齐者是也。"

图片由中共济南市委外宣办提供

184

千佛山万佛洞　摄影／郑曙光

　　翻开史书和府志、县志，可以看到，千佛山，南北朝时称舜耕山（《魏书》）；隋称舜山，亦称历山（《隋书》）；唐称舜山（《酉阳杂俎》）；宋元称历山（《太平寰宇记》《齐乘》）；明清历山、千佛山混用，而在官场或正式场合仍用历山，如清代出任山东学政的施闰章之《济南九日登历山诗》、阮元之《历山铭》、毕沅之《历山诗》等。

　　而山下的这座城，春秋战国为齐之历下邑，秦代为历下县，汉代为济南郡之历城县……一个"历"字，是直接可以"通"到大舜那里去的，所以，到了明清，人们就经常将这座城称为"舜城"或"舜子郡"了。由此可见，"历山"二字，体现了济南多么深厚的历史文化渊源。

"南山青"蕴含深挚乡情

　　而且，这是一座真正属于老百姓的山。小时候，经常爬山，这里没有大门不收门票，很多条上山的路，随便爬。济南古代的乡贤们，如范讽、边贡、李攀龙等，也将历山亲切地称之为"南山"，言外之意，这就是自己的家山呀！

　　据宋人吴曾《能改斋漫录》引《兼偬游杂录》记载：北宋年间曾担任御史中丞、三司使等高位并颇富政绩的济南人范讽遭弹劾诬陷，自给事中谪官回到济南。在城西金线泉有张氏园亭，水木环合，乃历下之胜景。园亭主人张聪特邀范讽宴饮于此，范讽激动之余，题韵诗于壁："园林再到身犹健，官职全抛梦乍醒。惟有南山与君眼，相逢不改旧时青。"

　　范讽的这首诗，既有历尽坎坷后看透官场看破红尘的清醒与睿智，更有对故乡对故人情谊的深情咏唱，其时的金钱泉，不惟泉水淙淙，良友佳会，而且佛山（南山）耸翠，风光可人。或许在范讽看来，他犹如一个多年在外遭受磨难和欺负的游子，如今，只有故乡的山水和亲情可以抚慰那颗饱受损害的心灵。这首诗对历下诗人的影响很大，自此，"南山青"、"旧时青"常见于济南诗人的诗作之中。多少年来，那一抹养人养眼的翠绿，那一片怡情怡性的螺青，与济南人的乡土之恋、故园之情水乳交融，常相依伴。

"历山秋眺"令人目醉神迷

山不算大，但古朴、优雅，你顺着西边的山路往上走，首先看到的，是唐槐亭，虽建于上世纪70年代，但它很是斯文。此处原为曾公祠（曾巩对济南的贡献真是千古一人，纪念他最为得当），后为胡国公祠。如今改为唐槐亭，真是越改越缩小了意义；接着，齐烟九点、仰观俯察、云径禅关、峰回路转等坊，那是绝妙好词对应着恰如其分的绝妙好景的。兴国禅寺不大，但有韵味，给济南人的感觉如同趵突泉的东门，虽则旧，虽则小，但那雅致超逸的味道，却是任何的高门崇楼所不能取代的。

兴国寺的楹联有特点，上联"暮鼓晨钟惊醒世间名利客"，下联"经声佛号唤回苦海梦迷人"。有着一种不以名利为念、追求精神境界的超越情怀。我相信许多的济南人都受过它的启发与熏陶。这里还是观景的佳处。犹在夏日，清凉无比。古人有"七月欲尽热似炙，来此忽然风生脚"的妙句。这里景致也美，即便在山下或远处望它。刘鹗在《老残游记》有段描写：

到了铁公祠前，朝南一望，只见对面千佛山上，梵宇僧楼，与那苍松翠柏，高下相间，红的火红，白的雪白，青的靛青、绿的碧绿，更有那一株半株的丹枫夹在里面，仿佛宋人赵千里的一幅大画，做了一架数十里长的屏风。

如果你以为刘鹗在这里只是写的千佛山或兴国寺，那就错了。他是借此引出那个神秘莫测的盖世奇观："佛山倒影"。他接下来写道：

（老残）正在叹赏不绝，忽听一声渔唱。低头看去，谁知那明湖业已澄净的同镜子一般。那千佛山的倒影映在湖里，显得明明白白。那楼台树木格外光彩，觉得比上头的一个千佛山还要好看，还要清楚……

济南南面的千佛山和北面的大明湖相距五六公里，然而海拔不到三百米的千佛山的影子却能倒映在大明湖中，形成"佛山倒影"的奇观。自古以来，这一现象引起了人们的极大兴趣，许多游人不远千里前来观赏。元初，大诗人元好问作《大明湖泛舟》诗，其中有诗句"看山水底山更佳，一堆苍烟收不起"，真个是写尽了"佛山倒影"的仪态和风韵。

而千佛山的妙处还不在此。真正写出千佛山的独特魅力的，是艾芜。

他在《游千佛山》一文中，这样说，到了千佛山，一开始感觉很平常，不怎么秀丽，不怎么壮伟。但当你爬上山去，然后掉回头来，陡然望见"盆一样的大明湖，躺在万家烟火的济南城里。如带的黄河，绕在苍茫无际的天野时"，你的心便会激动起来，激动得无以复加……

从美学的角度说，这叫借景：景致不是千佛山本身固有的，但只有在千佛山上能够更好地看它、欣赏它，任何别的地方都不行，这就无疑成为千佛山的独有资源

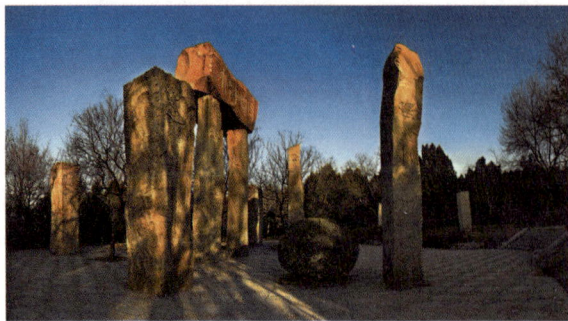

千佛山大舜石图园　摄影／郑曙光

了：不是我的，全部让我占有了；不是我的，全部让我利用了。这正是最高的智慧境界。因而，借景，非同小可，它其实是囊括人世间一切的大智慧、大技巧！

还有，秋天是济南最美的季节，登山远眺，天高云淡，层林尽染，秋湖一镜，烟树万家，黄河帆影，齐烟九点……一切都历历在目，怎不令人目醉神迷。

"历山秋眺"表达了这座山的最大特点，最大优势之所在。这也许是新八景评选中唯一一个超越了传统名称的吧。

让济南永远守望着青山绿水

如今，即便是在山腰，也被诸多的高楼大厦遮住了眺望明湖、黄河的视线。

关键是要选择并重建一个历山秋眺的新的最佳观测点或曰观景处。

今之一览亭是不行的，它过于简陋，且海拔位置低。它甚至不及古代的对华亭，那亭对着华山，名好，位置佳，建得质量也好些。

清道光二十六年（1846），毛鸿宾作《修千佛山记》。据此文，当时，人们在前院北厅三间屋后，"拓数弓地，叠石为台"，修了可供 远眺的长廊，扩大了一览亭的规模，使之"屹立悬崖上"，这样，那味道就出来了。于是，"花天霜晨，游人士女，相与下上于晓岚晚照间"。

如今我们便可以参照这种构思，选择一个更高更美的位置，用现在的造园技术，重造一个更其宏大更其美观的一览亭，让黄河、明湖、齐烟九点……尽收眼底，一览无余。至于那些商业的、碍眼的、破坏规划的建筑，那些笨头笨脑的"傻大个"，我们可以仿效杭州人对付西湖边高大建筑的方法：炸掉它们。为了城市的千秋万代，这实在不失为一种明智而正确的抉择。

让城市的眼中满是翠绿，让济南永远守望着青山绿水。

昔日，历山下有王秋娘墓。而文人雅士凭吊哀悼之诗词，无以数计。如清代毛大瀛诗云：梨花无主草凄凉，小碣青芜姓氏香。魂断佛山寒食候，满天风雨哭秋娘。

诗写得哀艳动人，王秋娘为明代诗人，其身份未知其详，但据众多凭吊诗之诗意揣测，可知其年轻貌美，多才多艺，惜乎遭遇不测，韶华之年不幸夭亡。若有专家考证一番身世，其诉诸想象的诗意与神韵，真的不亚于西湖之苏小小（墓）。这是未曾利用的却又值得发掘的一笔丰厚的历史文化资源。

Thousand Buddha Mountain

Fabulous Views in the Autumn

Although Jinan locals are used to calling it Thousand Buddha Mountain, it's more colorful and boastful name is Li Mountain, or Shungeng Mountain. While it may not be a huge mountain, it's really known for its natural simplicity. Walking along the western face, the first thing you will see is the Tanghuai Pavilion followed by several memorial archways that bring to many visitors echoes of poems and lovely scenery. Xingguo Temple is not especially grand, but its elegant charm cannot be duplicated by any palatial architecture.

小桥流水杨柳风

曲水亭街的位置，是中国城市街巷中极少能与之比肩甚至是独一无二的。它的南头，便是明代的王府、清代的抚署、现今的珍珠泉宾馆大院，珍珠诸泉水穿大院北流，名玉带河。然后又汇入西南方向王府池子诸泉形成的泉溪——曲水河，两河并流后称曲水亭河，河穿曲水亭街街中，曲折流入街北头的百花洲进大明湖。一条小街，枕名泉而依明湖，且泉溪曲流，潺流鸣珮，举国之中，谁可与匹？

撰文 / 侯 琪

泉水穿城而过 摄影 / 王 平

宋人黄庭坚曾云"济南潇洒似江南"，然而清代济南诗人王苹对黄庭坚的"誉济"之词并不感冒，而以"可怜只说似江南"正之，那言外之意自然是胜过江南。不过"似"也好"胜"也罢，济南清丽潇洒的水乡风貌，自古以来就被世人认可，则是毫无异议的。

一个"家家泉水，户户垂杨"的所在，是可以想象到她的绝世风姿的。

这种绝世风姿，济南老城区四大泉群周围，随处可见，不过最为集中的，还是居于老城区内的珍珠泉群一带的芙蓉街、芙蓉巷、金菊巷、王府池子街、起凤桥街、平泉胡同、西更道街、涌泉胡同、西更道、马市街、曲水亭街及东、西花墙子街等街巷。明清以来，这一带即为商贸繁盛之地，店铺栉比，人流摩肩，且因近临贡院及文庙，士子云集，商家因之多有经营文房四宝及书籍古玩者，平添了不少人文风雅之气。更兼此地泉眼多在人家，泉流成溪，绕屋穿垣，依街过巷，曲桥枕水，柳丝剪翠……"似江南"之誉，的确不能彰明此地清隽秀朗之水乡风貌。

这一片水乡，我更钟爱的，是曲水亭街。

曲水亭街的位置，是中国城市街巷中极少能与之比肩甚至是独一无二的。不是么？它的南头，便是明代的王府、清代的抚署、现今的珍珠泉宾馆大院，珍珠诸泉水穿大院北流，名玉带河。然后又汇入西南方向王府池子诸泉形成的泉溪——曲水河，两河并流后称曲水亭河，河穿曲水亭街街中，曲折流入街北头的百花洲进大明湖。一条小街，枕名泉而依明湖，且泉溪曲流，潺流鸣佩，举国之中，谁可与匹？

曲水亭河水极清澄，想来也是，那珍珠泉水甫出地面，旋即便经极短的玉带河流入曲水亭河，自然澄碧空明，清流潺潺。河底的水不着纤尘，翠绿如染，绿得让人眼睛发亮，心尖儿也颤颤的、痒痒的，让你忍不住想俯身亲水，抚摸那绿色的精灵。水草修长逾丈，无休止地与清流缠绵起舞，引得细鱼仔虾戏游其间……我曾行走江南多处水乡，未见清流澄澈水草碧绿如曲水亭河者，这大约也是曲水亭街别于大多江南水乡的特色吧！

曲水亭街的民居，沿河而建，多为青瓦白墙的四合院，古朴清雅中透着几分沧桑。河上有桥数座，或平或拱，映波掩柳；水光桥影，搭配如画。岸边绿柳染烟，轻摇掠水。街东有小街曰兴隆，街西有胡同曰涌泉。民居多粉墙黛屋，斑驳苍然；巷路极窄，因而显得曲折幽深，恍若时光隧道，让人顿生探幽穿越之想。

清人王初桐有诗云："曲水亭南录事家，朱门紧靠短桥斜。有人桥上湔裙坐，手际漂过片片花。"诗虽平常，却也道出了曲水亭一带民人的生活片断和秀雅景色。

不过，应该承认的是，曲水亭街的小桥流水，粉墙黛屋、烟柳幽巷，美则美矣，却与江南水乡并无二致——只有加上泉——除了源头珍珠诸泉外，还要加上泉水人家，那藏于民居的泉，方才显出曲水亭街的别样风致来。

曲水亭街长不过一百余米，却有佐泉、佑泉及两个无名泉，藏于15号、12号、31号院中，15号一院之中就有佐佑两泉。街南首路西，还有刘氏泉，位于门牌为西更道街1号院中。家中泉多为井泉，夏秋旺水季节，泉水离地不过半米，俯身即可掬菹。泉水人家，院中多植石榴、养金鱼，盆景卉草，匠心点缀，以取园林小品意趣。拥河而居之适情惬意，可以想见……

更何况，门外还有一条上苍专为曲水亭街量身定做的泉河——曲水亭河呢！

曲水亭街的另一独特处，是街北近湖，而且是"江北独胜"的大明湖。造化偏心，还要锦上添花，在街北与明湖间加上一个小湖——百花洲，假如我们把大明湖比做一块翡翠，那百花洲便是翡翠上面的一颗缀珠，曲水亭河和玉带河便是翡翠的系链，珍珠泉呢，就是这串翡翠挂件上面的珠环了。

"系链"上的人家是有厚福的，那里人人都可以切切实实地把大明湖当作自家的后院或后花园。湖在目睫，百数步即达湖畔，若值冬雪秋雨、静夜霜晨、游人绝少之时，你独坐湖畔，仰星空眺碧波，浑然忘我……此情此景，非临湖人家，是难能一遇的。

明人王象春《明湖莲》云："五月荷花半压塘，北风直送满城香。"夏日的曲水人家，可以尽享枕泉依水临湖的清凉，还会被沾衣撩人的荷香，浸润得似乎每个细胞中都满蕴着清甜。夜阑半醒，听细流轻湲，泼剌鱼跃，旋又安然睡去。方此时，也就真如曾任齐州（济南）知州的曾巩所言，"自有仙乡在水乡"（曾巩《西湖二首》之二，曾巩称大明湖为西湖）了。

风雅之地，必养风雅之民；风雅之人，自爱风雅之地。这便是曲水亭街的另一种文化景象。

尽享枕泉依水的清凉　摄影／王　锋

　　早在南北朝时期，玉带河、曲水河与曲水亭河三条泉溪周围，柳风荷韵，景色秀雅，加之三河清流潺湲、斗折蛇行，十分适合文人雅士作曲水流觞的诗酒饮宴与游戏。曲水河的源头即现今的王府池子，当时称流杯池，显然应和了曲水流觞之意。可以推定，中古之时，此处为文人仕宦雅集之地。玉带河与曲水亭河交汇处，还有亭曰曲水亭，曲水亭街便是以亭命名的。清代，曲水亭改建为坐东朝西的三间瓦房，"扬州八怪"之一的郑板桥曾特意为这"亭子"题写对联："三椽茅屋，两道小桥；几株垂杨，一湾流水。"画龙点睛般道出了曲水亭周围的清雅。20世纪四五十年代，"亭子"成了茶社兼棋室，吸引了不少文人棋手来此品茗手谈，为一时风雅韵事。

　　曲水亭街北首的百花湖，北宋时称百花台，水面比现在大得多，现在湖东沿岸一带的民居，原为湖中小岛，即百花台，这里花木扶疏，景色宜人。"济南贤太守"曾巩曾写有《百花台》诗，以"莫问台前花远近，试看何似武陵游"来赞誉百花台的景色。至明代，百花台改称百花洲。后七子领袖，济南人李攀龙，曾在小岛上建楼一座，名白雪楼，四面环水，交通只靠舟楫。李攀龙作为一代诗坛领袖，常有人慕名来访，若为官宦，一概婉拒；文朋诗友，则亲自撑船相迎，诗酒唱和，过着"湖上衔杯弄白云"的萧散岁月。李攀龙身后萧条，湖上白雪楼为明末诗人王象春购得，葺而居之，并在这里写出了吟咏济南风情的《齐音》一书。

　　曲水亭街8号，位于街中部河东岸，是中国号称"蒲学研究第一人"的路大荒先生故居，著名画家黄宾虹先生为之题名"曲水书巢"。站在故居门前，我突生异想：当年，蒲松龄为赴乡试，在大明湖畔"茅屋三椽赁作家"、结撰其鬼狐故事的所在，是否就在曲水亭街附近，或者就在这条街上呢？

　　这是完全有可能的。文人乐水，也爱临水而居，而集泉湖于一身的曲水亭街，就是文人理想的栖息之地。

临清流碧湖而居的民人，自然也会多了几分水的清纯与灵秀。

曲水亭街每年都有两件风雅韵事。一是五月端午粽子节。这一天，全街居民包括孤寡老人，甚至已经搬走的老邻居，都会赶来欢聚，包粽子聚餐过端午……

第二件雅事是菊展。每年秋天，大家都会把自己精心栽培的菊花，搬到百花洲西侧公共隙地和全民健身场所，委托专人设计摆放，搞个有模有样的菊展，供本街居民、过往路人游客品评观赏……

这是对中国传统邻里亲情的呵护与眷恋，更是对中国文化精神的传递与坚守。

多么风雅温馨，多么古朴清纯，却又多么难得！

小桥曲水杨柳风。

好一条风雅的曲水亭街哟！

Qu Shui Ting Street

Tiny Bridges, Winding Water and Wind in the Willows

Qu Shui Ting Street is unsurpassed and incomparable among the streets and alleys within China's cities. Its southern end is the mansion of a monarch in the Ming Dynasty, the government office in Qing Dynasty, and courtyard of today's Pearl Spring Hotel. The spring waters of the Pearl Spring flows northward across the courtyard, and have earned the nickname "Yu Dai River". The Yu Dai River then joins the southwest flowing spring waters formed by Wang Fu Chi Zi Springs and together they meet to make the Qu Shui River. It crosses Qu Shui Ting Street, and enters Daming Lake by windily flowing into the Bai Hua Zhou at the north of the street. Neighboring famous springs and Daming Lake consist of springs and rivers with bends and curves, and many people have a chance to enjoy the sound of flowing water where there isn't a street like this in all of China.

遥望齐州九点烟

"齐烟九点"是指在千佛山上看到的济南北部拥抱城区的十七八座小山，这些小山均错落其间地矗立在济南小清河两岸。也有不少人认为，"齐烟九点"指的就是匡山、粟山、（北）马鞍山、药山、标山、凤凰山、鹊山、华山和卧牛山九座山头。即使是实指九座山头，各时期人们所指也不同，这些山头，或绿秀峻拔，或碧如屏风，或巍然盘陀，或岚烟缭绕，像是齐烟九点一般，很是形象，甚有诗意。

撰文 / 张继平　摄影 / 梁大磊

千佛山西盘山路唐槐亭之上的转折处有一处双柱单楼式牌坊，坊为清道光二十五年（1845）历城知县叶圭书建。叶圭书，河北沧州人，在道光、咸丰年间曾两任历城知县，后任山东按察使，官至三品。坊正面题额"齐烟九点"，潇洒挺秀，为叶圭书所书。另一面题字为"仰观俯察"，是借用东晋王羲之的《兰亭集序》中"仰观宇庙之大，俯察品类之盛"一句而来，字是由王羲之书写的《兰亭集序》中摹写勾勒放大的。牌坊位于千佛山半腰，故仰可观苍穹之宏伟，俯可察万物之欣荣，与"齐烟九点"题额相得益彰。

"齐烟九点"，语源来自唐诗人李贺的《梦天》诗："老兔寒蟾泣天色，云楼半开壁斜白。玉轮轧露湿团光鸾珮相逢桂香陌。黄尘清水三山下，更变千年如走马。遥望齐州九点烟，一泓海水

齐烟九点　选自《满勇国画作品》

杯中泻。"李贺诗原意齐州是指中国,古代中国分为九州。诗人想象到天上回望中国九州,像似九点烟尘漂浮在大海里,而大海也不过杯水而已。

济南正好在唐代称为齐州,叶圭书借用来说登山到此向北所望到的景致。这里的"齐烟九点"是指在千佛山上看到的济南北部拥抱城区的十七八座小山,这些小山均错落其间地矗立在济南小清河两岸。"九"这个数词,在古代既是实指数,也是泛指数,就像"七十二"一样。当然也有不少人认为,"齐烟九点"指的就是匡山、粟山、(北)马鞍山、药山、标山、凤凰山、鹊山、华山和卧牛山共九座山头,顺序是从西到东依次排列。即使是实指九座山头,各时期人们所指也不同,如清朝郝植恭在《游匡山记》中就与常人所述不同:"自鹊、华而外,如历山、鲍山、崛山、粟山、药山、标山、匡山之属,蜿蜒起伏,如儿孙环列,所谓'齐州九点烟'也"。这些山头,或绿秀峻拔,或碧如屏风,或巍然盘陀,或岚烟缭绕。青翠的山峰,山势各异,云雾润蒸,缥缥缈缈,如清水芙蓉、如凤凰展翅、如鸟雀飞翔、如青牛伏卧……像是齐烟九点一般,很是形象,甚有诗意。

这些山的名字,有些是以其肖形的事物而命名的。如匡山,原名筐山,据《山东通志》载:"山石方隅,皆如筐形,故名。"因杜甫赠李白诗中有"匡山读书处,头白好归来"的句子,有人便在山上修祠立碑,标之曰"太白读书处",并将山名改为匡山;无影山,因其山形呈缓坡状,日照山阴无阴影而得名;黄冈,则是因其"突起平冈自西南而东北,长六七里,若城外之垣矣"而获名;粟山,取"沧海一粟"之"粟"名之,形容其微小如同沙砾;马鞍山,其状中凹,形同马鞍,一大一小两个山头呈圆形,连在一起,故又名"日月轮山",这里曾为古战场,齐晋"鞌之战"就发生在这里;黄台山,很像一块凸起的平台;驴山,因"山不甚高,壁上凹出一驴,色微白,长鞭短辔,矫耳鸣风,极生动之致"(范垌《风沦集》)而得名;卧牛山(现即将灭失),犹如黄牛偃卧;凤凰山,宛如凤凰展翅;标山的两个山头,就似烟波浩渺的湖水之中的标尺。元代散曲家张养浩在《标山记》中曰:"盖土人以旁无他山,惟此若标可望,故以名之";华不注山(华山),它的样子则更像一朵含苞待放的荷花骨朵。

还有结合某些人事或传说而命名的。如鹊山,有人认为此山多有喜鹊,故名鹊山。但更多的人认为,此山是先秦名医扁鹊曾经炼丹的地方(见《齐乘》)。诗仙李白在济南游历期间,曾作《陪从祖济南太守泛鹊山湖三首》,描绘了鹊山一带的湖光山色。一曰:"初谓鹊山近,宁知湖水遥?此行殊访戴,自可缓归桡。"其二:"湖阔数千里,湖光摇碧山。湖面正有月,独送李膺还。"其三:"水入北湖去,舟从南浦回。遥看鹊山转,却似送人来。"这三首诗是现存描写鹊山的最早的诗篇。药山,则因此山从前盛产中药材阳起石而取名,据《山东通志》载,该山"上有蜘蛛石,下有虾蟆石"。《齐乘》也记载:"药山,出阳起石,极佳。"除此之外,据说此山还盛产半夏、远志、千头菊、茵陈、柴胡、生地等多种药材。在黄河岸眺望药山,有大小九个山峰,如同形态各异的莲花,故又名"九顶莲花山"。紫荆山,则直接以"田真哭紫荆"的传说而命名。

除以上所述外,在小清河畔边、济南城北还有数座小山互不相连。如鲍山,位于济南城东王舍人庄东南。相传,昔日附近有一座石城,名叫"鲍城",是春秋时代齐国大夫鲍叔牙的食邑,山因城得名。据传,管仲与鲍叔牙分金处即在鲍城附近。明代文学"后七子"领袖李攀龙,于嘉靖三十五年(1556)辞官归里,在山前村中建"白雪楼",取宋玉《对楚王问》中"阳春白雪,曲高和寡"之意，以寓自身清高，不同俗流。该楼隐于万木之中，其景幽深佳丽，时称"鲍山白雪"，为历下十六景之一。

九里山，此地曾是古战场，道光《济南府志》云："韩信破历下，尝驻于此。"另外，据记载在"（济南）城东北十里"还有茅山一座。

过去，小清河两岸的这些"齐烟九点"，均是风景优美的绝佳去处，历代文人墨客留下了大量歌咏诗文。仅清代以前，就有数百首之多。若有人编辑一本《古人歌咏"齐烟九点"》的书，对进一步挖掘"齐烟九点"的历史文化内涵，必定会大有裨益的。

Qi Yan Jiu Dian

Looked From a Distance, Qizhou Is Like a Tiny Dot

"Qi Yan Jiu Dian" translates to mean that some mountain peaks surround Jinan in the north and can all be seen clearly from Thousand Buddha Mountain. These mountain peaks are located on both sides of the Xiaoqing River. Some people believe that "Qi Yan Jiu Dian" means Mount Kuang, Mount Su, Mount Ma'an, Mount Yao, Mount Biao, Mount Phoenix, Mount Que Mount Hua and Mount Niutou. Regardless of the translation, the nine mountain peaks always look different depending on the time of year. Some of them are high and steep, some of them are green as jade, some of them are majestic and some of them are curled up in the clouds. But together, they form a beautiful and poetic landscape.

济南版的"王府井"

泉城路

泉城路好像一座建筑博物馆。当然她的容量不仅在于建筑符号，更在于她的文化空间。数千年源远流长的济南文化，有着极强的溶解力，轻而易举地就将外来的东西消化了，并把它们塑造成与这座城市品格相谐的角色。

撰文 / 张继平　摄影 / 梁大磊（除署名外）

许多外地人来济南探访，会问道："济南有典型的老街么？"

这时，老济南人心里会油然升腾出"泉城路"来，不禁很骄傲地说："当然！"

济南人爱把泉城路称作老街，其实，她水灵灵湿漉漉的名字却不老，只有短短 50 年的历史。

泉城之称的由来

济南以其城内泉水众多而被世人誉称为"泉城"，实际上，济南在金代就有"七十二名泉之胜"，但"泉城"誉称起源并不遥远。有些专家认为此美称始于 20 世纪 50 年代，而笔者查到的最早记录是：1936 年 10 月，上海中华书局印行了一套"都市地理小丛书"，作者是倪锡英，其中《济南》一书第一章标题就是"泉之城"。这一概念提出后，"泉城"之称遂流传开来。

明朝以降，济南一直是山东省、济南府、历城县三级治所。三级官署均设在现在泉城路北侧，所以这条街自元朝形成干道以来，一直多以官署衙门命名。据记载，明朝时，这一带被称为"济南府大街、西门内大街"。清乾隆年间，这儿被叫做"西门里大街、院西街"。从一张清光绪年间的《济南街巷全图》上可以看出，今日泉城路由西往东依次称为：西门大街、都司门口、院西大街、院东大街、府署前、道署前、木牌坊街、关帝庙（今青龙桥西）。

泉城路上的恒隆广场　摄影 / 孔维东

1934 年《济南市政府市区测量报告书》把这一带标作：西门月城街、西门大街、府东大街、院西大街、府西大街、院东大街。解放初期，这里称为"西门月城街、西门大街、院西大街、院东大街、府东大街"。当时这些街全部首尾相连，宽约两丈。

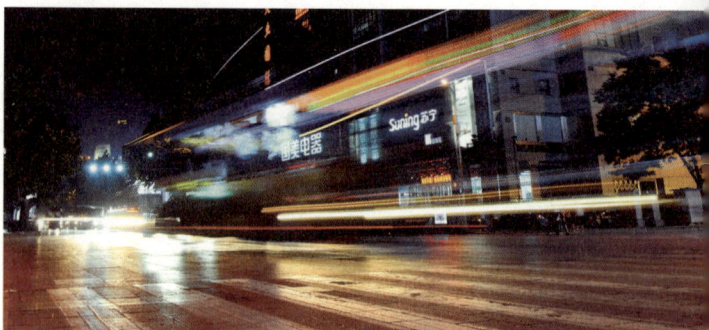

流动的泉城路

　　济南古城墙在明洪武年间始以砖石甃砌后，在西城门外还建有拱圆形的月城（也叫"子城"或"瓮城"），月城门的外面是护城河，月城内因有人居住，故旧时这一带被称为"西门月城街"。西门月城街以东至省府前街路口是西门大街；再往东到芙蓉街南口，便是都司门口。过都司门口，以东便是院西大街、院东大街和府西大街、府东大街了。据记载，在按察司街和历山顶街交叉路口的东侧旧时曾有一座高大的木牌坊，木牌坊以东、东城墙内还曾有一座关帝庙。估计后来因为香火不旺或其他什么原因而逐渐圮废。

　　1948 年中秋节，随着济南古城东南隅人民解放军的隆隆炮响，济南城终于一扫阴霾。解放了的济南人民欢欣鼓舞。1949 年 4 月，数万市民、学生参加了义务劳动，拆除了始建于清咸丰十年（1860）的旧城外郭圩子门，修建桥涵，拓建道路。1950 年 2 月起，又一段一段拆除了有着 500 多年历史的济南府城墙。几年下来，济南的城墙几乎全部扫荡一平，只剩下东南角一块修建了解放阁阁基。1955 年，伴着百货大楼的兴建，拓宽修建了院东大街和院西大街。紧接着，完成了从西门桥至青龙桥之间的所有路段的拓宽修建，形成一条车行道 15 米、人行道各宽 4~5 米的中轴线主干道，为当时济南市内最宽的道路。1965 年 11 月，将西门月城街、西门大街、院西大街以及南北向的七忠祠街、福德巷 5 条街巷合并，以济南雅称泉城命名"泉城路"。随即又将院东大街、府西大街、府东大街以及南北向的金牛丝巷、郑家胡同、北斗巷 6 条街巷合并到新命名的泉城路。所以说，今日泉城路其实是由 1965 年前的 11 条街巷合并而成。1979 年又将泉城路西段的安乐街、狮子口街改建为轻工产品展销大楼（俗称时装大楼）。

路不在宽，有容乃大

　　每座古老的城市都有自己的老街，每条老街又都有其独特的历史内涵和文化特质。政治的，如北京长安大街；商业的，如北京琉璃厂；建筑的，如天津旧中街；市井的，如苏州观前街。但对济南百姓而言，情感上会觉得那些老街总有那么丁点单调，不如老济南的泉城路那么充实丰富。

　　泉城路是政治的，历史上自不再赘言，今天仍是山东省政府、省人大、省政协等机关的办公驻地。泉城路是商业的，驰名的老字号名店几乎全部云集沿街两侧。这里不仅有传统商业五大行，即国药行、绸布行、鞋帽行、杂货行、银钱行；还有饭庄、澡堂、理发店等掺杂其间，几乎涵盖了济南的商业。泉城路又是文化的，历史上这里有著名的白雪书院（后为泺源书院，山东大学的前身——山东大学堂就是1901年9月在此开办的）、商务印书馆，今日仍有全省一流的新华书店、音像书店。泉城路还是建筑的，正泰服装店、隆祥布店、山东商业银行等建筑，都可写入经典。改革开放以来新建的时装大楼、四海香商场、贵和商厦、永安大厦、华能大厦也可谓各领风骚。其实，泉城路从骨子里来说，更是市井的，就像上海的城隍庙、南京的夫子庙、北京的王府井一样，都是市井生活的中心地带，与百姓们息息相关，情牵意连，难舍难分。

泉城路是开放的。上个世纪90年代，一股洋风吹进泉城路。那个穿着白礼服的美国上校微笑着往泉城路上一站，立刻让中国娃娃们垂涎欲滴，他们拽着家长进入"肯德基"的大门，最初大人们有些踟蹰，后来进去一试，果然"味道好极了"。泉城路也是兼容的。单从泉城路附近的街名上便可看出一斑。透着雍容气度的按察司街、布政司街、旧军门巷、高都司巷，显示平民色彩的鞭指巷、葛贝巷、塘子胡同、榜棚街，极具地方特色的历山顶街、舜井街、天地坛街、芙蓉街，当然，以官署寺庙等命名的更是比比皆是，像县东巷、县西巷、刷律巷、卫巷、太平寺街……走在泉城路的外地人都称赞她大气，她真的大吗？百思终得其解：有容乃大！

泉城路以一种无所不包的从容、淡泊、宽舒和自信，集天下之大成而蔚为壮观，融多元文化而气势磅礴，但当其绚烂至极时又归于平淡。

开放和兼容构成了泉城路特有的优势。

泉城路，深深植根于这座城市的历史文化土壤里，更深深地扎在这座城市的民众心中。由于有了这条老街，济南便有了一种历史之厚重，经验之独有，有了一种丰富感鲜活感和持久的生命力，以及一种情真意切的乡恋。泉城路是个具有丰厚底蕴的历史存在，又是一个弥足珍贵的物质存在，更是济南人无以替代的精神情感的存在。

令人怀念的老字号

旧时，泉城路上的老字号鳞次栉比。

漫步在繁华的街道上，那些琳琅满目的店名，看着就觉得有精气神儿，想想就觉得充满诗意，备感古城文化色彩的浓厚：子琳照相馆、文升园饭庄、同济堂、鸿祥茶庄、大同鞋店、心佛斋素菜店、亨得利表店、泰康食品店、蕊香村点心铺……

说到泉城路上的药铺，其字号都有一个"堂"字，如同济堂、济生堂、宏济堂……在很长一段时间，"堂"甚至一度成了中药铺的代名词。

随着电视剧《大宅门》的播放，"宏济堂"三个字不断地被人提起。著名宏济堂乐家总店，原址就设在院东大街23号（最早的宏济堂旧址在院前大街，1915年被焚毁，乃迁此址开业）。该店建于1920年，三重院落两座二层楼，房10间，占地两亩，另有60

间平房（含在牛头巷的住宅）。宏济堂入口设有精致华美的铁栅墙，其门面仿效北京同仁堂，装饰得富丽堂皇。营业厅宽敞高大，全部为硬木地板，上部周边饰以名贵中药为题材的镂空木雕，井式木质天花板下高悬宫灯；一式考究的明式家具，古朴高雅的大柜台，中药斗橱排列整齐。店内一排排抽屉和一只只坛子里放着药材，药铺伙计将一味味药称好配好交给顾客，一切进行得有条不紊，店铺里弥漫着草药的气味。

由于济南宏济堂与北京同仁堂的渊源关系，两店经营的药物，品种基本一样，配方炮制也无大差别。值得一提的是，老板乐镜宇除重视商誉外，还力主创出新产品新名牌。宏济堂自制的清瘟解毒丸和宏济堂阿胶都曾在社会上赢得美誉。

"堂"是药铺的代称，不过也有例外，那就是鲁菜名店"燕喜堂"。

历城乡间的赵子俊16岁进城打工谋生，20岁时到吉元楼饭庄以及后来开设在芙蓉街北首的魁元楼饭庄干跑堂，后因饭庄关闭而失业。1932年3月，赵子俊在山东商业银行董事董丹如的资助下，在金菊巷开设饭庄。因适逢三月，南燕北归，遂取名"燕喜堂"，示意饭庄开业大吉燕子报喜。1950年燕喜堂迁至院西大街路北经营，1956年迁至路南，1982年重新修建。燕喜堂以做汤菜出名，不论清汤奶汤，还是炒菜，都是以肥鸭、母鸡和肘子煮成高汤后加入使用。掌灶大厨侯庆甫、梁继祥所制清汤，色清而味鲜；奶汤则色白而醇厚，状如乳汁。以济南名产蒲菜、茭白、鲜莲子和白菜心制作的汤菜，汤香而回味悠长，至今仍为老食客们所津津乐道，赞不绝口。

泉城路上另一家著名的饭店是汇泉楼饭店，旧址在泉城路最西端路北。该店始建于清道光二十八年（1848），原址在西门桥外的江家池畔。当时江家池池水清澈见底，池中养鱼，既可诱食客观鱼戏水之趣，又可为烹烧名肴的原料。汇泉楼的名字最早叫"锦盛楼"，后又改为"德盛楼"，最后三易其名，改叫"汇泉楼"。清末名厨彭珂到该店主勺后，于池中放养鲤鱼。顾客俯窗观鱼，指鱼订菜，店伙计当面捞鱼，用此活鱼烹烧，制出的糖醋鲤鱼首尾高翘，香味扑鼻，酸甜可口。顾客吃完鱼后，还可以让厨子"砸鱼汤"，那汤味道酸辣，品之爽口去腻，别有风味。

据"老济南"回忆，20世纪40年代末期，泉城路上经营食品的店铺就有数十家，像厚得福、江苏小馆、蕊香村、吉盛村、心佛斋、雷家粥铺、文升园等等。至于小吃店、点心铺、馍馍铺，更是沿街林立，几不可数。经统计，1948年的120家店铺中大多是经营食品类的，另有海味杂货店8家、酱园5家、中药店7家、家电类店铺1家，而到了1998年的121家店铺中，经营食品类的只有10余家，中药店1家，但电子电器类店家却有28家、专卖店12家、美容美发店8家、银行4家、航空售票处2家、皮衣店羊绒店各1家。从这点也完全可以看出时代发展、人民生活水平不断提高的脉络。

摄影 / 赵晓明

过去的老字号大多数是前店后坊，经营者极为重视质量和特色。老字号除经营有方外，还都有一条极严的店规，就是"买卖人，必须有三分纳气"，谁得罪了顾客就要搬铺盖卷回家去，即今日所谓"炒鱿鱼"。过去的老字号都以"童叟无欺，言不二价"为宗旨，以取信于顾客。所以店铺一开，就是几十年、上百年。不少老字号到现在还闪耀着光彩，也有更多的老字号因种种原因，已不复存在，但至今老济南人依然怀念着它们。

其实，人们怀念老字号的店铺，更多的是怀念它的经营理念和经营风格。

一座城的文化空间

之所以把泉城路称为老街，是因为第一次与第一百次踏上这条街的人，都会对它那历尽沧桑的古朴肃然起敬，不敢妄然对它评头论足。改造前，这条街已不像当初那样明亮，许多建筑已经洗尽铅华，但这更使它有了一种可以信赖的成熟。

泉城路上典型的城市建筑随处可见，构成了这条街独特的个性风貌。

济南旧城的建筑，基本沿着明清以来的形制，平面多为四合院布局，青砖墙壁，灰瓦花脊，沿街店铺多为二层青砖楼房，门窗上口均有砖刻或砖筑半圆拱等。但作为全省政治经济中心的泉城路，像济南文化一样有着一种鲜明的兼容性和开放性。反映在建筑上，建筑式样多样化、建筑风格多元化是泉城路建筑的主要特点。

在济南，提起"瑞蚨祥"大概无人不晓。它创立于1862年，东家是章丘旧军孟家。但是孟家在院西大街路南购买了地皮，建起五开间的楼房，"门面宏丽，陈设新颖"。由于经营有方，不久就成为济南最大的布店。1912年北京发生兵变，变兵南侵，瑞蚨祥祖店于1914年被火焚毁。不久，又在原址重建，为五开间楼房，保留青砖灰瓦、木隔扇门窗的传统形式；二楼做假阳台和生铁栏杆，一楼改为大玻璃门窗，梁柱为工字梁结构。据专门研究济南城市建筑的专家姜波先生称："这是济南旧城中所见的最早的钢结构实例。"瑞蚨祥在1996年春节前被拆，整座楼房前后拆了一个多月。

同在泉城路路南的隆祥布店，是建于1935年的三层砖木混合结构的楼房。一、二层为营业厅，中间设有回廊，天井上部以轻钢架覆顶，侧面有高窗通风采光，是一座典型的传统四合院布局，并吸取外来建筑空间处理手法的商业建筑。店面为五开间，二层设挑台，四根附壁柱直抵三层，周边设有女儿墙，中间部位故意抬高，借以烘托入口。

原位于泉城路西端路南的齐鲁金店，则是一座经典的西式建筑。它于1927年修建，时为恒大银号。1930 年韩复榘主鲁时，在此开立"山东省平市官钱局"；1937 年改为日本宪兵队的"东园公馆"，其后又改为"北海银行"。这座建筑主体为二层，平面呈"工"字型。一层为高大的营业厅，辅助用房周边设置；二层为住房办公杂用。沿街面凹入部为三开间，四根高大的爱奥尼克式石柱直抵檐部，顶部有女儿墙；转角处均置西方宝瓶装饰，更增加了高耸的气势。沿街壁墙全部用花岗岩砌成，石块规整，深凹缝，高大石台阶。这在旧城建筑中是十分少见的。

泉城路东段路北有一座皇亭体育场。它始建于 1942 年 5 月，当时设施有 200 米小型田径场一处，篮球场两个，网球、排球场各一个。解放前，全国第三届华北运动会曾在这里举行。解放后，人民政府先后多次斥资进行修建。1964 年，新建了济南第一座群众性游泳馆。1986 年 6 月 5 日，高大的皇亭体育馆正式落成，建筑面积 1.47 万平方米，有坐席 4500 个。

1955 年 8 月 20 日，济南市百货大楼经过一年多的建造，落成开业。当时这座四层钢筋混凝土结构的大楼，引起了全市乃至全省人民的关注。当时百货大楼的建造面积为一万余平方米，是全省最大的综合性国营百货商店。它呈矩形平面，营业大厅呈凸字形，西南角一跨间辟为载货电梯间，东南角一跨间为袋型小营业厅，地面略高。顶层周边设有冷饮、小吃营业室，中间露空，呈四合院形（后为扩大营业面积，覆顶处理）。北向两个主入口两侧设有三个凸出的大型橱窗，陈设布匹、玩具、乐器、日用品等各色商品。百货大楼建成后，每到节假日，老济南们便会携儿带女，清早就喊得四邻皆知："走，逛大楼去！"

泉城路好像一座建筑博物馆。当然她的容量不仅在于建筑符号，更在于她的文化空间。数千年源远流长的济南文化，有着极强的溶解力，轻而易举地就将外来的东西消化了，并把它们塑造成与这座城市品格相谐的角色。

可以说，你对泉城路这条老街有了深刻的了解，你对这座城市未来发展走向的把握也就八九不离十了。

Quancheng Road

Wangfujing of Jinan

Quancheng Road seems like an Architecture Museum. It is not only the architecture symbol, but it also captures the culture of Jinan. With a history of a thousand years, the culture of Jinan has a strong blend of different elements that are fused together to form the very heart of the city.

最动人的"城市留白"

"济南市中心泉城广场的文化长廊，是我在山东所见最有深意，最为动人的现代建筑。"
这是台湾诗人、散文家余光中对泉城广场文化长廊的评价。1999 年建成的泉城广场，南屏
千佛山，北依大明湖，西临趵突泉，东眺解放阁。它是整座城市的轴线，不仅串起了济南的
三大名胜，也串起了济南的历史与未来。2002 年 8 月，泉城广场被联合国教科文组织命名
为"联合国国际艺术广场"，是目前中国唯一获此殊荣的城市广场。

记者 / 任婷婷　摄影 / 郑曙光（除署名外）

一座城市广场，一个城市中心。

世上有很多知名的城市广场，比如莫斯科红场、威尼斯圣马可广场。在诗意萦绕的济南，泉
城广场无疑是这座古老城市的大客厅。泉城广场建成前，这里是家家泉水、户户垂杨的老城区，
很多济南人世代在这里生活。后来，这里变成了济南的城市广场。

1999 年建成的泉城广场，南屏千佛山，北依大明湖，西临趵突泉，东眺解放阁。它是一条
轴线，串起了周边的名胜，也串起了济南的过去与未来。

图片由中共济南市委外宣办提供

城市语言的轴线

1999 年之前，济南还没有一个真正意义上的城市广场。1997 年，泉城广场面向国内外同时征集广场的设计方案，共收到 33 个来自世界各地的优秀城市建筑设计师的设计方案。

刘元琦是山东同圆集团设计有限公司的设计总监、总建筑师，他是当时泉城广场方案的主要设计人，"这都过去十几年了，当时参与设计方案的还有很多人，我们是一个团队，回想起来，也是让我感受压力最大的一次设计。"

1997 年，由山东本土设计师参与设计的泉城广场方案脱颖而出，刘元琦认为，中标的最主要原因是，他在构思的过程中特别注重找城市关系，"这么大一个广场，摆在济南什么地方？济南不像北京城有中轴线，她有她自身的特点。"

泉城广场东西长 790 米，南北宽 280 米，占地面积 330 亩，约 22 万平方米，主体面积 270 亩。刘元琦介绍，泉城广场的东、西方向有一条轴线，从趵突泉东门向东走，首先是园林广场，向东是泉标广场，紧接着就是下沉广场，再向东是荷花喷泉广场，而广场的最东边是文化长廊。

偌大的泉城广场上的每一个小广场，有些偏倚地"站"在一条贯穿该广场东西两头的轴线，"延伸开来说，这条轴线也是泉城广场西与趵突泉，东与解放阁的连接轴线。"刘元琦表示这就很好地用城市语言，把一个广场的地域文化串了起来。

他介绍，东西轴线是轴线之一，如此串联使得整个泉城广场更加宏大，有气势。说完了东西方向的轴线，再来看看南北方向的两条轴线，一条由泉标起向北，与榜棚街的山东省政府相对，"省政府里会有一些济南比较老的文物建筑，再延伸往北就是大明湖。"他说另一条就是由荷花喷泉向南，正对着的泺文路。

城市的道路，城市的景点，城市经过了历史演变、时代更迭后的当下存在，在泉城广场中的"隐形"轴线中，被一一串联。

夕阳里的泉城广场有着脉脉温情　摄影 / 张凯翔

老城里的城市留白

1998 年，泉城广场开始动工，当时刘元琦几乎每天都在现场，生怕出了差错，他说："设计理念初衷，主要考虑到地域文化、环境文化，以及地下商业空间与地上文化休闲空间的结合。"

广场有别于公园，刘元琦举例说，天安门广场属于政治广场，那里的绿化面积很小，莫斯科的红场也是如此，因此每个广场的定位也有区别。"结合济南泉水文化、地域人文等因素，泉城广场应该是广场的定位与园林公园的有机结合体。"刘元琦说。

现在我们看到的泉城广场，主轴线东西向连接解放阁和趵突泉，形成了城市与广场有机联系的景轴线。泉标的位置也被巧妙设计，在广场周边四通八达、角度不同的道路上、来往的行人和车辆都能不受障碍地观看到这个济南的标志。

刘元琦认为建筑的美要与环境融为一体，实现一种环境中的协调美。刘元琦说："通过比例、颜色等方面的均衡，实现这种'协调美'也是最难做到的。"有厚度的齐鲁文化，在有弧度的文化长廊中得以体现，12 位齐鲁文化的代表人物，在长廊中诉说山东的历史。泉水与荷花，正是孕育济南城婀娜多姿的重要元素，她们在广场中遥相呼应。

2000 年前后，全国地上广场空间与地下空间的结合并不多，泉城广场地下商业空间的设计，当时在全国来说是相对超前的。

在泉城广场最东侧，是在原济南剧院和美术总厂已有建筑的基础上扩建而成的，刘元琦说："过去的建筑风格跟当时泉城广场相违和，因此将其改造后再利用。"

一座广场就像是一个城市的留白，济南东部高新区的迅速发展，西部的快步崛起，在密集的楼宇之间，泉城广场正是这座城市简单而又惬意的留白。

联合国国际艺术广场

台湾诗人、散文家余光中，在他的作品《山东甘旅》中的《青》章中写道："济南市中心泉城广场的文化长廊，是我在山东所见最有深意最为动人的现代建筑。"

《青》章写济南市中心泉城广场的文化长廊，这样描述："三层楼高的空阔廊道上，每隔十米供养一尊山东圣贤的青铜塑像，连像座有二人之高。12 尊塑像由南而北，依年代的顺序排列。"每尊铜像都有余光中数百字的描写、议论、抒怀，在贾思勰像前，余光中坦率承认："真是惭愧，这名字我从未见过。"——贾思勰是农学家，《齐民要术》的作者。

正如余光中所说，泉城广场的文化长廊是最动人的城市建筑，作为主要设计人，刘元琦最满意的部分，也是这里。2002 年 8 月，泉城广场正式被联合国教科文组织授予"联合国国际艺术广场"称号，到目前为止，泉城广场是中国第一家，也是唯一一家获此荣誉的城市广场。

在泉标的下方，有很多镶嵌在地面上的铜牌，上面镌刻着济南 72 名泉的名称。刘元琦说，孩子们在这里玩的时候，还能知道一些泉水的名称。这也符合当初的设计理念——要有很高的参与性。

与护城河相邻的滨河广场在护城河南岸，仍有一处泉眼在喷涌着，在泉城广场修建之时，刘

摄影 / 郑曙光

　　元琦"遇"到了这处泉眼，"为了保护'她'，将原来的泉位，通过底部的技术处理，适当北移，留住了这一历史的自然景观。"

　　泉城广场充分体现了"讲究开放、崇尚稳定"的齐鲁文化和"群众性、文化性、娱乐性"的特点，结合城市风貌与人文景观，凸显浓郁泉城特色，延续齐鲁文化渊源，展现礼仪之邦风采。

Quancheng Square

The Most Impressive City Archtecture

　　Writer and poet from Taiwan province, Mr. Yu Kwang-Chung once spoke highly of the Culture Gallery in Quancheng Square. He wrote, "the gallery is the most impressive modern architecture I have ever seen in Shandong." Established in 1999, Quancheng Square has Thousand Buddha Mountain in its south section, Daming Lake in its north section, Baotu Spring in the west section and Jinan liberation pavilion in its east section. It is the axis of the city, connecting the three major scenic spots in a series and incorporates the history and future of Jinan. In August, 2002, Quancheng Square was named the "United Nations International Art Square" by UNESCO. It's the only square in China to receive this honorable laurel.

泉城硅谷　中国智造

这个时刻搭乘航班抵达这座城市，从舷窗中望去，或许会发现，在济南东部的某个区域，一栋栋写字楼的灯还未曾熄灭，在周围的暗影中突兀地发着光。那里是齐鲁软件园，山东乃至华东地区软件产业的心脏。

撰文 / 姚　正

黄昏降临时，这座城市之上的天空颜色渐次变迁，长街上车流浩荡，站台上的人归心似箭。路灯会在某个特定的时刻同时亮起，一栋栋高层建筑的格子窗后面也早已预备好温暖的灯火。

这个时刻搭乘航班抵达这座城市，从舷窗中望去，或许会发现，在济南东部的某个区域，一栋栋写字楼的灯还未曾熄灭，在周围的暗影中突兀地发着光。那里是齐鲁软件园，山东乃至华东地区软件产业的心脏。

泉城"硅谷"诞生记

1909 年，世界上第一个有持续节目播出的无线电台，在靠近旧金山海湾加利福尼亚州北部的一片地区建立。时间流逝 62 年，当这片区域再次出现在新闻报道中时，有了一个响亮的名字——美国硅谷。

亚洲最大的环形建筑，国家级软件基地——齐鲁软件园　　图片由国家信息通信国际创新园管理委员会提供

1995 年 11 月，济南有了自己的"硅谷" 摄影／刘润哲

往后的岁月里，那里成为了美国重要的电子工业基地，全球闻名。在此后近五十年里，美国百分之三四十的风险投资都投到了这片只占国土面积万分之五的区域；大约每十天便有一家公司上市；美国前一百强的公司中，硅谷占了四成……无数神话在那里诞生。

时间进入 20 世纪 90 年代，远在大洋彼岸的中国日益深刻地感受到信息化浪潮的风暴。初生婴儿般的中国软件产业刚刚起步不久，大批外国软件潮水般涌入国门，对脆弱的国产软件造成巨大的冲击。如何在开放环境中，提升我国信息化水平，有效促进国产软件产业的发展，成为中国软件行业亟须应对的问题。

1995 年，原国家科委召开"推动我国计算机软件产业的形成和发展研讨会"系列会议，探索性地提出"依托地方政府，特别是国家高新区的政策优势和产业化经验，创造适合软件企业成长的局部优化环境，集中发展软件产业"的重要思路，四大软件园随之成立，济南齐鲁软件园位列其中。

当年 11 月，齐鲁软件园在济南高新技术产业开发区正式成立。济南，这座老舍笔下"有山有水，只等春风来把它们唤醒"的老城，从此有了属于自己的"硅谷"。

五年，破茧成蝶

应运而生的齐鲁软件园并没有像想象中那样进入发展的高速通道，在成立之初面临许多困境。

当时，由于没有专职的管理人员运作齐鲁软件园的发展与建设，所有事情都由相关政府职能部门兼职解决。直接的结果就是，没有软件企业入园发展，即使有，也是名义上入园，只享受优惠政策，企业实体却在外部发展。

《冰川时代》，这部好莱坞大片的片名，或许可以揭示作为全国最早的四大软件园之一的齐鲁软件园陷入的尴尬境地。

济南高新区管委会意识到，由政府直接管理软件园存在弊端，而如果完全由企业运营又难以避免短期行为。于是，一个政府职能和企业运作相结合的方案在管委会成员的脑海中逐渐清晰起来，高新区管委会开始物色专职运作软件园的高级管理人才，准备组建软件园自己的发展机构。

2000 年秋，齐鲁软件园发展中心成立，承担运作软件园的具体工作。至此，困扰软件园发展的尴尬瓶颈不复存在，在制度创新的光照下，冰层逐渐融化。

管理体制的创新，使园区的招商逐渐步入快车道。"国家软件产业基地""国家软件出口创新基地""国家软件人才国际培训基地""'国家服务外包基地城市'示范区""国家动漫游戏产业基地""中日 IT 桥梁工程师交流示范基地""国家集成电路设计产业化基地""国家新型工业化示范基地"……一项项认定背后，是园区蓬勃的发展势头。

2006 年 12 月，国家科技部、信息产业部、商务部与山东省人民政府联合批准在济南设立国家信息通信国际创新园，并于 2007 年 6 月 22 日在济南高新区正式揭牌。齐鲁软件园成为首批国家级国际创新园，也是我国在信息通信领域唯一的国际创新园区。

引进来，留得住

2011 年 9 月 15 日，一款名为 Snow Monkey 的游戏在苹果 iOS 平台发布，并取得了良好的销售排名。此前，这款由山东大学威海分校团队研发的游戏，在齐鲁大学生软件设计及外语大赛中获奖。

这项赛事由齐鲁软件园协同济南市科协、济南市信息产业局、济南计算机学会共同举办，从 2003 年开始至今，历经十余年发展，赛事已成为企业发掘人才的平台。

各类高校 66 所，在校生 63.26 万人，每年 17.12 万毕业生，计算机类专业毕业生近 2 万人。作为山东省省会的济南，在发展高新技术产业所需人才方面，拥有得天独厚的优势。

齐鲁软件园 20 年的发展历程中，人才的培养和引进向来被园区视为重中之重。通过千人计划、万人计划、5150 计划，以及"校企人才对接"工程，积极为中小企业搭建人才供给平台，累计引进海内外高层次人才千余人，同时，多措并举，多管齐下，为企业的发展和壮大提供了基础、中端各层次的人才保障，为齐鲁软件园入园企业提供了强有力的人才支撑。

能否引进来是一个问题，能否留得住又是另一项考验。改善园区工作、生活条件的各项工作，同样依照规划有条不紊地进行着。圆心广场成荫的绿树，池畔栖息的白鸽，夜幕降临时璀璨的灯火……这些变化背后，是园区管理者清晰的规划。

"与早前相比，用餐的选择多了不少，倦怠的时候也有地方喝杯咖啡，提提神。"在雨滴广场的一间咖啡厅，侯雷一边啜饮着美式咖啡，一边翻看着新出刊的漫画。山大数学系毕业的他 2005 年进入园区的一家公司做前端，现在已是部门中的技术骨干，园区配套设施的日益完善令他感叹，而即将入住的沁园新居公租房又为他的生活提供了不少便利。

截至 2013 年底，园区内从业人员超过 7 万人，聚集企业 1200 余家，实现总销售收入 962 亿元，净利润 57.78 亿元，上缴税额 36.53 亿元，实现软件收入 715 亿元，出口额 6.03 亿美元，软件出口额 5.08 亿美元，建成面积 200 多万平方米。

在济南这座外地人眼中有些传统，甚至显得有些迟钝的城市中，高新技术产业正日新月异地发展着，甚至走在了全国前列。

云端之下，一幅浩大而绚丽的宏图正铺展开来。

Qilu Software Park

The Silicon Valley of Jinan

If you are arriving in Jinan on a late night flight and you look out the window you may spot some districts to the east where the office building lights are usually still lit, shining in the darkness. This would be the Qilu Software Park and the center of the software industry in Shandong and East China.

连锁经营开先河

发迹于济南的章丘旧军孟家，靠"祥"字号打遍大半个中国，创造出近代中国商业史上的奇迹。从创业至鼎盛时期，"瑞蚨祥"完全靠商品的齐全、货真价实以及优良的服务赢得顾客。当时济南民间有这样的说法："瑞蚨祥三件宝，人情、实力、脸子好。"今天的"瑞蚨祥"虽然恢复了老字号，但已是"旧瓶新酒"了。

撰文 / 牛国栋　摄影 / 赵晓明（除署名外）

摄影 / 王　平

发迹于济南的章丘旧军孟家，靠"祥"字号打遍大半个中国，创造出近代中国商业史上的奇迹。

旧军孟家开出"祥"字号

孟氏家族分东、西、南、北四支。当地人俗称的"旧军孟家"指的是南支大户，位于济南城东几十公里的章丘旧军村（今属刁镇）。明洪武初年，孟子第五十五代孙孟子位、孟子伦兄弟由直隶（今河北）枣强迁来旧军繁衍生息。清康熙年间，孟家以经营铁锅、绸缎、布匹、茶叶、金

瑞蚨祥三件宝：人情、实力、脸子好

银首饰等发迹，后来又涉及钱庄和典当行。

　　孟家的商号均以"祥"字号为标志，但隶属不同的脉系，不同的资东。像"瑞蚨祥"、"泉祥"属矜恕堂，"隆祥"、"谦祥益"、"鸿祥"属进德堂，"庆祥"、"瑞生祥"、"瑞增祥"则分属三恕堂、其恕堂和容恕堂。至20世纪二三十年代，享誉中华的"八大祥"在华东和华北地区的二十多个城市设有一百多家店铺，从业人员达数千人。其中"瑞蚨祥"独领风骚。清同治元年（1862），孟家将字号为"万蚨祥"的锅店由周村迁到济南府，后又在芙蓉街西开设了"瑞蚨"布店，专门批发章丘北乡辛寨村一带盛产的土布，俗称"寨子布"。这店名中的"瑞"字象征瑞气，"蚨"字取"青蚨还钱"典故中寓意，象征财源滚滚。没多久，他们又将店面迁到院西大街、天地坛街口盖起了两层五开间的砖木楼房，改名为"瑞蚨祥"，生意很快超过了西邻原有的"隆祥"、"庆祥"两家同宗老字号。

　　1868年，年仅十八岁的孟继笙（号雒川）从父亲手中接过了"瑞蚨祥"，掌管了店务。孟雒川弟兄四人，他排行最小，但从小精明灵巧，人送外号"孟四猴子"。年纪轻轻的他颇有才气和胆识，除了自家的堂号外，还兼营"庆祥"、"瑞生祥"和"瑞增祥"等字号的布店和钱庄，实力大增。1893年起，"瑞蚨祥"先后在北京抄手胡同和大栅栏等地开设了五处分号，在天津竹竿巷等地开了三处分号；此外还在烟台、青岛、上海和南京设了店铺。1926年因躲避督鲁的张宗昌的敲诈，孟雒川举家迁往天津。1930年，"瑞蚨祥"发展到了鼎盛时期，全国各地共有16家店铺，所占房屋3316间，房产总值按当时市值计算为800多万银元，成为华北数得上的巨商富豪。

"人情、实力、脸子好"

"瑞蚨祥"的崛起并非偶然。从创业至鼎盛时期，"瑞蚨祥"从不做广告，而是靠商品的齐全、货真价实以及优良的服务赢得顾客。当时济南民间有这样的说法："瑞蚨祥三件宝，人情、实力、脸子好。"在服务上，前柜台设有"了高的"，即安排一些年纪较大的资深店员坐在两排长椅上，一遇客人进来就主动迎上前去，不问客人买什么，而是问安，敬烟茶，陪同客人参观。天热时在二楼还备有冰镇的西瓜和汽水，请客人消暑。即使乡里人来买娶媳嫁女用的面料，耽搁久了，到了饭点，店里也略备酒菜招待。你就是进门转了半天什么都不买，也绝不会遭到白眼。"瑞蚨祥"的店规达二十七条之多。其中第二十条规定："同仁必须注意仪表，无论冬夏，一律穿长服，不得吃葱蒜，不得在顾客面前扇扇子，不得把回找零钱直接交到买主手里（须放在柜台上），并应尽量避免粗词俗语，不得耻笑顾客。"

为方便顾客选购，在店柜设计上，分头等柜和一至六等货柜，将商品分高、中、低档码放，适应不同层次的需求。即使是大众化商品，也将质量放在首位，像百姓们喜爱的青、蓝布，这里的商品从不掉色，深得乡下人的喜爱。在高档商品中，更是凭借雄厚的财力将那些小字号无力经营的商品网罗到这里。20世纪30年代时，四五千元一件的貂褂、千元一件的海龙领子，以及珍稀的金丝猴皮褥子、玄狐、白狐等制成的皮衣，也常常是"瑞蚨祥"独有。他们正是靠这种"奇货"赚了不少有钱人的钱。北京的生意场上曾有这样的口头禅："吃在全聚德，穿在瑞蚨祥。"

孟雒川不嗜烟酒，不喝茶，不讲究吃穿，不修边幅，书房内从不摆书籍。但对理财他却瞪大了眼睛，闲暇时也以翻阅账册为乐。"瑞蚨祥"在售货时让利给顾客，即"买一尺、送一寸"，但在价格上，货不二价，概不抹零，该要多少要多少，分文不能少。遇有特殊情况，需经经理点头才可去零，显示出特有的行业自信与霸气。

瑞蚨祥的没落与重生

"瑞蚨祥"走下坡路是在"七七事变"之后。晚年的孟雒川已力不从心。1939年孟雒川去世后，由其侄孟华峰掌管"瑞蚨祥"，经营形势持续走低。至1948年济南解放前夕，济南"瑞蚨祥"的流动资金比"七七事变"前损失了90%以上。孟华峰娶了五房太太，但没有儿子，于是便将侄儿孟昭崔过继到自己的门下，招回天津，并将家产交由他管理。1951年，正在天津大学读书的孟昭崔将自己名下的百万家财尽数捐献给了国家，"瑞蚨祥"的家族经营历史也就此终结。

如今保存完好的瑞蚨祥鸿记绸缎店始建于 1924 年，是济南最早采用钢结构的建筑，也是目前济南保留的唯一一处"瑞蚨祥"了。其建筑风格中西合璧，楼顶两侧各有一四方凉亭，成为这座建筑的一大特色和亮点。内为二层，中央有盘旋楼梯至二楼，二楼为柱式环廊，显得宽敞明亮。楼后为两进传统式的三合院，东为原先的茶庄，后为昔日的账房和作坊。

解放后经公私合营，"祥"字号换了人。50 年代商业系统调整网点布局时，将院西大街的"瑞蚨祥"并入了西门里大街的"隆祥"，而老"瑞蚨祥"旧址便成了远华文具店。"文革"时，"祥"字号的招牌是不会被"红卫兵"小将们放过的，1966 年 6 月的一个星期天，"红卫兵"们来到经二路"瑞蚨祥鸿记"门口，先将门外墙上的招牌砸掉，又与店内的"革命群众"一起将营业室内金色的木刻、浮雕砸了。第二天还将砸下来的"瑞蚨祥"的牌匾和印有字号的包装纸抬到马路上烧了个精光。这布店随之更名为"工农兵"布店。1971 年又改名为"迎新布店"。今天的"瑞蚨祥"虽然恢复了老字号，但已是"旧瓶新酒"了。

Rui Fu Xiang Silk Store

The Pioneer of Chain-store Operation

The old army of Meng, who gained fame and fortune in Jinan, has battled almost half of China with their products of "Xiang" (meaning auspicious) and created a miracle in the modern history of Chinese business. From business startup to its flourishing period, "Rui Fu Xiang" did not advertise herself but won the heart of customers with the completeness and genuineness of goods, reasonable prices, and outstanding service. At that time, there was a saying among the locals of Jinan, "Rui Fu Xiang has got three treasures; namely, human relationship, actual strength, and good service." Today, although "Rui Fu Xiang" has regained their brand, the story they are writing is a new one.

耕于历山下　贤德布九州

舜是中国文明发轫期的帝王，更是万世瞻仰的远古圣人，所以就连儒家的开创者至圣孔子和亚圣孟子都是"祖述尧舜"，"言必称尧舜"的。司马迁说："天下明德皆自虞帝始。"虞帝大舜是中国道德文化的开创者。济南的山泉湖河城处处都与大舜、大舜文化有关，故而至迟从唐代开始济南就有"舜城"的雅号。

撰文 / 张华松

舜是中国文明发轫期的帝王，更是儒家学派中万世瞻仰的远古圣人，所以就连儒家的开创者至圣孔子和亚圣孟子都是"祖述尧舜""言必称尧舜"的。司马迁说："天下明德皆自虞帝始。"虞帝大舜是中国道德文化的开创者。

已故著名学者徐北文先生当年为济南趵突泉公园三圣宫神龛撰书了一副对联，上联是"垂儒家道统"，下联是"开华夏文明"。这十个字，可以说是对大舜历史地位的最高度的概括，也是最恰当的概括。舜在中国文明发展史和中国思想发展史上的地位是无与伦比的。

舜的记载与传说

《孟子》说：舜，东夷之人也。舜出自东夷族有虞氏，为颛顼之后，故而《礼记·祭法》称有虞氏"祖颛顼而宗尧"。相传舜有一位祖先叫虞幕，是以律管（定音律）测气定候以助生万物

的候气法的发明者。舜的父亲瞽叟是一位盲乐师，是他将五弦之瑟改进为十五弦之瑟，并为帝尧创作了《大章》的乐曲。因为有这样的音乐世家的职守背景，舜本人也是一位音乐大师也就不足为怪了。见诸古籍记载，大舜是五弦琴的发明者，又是箫的发明者。大舜的音乐作品有《韶乐》，《韶乐》一直流传到春秋时代，孔子在齐闻韶，感动得"三月不知肉味"，盛赞《韶乐》的至善至美。大舜还有一首《南风歌》："南风之薰兮，可以解吾民之愠兮；南风之时兮，可以阜吾民之财兮。"南风吹来，暖暖地吹来吧，它可以使我的人民解除寒冷的忧虑啊；南风吹来，按时地吹来吧，它可以使我的人民增加生产的财富啊。这显然是一首典型的"候气"歌。

按照《孟子》和《史记》等早期典籍的记载，大舜的母亲早逝，父亲瞽叟续弦，同后妻生有一子，就是象。瞽叟是个老糊涂，舜的后娘为人凶狠，是个泼妇，舜的异母弟象是个傲慢逞强的家伙。他们联合起来虐待舜，而舜却不失孝悌之道，名声渐渐大了起来。帝尧听说后，想培养大舜为接班人，就将两个女儿——娥皇、女英下嫁大舜为妻，用来考验大舜"齐家"的能力，也就是治家的能力。因为按照后来儒家的观念，"修身齐家治国平天下"，一个人连自己的家庭都治理不好，又怎能去治国平天下呢。

大舜发达了，父母兄弟却更将其视作眼中钉、肉中刺，必欲杀之而后快，于是就有了下面的传说。

说的是，大舜的后母与弟象在征得瞽叟的同意后，设计让大舜去修缮谷仓，然后抽梯放火要烧死他。娥皇、女英事先知道三人的阴谋，就赶制了一件飞鸟衣让大舜穿上，又要大舜重叠戴上两个大斗笠。大舜登上仓顶，后母与弟象果然就在下面抽梯放火，危急中，大舜一手擎起一只大斗笠，又借飞鸟衣的大袖宽摆，轻轻跳出了火海，安然着陆。

后母、弟象见一计不成，又生一计，打算在大舜下井掏井时，将他掩埋在井里。娥皇、女英知道后，马上赶制了一件蛟龙衣穿在大舜身上。果然，大舜被支使下到井下，上面便落井下石，危急中，大舜靠了蛟龙衣的保护，自井壁一侧斜刺穿出一条洞穴，从另外一个地方破土而出。

象以为这次大舜肯定是在劫难逃了，就向父母提出了瓜分大舜财产的计划：大舜的牛羊、仓廪都分给父母；大舜的干戈、琴、张弓以及两位嫂子都分给象。可是当象喜冲冲去接收大舜的财产，却发现大舜正坐在床边悠然弹琴。象一时回避不及，只好尴尬地敷衍了几句表示思念和亲热的话，大舜却以德报怨，对象说："惟兹臣庶，汝其于予治。"你替我去管理这些臣民百姓吧。

以上传说都发生在大舜尚在"畎亩之中"，即耕稼历山的时候。

济南古来称"舜城"

大舜早年转徙于东夷各地，从事农工商渔各项生业，步履所及，人气很旺，"一徙成邑，二徙成都，叁徙成国"。历山是大舜的众多迁居地之一。"舜耕历山，历山之人皆让畔。"舜在历山耕地，历山一带的农民因舜的感化而礼让成风，由原来的互相争地头变成了互相让地头。

据不完全统计，全国范围内史称大舜耕稼的历山，不下十五处，仅北魏郦道元《水经注》一书就提到五处，它们分别在今天的济南历下、山东菏泽、山西永济、河北涿鹿、浙江上虞。那么，真正的舜耕之山究竟是哪一处呢？判定的标准应该有两个，一是空间的，即舜耕历山应该在东夷地区（因为舜是东夷人）；一是时间的，即舜耕历山应该是冠名最早的。

以空间标准来衡量，山东境外的历山都应该被排除掉，因为上古东夷族的主要活动区域在山东半岛；以时间标准来考察，山东境内只有济南的历山冠名最早。因为从传世青铜器铭文来看，济南历山之名至迟西周时期就出现了。

济南是大舜或者大舜有虞氏集团的一个重要活动区域。因为这个缘故，济南一带拥有发达的龙山文化，龙山文化遗址十分密集，济南城内舜井一旁就曾发现了龙山文化的遗存。也是因为这个缘故，济南及其周边一带在上古时期分布着众多的大舜有虞氏古国，如邹（今章丘东部及邹平境内）、辕（今齐河）、邘（今长清）、遂（今肥城与宁阳之间）、缗（今金乡）等。

济南舜文化遗迹和景观，从1500多年前的北魏郦道元《水经注》以来就历历可数：济南历山又名舜山，历山上有舜祠；历山下有舜井；舜井旁有历祠，北宋以后改名为舜祠；舜井泉水出为历水，历水北流而西折，与南来的以舜妻娥皇女英名字命名的娥英水同入历水陂（今大明湖西南一隅）；历水与娥英水之间的"历汭"之地，便是济南古城历城之所在。

济南的山泉湖河城处处都与大舜、大舜文化有关，故而至迟从唐代开始济南就有了"舜城"的雅号。

大舜雕像 摄影 / 赵晓明

Shun

Farming Under Li Mountain, Shun's Virtue was Well-known Nationwide

Shun was the emperor during the Chinese moral cultural period, and, moreover, an ancient wiseman who has been looked upon with reverence by generations of Chinese. He is considered alongside the likes of Confucian school primáry founder Confucius and secondary founder Mencius. Sima Qian once said that " all the pleasant virtues under heaven start from Emperor Yu." Emperor Yu and Da Shun are co-founders of the Chinese moral cultures. The mountains, springs, lakes and rivers in Jinan are all related to Da Shun and Da Shun culture, thus Jinan has earned its name as the "Shun city" which was referred to no later than the Tang Dynasty.

中国佛缘第一塔

四门塔

来四门塔瞻仰，你能领略到一千多年来的静穆和虔诚。"葱笼浅色天，空外已无禅。立尽香多处，深知寺有年。"多年以来，尽管这方佛门圣地时盛时衰，唯独塔前那棵九顶松一直繁茂无比，生命力极强。

撰文 / 张继平

济南这一方水土实在诱人。济南的历史因文化而生动，济南的文化因历史而精彩。追根溯源，这份儿生动与精彩，还得从遥远的历史深处慢慢开始。

人们现在说的"四门塔"，其实更多情况下指的是一片景区，它当然包括那座有着近1400年历史、四面各有一圆形拱门的四门塔，也包括神通寺、墓塔林、龙虎塔、千佛崖、涌泉庵、九顶松，甚至还有不远处的九顶塔。当数划着这一连串名字时，你就会恍然大悟：这一片山，这一片水，原来自古与佛有缘。那就对了，柳埠地区确确实实从东晋到隋唐一直是整个山东地区的佛教中心，既然是"中心"，自然不会孤塔高耸。

中国第一古石塔

四门塔，一直被学界公认是"中国第一古石塔"——年代久、影响大、价值高、环境幽。此塔是我国现存最早的一座单层方形石塔，建于隋大业七年（611）。塔高15.04米，每边宽7.38米，

四门塔神通寺　　摄影 / 王海梦

全部用当地产的雕有几何花纹的大青石砌成；塔檐挑出，叠涩五层，塔顶用23行石板层层收缩叠筑，呈四角攒尖方锥形；顶端由露盘、山华、蕉叶、相轮构成塔刹。塔室中心有石砌方形塔心柱，上有16根三角形石梁。塔中心四面各有一尊石雕佛像，都是螺髻盘膝，面门而坐。

四门塔轮廓十分简洁，整个形体浑厚而朴实。塔后有一株九顶古松，至今仍生机勃勃，老树塔影相映成趣。这棵九顶松，树龄也可追

四门塔是中国现存唯一的隋代石塔　摄影／郑曙光

溯到隋代，故人们也称之为"千岁松"。据说，隋炀帝杨坚曾在此树下许愿要当皇帝，后来他如愿以偿果然当上了皇帝。于是，人们就纷纷到此树下来许愿，以期心想事成。所以，当地人又把这棵千年松叫做"神松"。九顶松与四门塔风雨相伴，交相辉映，愈发显得秀丽而壮观。

据清道光《济南金石志》载，四门塔内过去有一为东魏武定二年（544）、一为唐景龙三年（709）的造像题记两则，后俱流失。其中《杨显叔题记》于清末被直隶总督端方窃走流入日本。现在塔内佛座上的《杨显叔题记》是根据拓片复制而成。

四门塔见证了太多的人间沧桑。上个世纪30年代，梁思成、林徽因夫妇在济南下火车后，曾专门坐着牛车走了两天从济南来拜谒四门塔。梁曾因车祸导致左腿骨折，走路有些跛行，但梁思成却觉得此行"是一段愉快的旅途：行走在山岩间的小径上，我们一边呼吸着早夏时节风中的花香，一边浏览着蓝天下步移景异的山峦起伏，最后来到旅途的终点——位于东岳泰山之阴的一处人迹罕见之地"。当时国运不隆，这处佛教圣地成了乞丐避风的地方。梁大为感喟：四门塔庇佑世间生灵，这是对佛教经义最好的阐释。通过考察，梁思成将考察结论写进了那本赫赫有名的《中国建筑史》，并称：四门塔"在中国古塔的演进过程中具有极其重要的地位"。

立尽香多处，深知寺有年

和四门塔隔峪相望的是建造于唐代的龙虎塔。龙虎塔是因其塔身上雕有生动的龙、虎形象而得名，以雕刻华丽、形制独特、上繁下简的艺术风格而著称于世。方形的塔身上，四面各有一个刻有火焰纹状的券门，富有早期印度"窣堵波"的风韵，留有着浓郁异域文化的印迹。塔身上众多的高浮雕个个都是造型饱满生动，刻工精湛娴熟，画面结构严谨、宾主分明、繁而不乱，营造出佛国世界繁荣、热闹的氛围，显示出盛唐造型艺术的独特风格。

四门塔景区内的千佛崖更是我国珍贵的文化遗产和艺术瑰宝。千佛崖共刻有石窟、佛龛和摩崖造像220尊，其中两米以上的高大造像7尊。造像题记43则，其中有纪年的题记10则，多为武德、贞观、显庆、永淳、文明等年号，全是唐初到盛唐时期的年号。造像身份既有皇亲、贵

千佛崖　摄影／郑曙光

族，也有大臣、官宦，还有僧侣、百姓。这些造像，或高大粗壮，或小巧玲珑，或坐或立，形态各不相同。其神态，有的眉开眼笑，有的庄重肃然，还有的威武傲然，表情丰富不一，美妙绝伦，让人称绝。

　　来四门塔瞻仰，你能领略到一千多年来的静穆和虔诚。"葱笼浅色天，空外已无禅。立尽香多处，深知寺有年。"多年以来，这方佛门圣地时盛时衰，唯独塔前那棵九顶松却一直繁茂无比，生命力极强。

　　四门塔，几许静穆，一派祥和。

Four-gate Pagoda

The No.1 Pagoda of Chinese Buddhism

　　You will feel the silent and devout minds over the past thousand years during your visit to the Four-gate Pagoda. This Buddhist shrine has endured these many years and is enjoyed by many people where the pine trees beside it are always lush.

西部崛起文化新地标

济南这座静谧的古城，在时代的吞吐下悄然地改变着——西部新城，跃然矗立起来，"一院三馆"更是成为了济南这座城市中崭新的文化新地标。

撰文 / 赵景雪　姚　正　摄影 / 梁大磊（除署名外）

悠悠曲水亭，攘攘芙蓉街，青石板缝中不停渗出的泉水……过去一提起济南，这是人们印象中最为直接的城市形象。

然而现在，人们的脑海中或许会增添上许多全新的符号，比如高入云天的城市"第一高楼"，比如夜色中各大商业中心附近繁华的街景，比如已经令人刮目相看的西部新城。

济南这座静谧的古城，在时代的变奏中悄然地改变着——西部新城，跃然矗立起来。由山东省省会文化艺术中心大剧院、图书馆新馆、群众艺术馆、美术馆构成的"一院三馆"，更是成为了济南这座城市中崭新的文化新地标。

"一院三馆"，是济南文化新地标　图片由中共济南市委外宣办提供

省会大剧院的"济南速度"

省会大剧院由法国著名建筑师保罗·安德鲁先生设计，以"岱青海蓝"为设计理念，"岱青"取意杜甫的《望岳》"岱宗夫如何，齐鲁青未了"，蕴含了齐鲁人民自强不息、厚德载物、勤勉睿智的优秀品质，"海蓝"象征着山东半岛依山傍水、三面环海的优美地理环境，它们一起勾勒出孔孟之乡的文化环境和深厚的文化底蕴。

在大剧院的歌剧厅入口处，有着全国乃至亚洲最大的室内水幕墙。水幕墙高 13 米、宽 30米，水声潺潺。而在音乐厅也有一个巨大的"镇厅之宝"——一个有着 68 个音栓的巨大管风琴。总建筑面积约 8.5 万平方米的山东省会大剧院是济南市乃至山东省功能最全、规模最大、档次最高、具有国际一流水准的文化演出场馆。

从 2010 年 10 月份开工到最终竣工投入使用，省会文化艺术中心大剧院的建设周期仅用了 3年时间。西部崛起的"济南速度"令人惊叹。

泺蕴泉涌"新三馆"

与省会大剧院相距不远的腊山河西路上，济南市图书馆、济南市美术馆和济南市群众艺术馆聚集于此。

济南的泉水象征了城市文化的源泉，而三馆的设计概念就源于泉城济南涌动的泉水。省会文化艺术中心三馆的设计以"泺蕴泉涌"为理念，泺是济南之古称，亦指趵突泉，济南诸泉汇为"泺水"。蕴指文化底蕴；泉意为泉水、源泉；涌，涌动。远远望去，三馆的建筑高低起伏，充满张力，象征着济南泉水的涌动和文化的灵动之势。

不光外形时尚、大气，有济南范儿，三馆的内部设施同样很有国际范儿，济南市美术馆馆内共 8个展厅，有的展厅还安装了德国的恒温恒湿设备，能满足世界名画展览所需的温度和湿度要求。

济南市图书馆新馆的"书墙"同样令人叹为观止，七层的书墙共有数万册图书，层层用木质隔断整齐相隔，前面两侧有楼梯相连。在第四层东厅，有一幅高仿名画《鹊华秋色》图，这是元代书画家赵孟頫描绘济南秋景的名作。

后"十艺"时代：不落幕的精彩

2015年5月，山东省会大剧院迎来了"音乐季"。从5月2日到5月30日，15场精品音乐会登陆省会大剧院的舞台，6场内容充实的艺术普及活动充盈市民的假期。

其中，汇聚了5场有当今国际上最好的乐团、最好的指挥和最好的独奏家参加演出的音乐会，优质节目密集演出程度可以比肩北京、上海的古典音乐舞台。德国班贝格交响乐团、钢琴家阿什肯纳齐、大提琴家米沙·麦斯基都是国际乐坛顶尖的阵容，而圣彼得堡交响乐团和蒙特卡洛爱乐乐团第一次访问中国，就登上了省会大剧院的舞台。在这短短一个月的时间内，济南观众就能够领略到多个国家不同的音乐文化。

十艺节闭幕已近两年，但由此点燃的济南人的文艺热情仍在持续"发酵"。如今，到西部的省会大剧院看演出，已经成为了济南人生活中一种既时尚又流行的"文艺范儿"。

市图书馆、美术馆和群众艺术馆也是物尽其用，每到周末，我们总能在这里看到穿梭于书架间的读者、背着琴包来学琴的少年以及到美术馆"朝圣"的文艺青年。

后"十艺"时代的一院三馆有着不落幕的精彩。现今，顺着济南城一路西向，路的尽头不再是一片荒芜，取而代之的是昂然矗立的"一院三馆"，见证着一座古城文化的传承，续写着一座城市的繁荣。

Provincial Culture and Art Center

New Culture Symbol Stands in Jinan Western Metro

Jinan, the city with history and peace, has quietly changed over the course of time. Western Metro is standing up with new cultural symbols of Jinan in the form of the Provincial Culture and Art Center, including the new Provincial Capital Theater, the City Library, the People's Museum of Art and City Gallery.

气有浩然大学府

办校 110 多年来，齐鲁文化营养深植在山大的文化底蕴中。山东大学秉承学术自由、兼容并包的办学理念，积淀了博大精深、历久弥新的文化底蕴，铸成了"学无止境，气有浩然"的校训和"崇实求新"的校风，形成了刚毅厚重、朴实无华的山大人风格。

记者 / 孙又新　摄影 / 杨云雷

"百日维新"诞生了京师大学堂，开近代国立综合性大学之先河。山东大学堂紧随其后，成为中国近代历史上有名有姓的第二家新型高等学校。

从办校至今，齐鲁文化营养深植在山大的文化底蕴中。山东大学秉承学术自由、兼容并包的办学理念，积淀了博大精深、历久弥新的文化底蕴，铸成了"学无止境，气有浩然"的校训和"崇实求新"的校风，形成了刚毅厚重、朴实无华的山大人风格。

说起山东大学，就不能不提起袁世凯。1901 年，在《辛丑条约》签订完的几个月后，山东巡抚袁世凯即着手上奏《山东试办大学堂暂行章程折稿》。是年 11 月，《折稿》获准，官立山东大学堂在济南泺源书院正式创办，首任校长是时称"管理总办"的政界闻人唐绍仪。

封建烙印被时光侵蚀

济南若论书香之地，趵突泉畔的泺源书院绝对能排上个好名次。还是 1901 年，全国最早的省办大学堂——山东大学堂正式开学宣告成立。不久山东大学堂更名为山东高等学堂，并迁址于杆石桥西（现山东省实验中学），泺源书院旧址则改为山东省立第一师范学校。如今，从山东大学与济南师范学校的发展轨迹中，依稀还可以读出泺源书院的几许身影。

新诞生的山大，第一批即招收了 300 名学员。当时这些学员包括教员都是长袍马褂加身，还在脑后拖一条辫子。如果有现在的穿越小说女主角想穿越回那个时代，和各路大师来个"同桌的你"式接触，这如意算盘恐怕要落空：当时不仅不能男女同校，而且教学内容以四书五经为主。打躬作揖成为礼节上必不可少的内容，假如遇上祭孔等大典，你还得双膝跪地三叩九拜。

诚然，创始于清末光绪年间的山东大学堂被打上了那个时代的烙印，因而它不可避免地保留了不少封建的东西。但是，从本质上来说，那时的山东大学堂已经将科举制度和私塾远远甩开好几条街。而且那些封建的东西，也在时光的长河中被逐渐侵蚀和消磨着。

山大历史上的"黄金时代"

1926 年，山东大学迎来了它的一次春天。彼时恰逢奉系军阀张宗昌督鲁，他为顺应潮流，装扮开明，于同年 6 月 30 日下令在省城济南重建山东大学。7 月 24 日，山东省立工业、农业、矿业、商业、医学、法政六个专门学校同时收到了来自山东省教育厅发出的指示，自此六合一改

建为省立山东大学。山东省督办府紧随其后，委派当时的教育厅厅长、清末状元王寿彭任校长。8月5日王寿彭到职视事，省立山东大学正式成立。

教师教得认真，学生学得勤奋，省立山东大学学风浓厚，进步的思想和风气洋溢在校园里。1927年6月和1928年4月，省立山东大学两易校长：王寿彭拂袖而去，后来内定为校长的辜鸿铭也因病去世。后因种种原因，张宗昌盛怒之下兼任校长"山东大学的校长，谁也不给，由我自兼"。为此济南曾流传："齐鲁文明之邦，目不识丁当校长，孔圣九泉哀叹，荒唐，荒唐。"大家引为笑谈。同样是在1928年4月，蒋介石率领的北伐军挺进泰安，省立山东大学师生大多散去，加之缺乏经费，随即停办。

1928年8月，南京政府教育部发出指令，决定在已停办的省立山东大学的基础上筹建国立山东大学。随即国立山东大学筹备委员会成立，赵太侔、彭百川、杨振声、杜光埙、傅斯年等今人十分熟悉的民国大师名字出现在这份筹备委员会的名单上。但是，当时有个硬件条件，使得一切筹备工作都只能沦为纸上谈兵——济南和胶济线均被日军侵占。

"青岛之地势及气候，将来必为文化中心点，此大学关系甚大"。蔡元培在1929年说下了这番话，并立主将国立山东大学设在青岛，国民政府教育部接受了他的意见，筹备国立青岛大学——也即今山东大学前身。

1930年4月28日，国民政府任命杨振声为国立青岛大学校长。杨振声校长到任后，效法蔡元培在北京大学的治学方法，力推"兼容并包，民主科学"的思想，积极延聘国内专家、学者来校任教，曾一度亲自赴沪采取"先尝后买"的方针，约请闻一多、梁实秋等大家来青。他对闻一多和梁实秋说："上海不是居住的地方，讲风景环境，青岛是全国第一，二位不妨前去游览一次，如果中意，就留在那里执教，如不满意，决不勉强。"

当时的国立青岛大学可谓名流云集，人才济济，其阵容之齐整，在全国的大学中也是数得着的。其先后聘得著名学者、诗人闻一多任文学院院长兼中文系主任，作家、莎士比亚研究专家梁实秋任英文系主任兼图书馆馆长，教育家黄敬思任教育系主任兼教育学院院长，数学家黄际遇任理学院院长兼数学系主任，化学家汤腾汉任化学系主任，生物学家曾省之任生物系主任，庄德寿任物理系主任。文学院还有教授赵畸、杜光埙、谭葆慎、程乃颐、马师儒、郭斌龢、宋春舫（兼），讲师游国恩、赵少侯、沈从文、黄淬伯、方令孺、薛彩凤、李方琮、梁启勋及教员、助教30余人。理学院还有教授傅鹰、周钟歧、王恒守，讲师王普、郭贻诚、李先正、梁其奎、宋智斋、秦素美、沙凤护等及教员、助教共40余人。另有体育教授郝更生、宋君复、高梓等3人。山东大学迎来了发展历史上的一个黄金时期，其很多成果也是在这一时期取得的。

昂首阔步走向新时代

抗日战争爆发，山东大学再一次遭殃，只得停办。幸运的是，随着抗日战争的胜利，山东大学复校成功。后几经波折，直至文革结束，山东大学进入拨乱反正、改革创新、恢复、发展和提高的时期。

1981年11月3日，国务院批准山东大学为首批博士和硕士授予权单位。当时山东大学有8个博士学位授权点，21个硕士学位授权点。1984年1月13日，国务院学位委员会共批准山东大学22个专业为硕士学位授权专业，5个专业为博士学位授权专业。1984年，经国家教育部批准，山东大学与威海市共同在威海创建了山东大学威海分校。

如今，为了适应社会环境发展的需要，山大多次对专业结构进行调整，对部分历史较长，适应范围较窄的长线专业进行了改造，重新修订了教学计划，增加了新的教学内容，使这些老专业恢复了生机。同时，新建了一大批应用性强，社会急需的短线专业，增设了部分新型边缘学科。

2012年山东大学青岛校区在即墨鳌山卫正式奠基。山东大学青岛校区的建设规模是容纳2.5万名学生，整个校区的建设分为三期，到2016年启用时可满足1万名学生和2000名教职工学习、生活和教学科研需要。青岛校区启用后，山东大学将拥有济南校区、青岛校区和威海校区三大校区。

一百多年来，这所享誉海内外的百年名校，历经山东大学堂、国立青岛大学、国立山东大学、山东大学等历史发展时期，迁徙分合、几经风雨，一直致力于培养民族和社会的中坚，成为中国现代大学教育的重要发祥地和文化科教的重镇。据统计，百年来有三十万优秀毕业生从山东大学走向社会，为国家、民族、社会做出了突出贡献。

Shandong University

A Mighty University with Noble Spirit

With a history of more than 110 years, Shandong University and its cultural atmosphere has been deeply influenced and nourished by Qilu culture. In accordance with the principles of academic freedom and all-inclusiveness and on the basis of being both broad and profound including the "older-the-better" cultural atmosphere, the school's moto of being "Boundless in Knowledge, Noble in Spirit" and "realistic and pragmatic, open-minded and innovative" is the true school spirit. The Shandong University is forged to form the Shanda style as "resolute and dignified, innocent and unadorned".

烧烤 夜话泉城最市井

　　在济南，烧烤已有好几百年的历史了，但真正盛行起来，变成市民夏日甚至一年四季生活的一部分却是在二十几年前。对老济南们来说，烧烤对他们来说却已经变成了日常饮食的一部分，在父辈们的记忆里，不知什么时候起，大街小巷遍地都是烧烤店，而吃烧烤，就像如今的星巴克咖啡一样，突然间兴盛起来，没有任何预兆。人们都说，烧烤之所以红火，跟济南人的豪爽仗义有关。

撰文 / 樊禹辰　　摄影 / 范　良

　　吱吱冒油的肉串，配上清凉的扎啤，算是夏天傍晚最"豪华"的搭配，在济南，烧烤已有好几百年的历史了，但真正在济南流行起来，变成市民夏日甚至一年四季生活的一部分却是在二十几年前。

　　对老济南们来说，烧烤对他们来说已经变成了日常饮食的一部分，在父辈们的记忆里，不知什么时候起，大街小巷遍地都是烧烤店，而吃烧烤，就像当年的大背头喇叭裤，如今的星巴克咖啡一样，突然间兴盛起来，没有任何预兆。

烧烤已变成济南人生活的一部分

在任何一个城市，路边摊都是一面镜子，投射着这个城市最朴实的角落。在这里，你可以邂逅城市中最不可预知的惊喜，朴实的摊铺老板，美味的特色小吃，举盏更酌间让自己的灵魂迷醉在城市的夜里。

老街老店老味道

大约是二三十年前，济南的烧烤刚刚起步，只有济南的经一纬九路有规模较小的烧烤区，后来逐渐形成了规模，整个纬九路就演化成了烧烤一条街。

21世纪初期，济南的户外烧烤达到一个较为鼎盛的时期，省城各地的烧烤摊如雨后春笋般冒头。肉质鲜嫩的羊肉串，滋味香浓的花生毛豆，有时还会点上一小碟蜇头，慢慢悠悠地从华灯初上喝到睡眼迷离，那时的爷们儿喝多一点，总喜欢脱去上衣光着膀子说一些平日里不会说的话，而身边人早已被酒气熏得晕头转向。

随着城市的发展与完善，那些曾经一起喝酒的兄弟们也在岁月地冲刷中身处异地，现在家里更是添置了小型的烧烤架，让我们的夏日还能像以前一样，吃烧烤喝啤酒。但是无论如何家里的烧烤始终没有摊铺上的那种味道，那种能让人放下心中的负担和朋友们说着平时不会说的话的味道。

后来随着整个社会经济的日渐活跃，"一九"的烧烤生意逐渐没落，然而此消彼长，在杆石桥东边的回民小区，每当入夜天色渐暗，烧烤的烟雾又会盘旋而上，熙熙攘攘地坐满吃串的人们。

凭借着地理位置的优越和道路拓宽，回民小区的烧烤摊生意越做越大。如今在那里，烧烤生意一年四季生意不断，其中不乏许多外来客，像巴西烤肉以及韩式烧烤料理都在这里占有一席之地，接受食客们的挑剔或好评。

即使是深秋，但回民小区烧烤街也依然热闹繁华，夏日夜晚时的盛景可想而知。逛过了芙蓉街的你不妨夜晚到这来上一圈，想必定会让你流连忘返。

唇齿留香肉细滑

济南烧烤的红火还跟济南人的豪爽仗义有关。生性豪爽的济南人，对于吃的方式并没有过多的讲究，只要内容丰富就够了，在他们看来，地摊扎堆也是一种享乐。

夜晚来临，大大小小的烧烤店支起架子摆起摊，聚满了形形色色的食客。

有赤裸上身看起来凶神恶煞的中年大叔，也有光鲜亮丽的都市白领，自然也不乏刚刚结束辅导班的学生。

炭火那万年的光阴，食物成长过几载的经历，各种作料踏过四季的脚步，又共同记录着自从人类邂逅了火之后的不舍情缘。让人在唇齿间仔细品味烧烤给人带来的享受。

说起烧烤的种类，是只要想到就能烤。烧烤以烤肉为主，其中以羊肉为佳，外皮金黄油亮，一口奋力咬下，表皮酥脆，滋味十足。当然，各类烧烤排骨亦招人喜爱，有肥有瘦，肉质饱满，滑嫩无比，咬下去层次分明，为避免吃得太生腻，蒜瓣肉也是一种不错的选择。

借着交通的便利，海鲜也成了烧烤摊上的常客，烤海蛎子、扇贝、海鲫鱼……其中，最爱的还是烤龙虾，喜欢新奇的不妨试一试烤海肠。爱好烤杂碎的也是大有人在，像烤腰子、烤肝子、烤心等，而烤板筋，一片片方正黄白的板筋裹挟着香料，入口后在咀嚼间，咸、辣、韧、香之间游荡，最终下咽，给人一种征服的快感，使得平日里吃惯精细软烂得不到锻炼的牙齿很是舒服。

而时令蔬菜亦在烧烤的范畴之中，烤豆角、烤茄子、烤土豆、烤青椒等无不令人称赞，我虽爱烤茄子，因其风味极佳，很是甜口，但又对烤青椒爱在心头口难开，青椒的鲜辣味被炭火完全调动了出来，翠绿的外皮上带着咖啡色火的印记，入口先是咸香，接着是它本身的香，然后一股辛辣直冲脑门，随着你的血液流动加速，你有着冷战般的战栗，其后却欲罢不能。

烧烤味浓夏夜长

是烧烤让夏日燥热、烦闷的夜晚开始变得生动活泼起来，人声鼎沸之处必有袅袅轻烟，让人在经历了一天疲惫的工作后得到难得的放松。

烤串的师傅一边招呼客人，一边关心着烤炉上的肉串，烤串既要讲究烤制的时间，也要求调味的精准，长长的烧烤炉上放满了牛羊肉串、蒜爆肉、小红腰……场面蔚为壮观，而滴下的油脂落在烧烤炉上发出"嗞嗞"的诱人声响、啤酒瓶碰撞的声音、师傅的手举肉串的吆喝倒像一首悠扬的乐曲，在喧嚣的都市之中奏响出属于烧烤自己的传奇乐章。

如此这般，便不如约二三好友，觅一心安之地，就着暮色，吃烧烤喝扎啤，谈一谈久违的梦想，说一说逝去的往事，灯红酒绿之中，看岁月的火如何点亮平静的生活。

在探寻济南传统小吃的过程中也找到一点老济南曾经的影子。而不管时代怎么变迁，承载着老济南传统文化的小吃必将代代相传下去，成为济南人回忆过往的最佳载体。

《孤独星球》旅行书系列中曾有一本叫《街头食物》的食谱，书中写道："如果你想找到某一地美食的本心本源，那就必须去探索那个地方的路边摊。很多时候，关于食物的文化就深藏不露于那些卖墨西哥卷饼的小车中，那些热气腾腾的面条摊里，那些跳动的炭火和嘈杂的人声中。"也许烧烤摊就是济南神秘一面的最好阐释。

Barbecue

The Most Jinan-styled Scene

Barbecue has been in Jinan for a hundred of years, but its real heyday came only about 20 years ago when it had become popular in Jinan during summer and even year round. To the old Jinan locals, barbecue has already become a part of their everyday diet. In the memories of our fathers, these barbecue restaurants appeared practically out of nowhere and have been built alongside of big streets and small alleys. Without notice, eating barbecue suddenly thrived and became very popular, just like wearing bell-bottomed pants of those bygone times and going to Starbucks coffee shops at present. It's said that the reason barbecue becaming so popular is because the people of Jinan have a warm heart like the fire.

现代泉城

MODERN CITY OF SPRINGS

摄影 / 张崇元

甜沫 一碗俱可傲王侯

乍一听，这似乎是一种带沫儿的甜品；可实际上，它既不"甜"，也无"沫"。这种济南的招牌小吃主要由小米面糊熬煮而成，配以花生米、豇豆、红小豆、粉丝、菠菜等辅料，并用葱姜爆锅，胡椒粉或五香面提味。故而在济南，"甜沫"又被称作"五香甜沫"。但济南人就好这一口。

撰文 / 樊禹辰　摄影 / 梁大磊

倘若在济南寻找一种最具代表性的饮品，甜沫是当之无愧的。

乍一听，这似乎是一种带沫儿的甜品，可实际上，它既不"甜"，也无"沫"。这种济南的招牌小吃主要由小米面糊熬煮而成，配以花生米、豇豆、红小豆、粉丝、菠菜等辅料，并用葱姜爆锅，胡椒粉或五香面提味。故而在济南，"甜沫"又被称作"五香甜沫"。由此看来，甜沫不仅不甜，而是一种咸粥，甚至还有一些辛辣之味。

"错把田沫作沫甜"

甜沫是济南的代表性小吃

这甜沫名字的由来，还有一些典故。

明末清初，战火连连，民不聊生。有位田姓善人开了一家粥铺，时常施粥接济穷苦人。无奈僧多粥少，只得在粥中添加些豆类、蔬菜聊以充饥，又添加些葱姜等辛辣之物，也好御寒。灾民们见熬粥的大锅中泛起白沫，又依据店主姓氏，便称此粥为"田沫"。

恰逢一落难书生打此路过，有此美味果腹，只觉得甜美可口。他又听得别人称之为"田沫"，便以为这粥名为"甜沫"了。一晃几年过去，当年的落魄书生考取了功名，却对当年的"甜沫"念念不忘。他故地重游，又喝了一碗"甜沫"，却发现这甜沫没有原先甘甜的味道了，究其原因，方知是自己当时误听。于是，他吟诗一首："错把田沫作沫甜，只因当初历颠连；阅尽人世沧桑味，苦辣之后总是甜。"这"甜沫"的名字也便由此传开了。

这故事颇有些"珍珠翡翠白玉汤"的影子，演绎色彩似乎多了些。还有一种说法，更接济南的地气儿。

最早的"甜沫"与现今的做法有些不同。甜沫师傅先把粥做好，后依据客人喜好，再添上点粉条、蔬菜、花生、调料。俗话说，萝卜青菜各有所爱，每位客人的口味多少会有一些差异，抑或有所忌口。甜沫师傅在添加配料之前，他通常会问一句"添么?"后来演变成了"添沫"，再后来人们便将其叫成了"甜沫"。

顺着碗边吸溜

甜沫，虽说是一种济南的地摊小吃，却也有几百年的历史了。它做起来是有一些讲究的。首先要先煮粉条、花生、豆腐皮、菠菜，后加放盐、胡椒面等调料；水沸后才能加小米面糊，还要边加边搅；最后将事先用葱、姜、大料炝锅的油倒入粥中，出锅即成。制作过程中，加水是关键，水多糊稠，水少糊稀；倘若后添，无论糊、水，甜沫就变了。甜沫的口味不可一概而论，毕竟各家甜沫配料不同，火候不同，做甜沫的师傅手艺也有差别；它确是老济南的最爱。

早先，甜沫都是装在瓦缸中，放在木制的小推车上的。伙计们每天推车上街叫卖；天冷的时候还要在缸外套上保温的棉罩子，顶上用包着棉垫子的木盖子，配以盛甜沫的木勺子。

甜沫的喝法也是很平民化的，用汤勺那是外地人所为。老济南人一般都是端着碗，顺着边儿，往嘴里吸溜，无论是粥汤还是其中的花生、豇豆抑或粉条、豆腐皮，一齐跑到嘴里，马上就一干二净底儿朝天。

如果再有几个油旋或是油条，就更美了。尤其是在冬天，一碗热气腾腾、又香又辣的甜沫，会让人感到春天的暖意。清晨的街头巷尾，大家坐着马扎围坐在简易的桌子旁喝着热气腾腾的甜沫，用济南话说，那是"愣怂儿"。

"来喝甜沫来!"

说到济南最有名的甜沫品牌，非"甜沫唐"莫属了。

"甜沫唐"最早在永和街13号。每天清晨这里都会传出一阵阵的吆喝声，店里也是人头攒动。

"甜沫唐"的店面很是朴素，他家的甜沫在2003年被认定为首批济南民间风味小吃，2012年又被认定为济南市非物质文化遗产。我依稀记得老店主唐林贵，常在店里招呼客人，笑容可掬，秉承着老辈人的朴实。

"甜沫唐"本不姓"唐"，而是老唐的岳父在济南开的一家甜沫店，那已是 1981 年的往事了。因他家的甜沫价廉物美，童叟无欺，吸引了众多街坊邻居，也逐渐创出了自己的口碑。后来，唐林贵从岳父手里将店继承下来，同妻子一起经营。当时店铺名叫"贵华堂"，取自夫妻二人名字的最后一字；后来老唐发现，"甜沫唐"这个名字既响亮又平易近人，吆喝起来也更加顺口，所以将店名改为"甜沫唐"，一直延续到现在，也有 30 多年了。

　　"甜沫唐"的甜沫做得非常精细。选用的小米都是新米，而后研磨加工成米糁。另外配料、作料也有十几种，制作工艺也是遵循传统方法，一道程序也不能少。颇有些同仁堂的意味——炮制虽繁，必不敢省人工；品味虽贵，必不敢减物力。

　　每当一大锅甜沫做好后，老唐就会站在甜沫铺门前，大声地吆喝起"喝甜沫来"。老唐的叫卖声伴随着甜沫的香味，飘荡在空气中，真是别有一番韵味。

　　"甜沫唐"店内的四壁上挂满了广大顾客的评语："有了甜沫唐，早餐不用忙""喝了甜沫唐，身心真舒畅""喝了甜沫唐，勿忘咱爹娘"。

　　后来，老店主唐林贵因为身体原因，将店铺交给了儿子唐松涛经营。

　　曾几何时，"甜沫唐"似乎在公众视野中消失了，真是让大家找得好辛苦。原来，随着城市建设、租金成本的上涨，"甜沫唐"曾经五次易址，品质却未曾改变。济南人对甜沫，对"甜沫唐"也是有着深深的情谊。有了顾客们的支持，如今"甜沫唐"在和平路、棋盘小区都有店面，义合街国棉四厂斜对面也有了一家旗舰店。

　　其实，像甜沫这种家常小吃在家里也可以做，当然也不必那样复杂：只需用小米面加水和成面糊，也便有了主料；其他的配料就更加随心所欲了。这种"兼收并蓄"不也是济南的特色吗？

　　甜沫，正是济南的味道。

Having One Bowl of Tianmo

You Can Look Down on Princes and Marquises

On hearing its name, you might think that Tianmo is some kind of dessert with foam in it. But in reality, it is neither "sweet" nor "with foam". This Jinan-styled snack is mainly made of simmered millet flour paste, and with garnishes of peanuts, cowpea, red bean, vermicelli, and spinach. The flavor is enhanced with onion-ginger, pepper powder, or five spices flour. Hence, in Jinan, "Tianmo" is also called "Five Spices Tianmo". Jinan natives enjoy it very much.

海右古亭　潭西胜境

　　五龙潭又名龙居泉、灰湾泉。北魏郦道元《水经注》称之为"净池"。自金代起，五龙潭就被列入七十二名泉。不过在《名泉碑》上，它的名字写的是灰湾泉，而不是五龙潭。这是因为五龙潭名字始于元代的缘故。站在潭边，便会想起明人刘敕的那首《五龙潭》诗："传是蛟龙宅，龙潜何处寻？坛中台殿古，门外石潭深。树密云常合，亭高日半阴。坐来水色净，聊可空人心。"

撰文/侯　林　摄影/王　平（除署名外）

　　记得那是一个杂志社在五龙潭公园举办笔会，我有幸忝列其中。得以有闲步五龙潭之雅兴。虽然它的知名度不及趵突泉、大明湖来得响亮，但它清雅幽静，别有一番风韵在焉。

　　五龙潭又名龙居泉、灰湾泉。北魏郦道元《水经注》称之为"净池"。自金代起，五龙潭就被列入七十二名泉。不过在《名泉碑》上，它的名字写的是灰湾泉，而不是五龙潭。这是因为五龙潭名字始于元代的缘故。

　　站在潭边，便会想起明人刘敕的那首《五龙潭》诗："传是蛟龙宅，龙潜何处寻？坛中台殿古，门外石潭深。树密云常合，亭高日半阴。坐来水色净，聊可空人心。"

自金代起，五龙潭就被列入七十二名泉　摄影/明雪影

神秘感与文化底蕴

五龙潭为一自然泉湾，南北长约 70 米，东西亦有 30 多米，水深 4 米多。相传五龙潭是唐代开国功臣秦琼的府第。秦琼死后不久，一夜雷雨，府邸沉没为渊。有个渔民自恃水性，曾潜入潭底一试深浅，在水底，他发现了玉石的官殿台阶。还有喝醉酒在潭边者，梦见一朱衣人邀至水晶宫中，发现巨龙卧居其中。听罢导游小姐这番介绍，不禁森然而有凉意。我们再细观那潭水，果呈墨绿凝重之色，令人顿生"龙虎居焉"之想。

显然，幽深难测也是一种美。这种美是大自然所固有的，而它与神话、传说一经融合，便会产生出不可言说的神秘感来。

其实，五龙潭是个有着深厚历史文化渊源的所在。稽考历史，古代（唐宋以前）大明湖恰恰就在今五龙潭及以北一带。据北魏郦道元《水经注》："泺水北为大明湖，湖西即大明寺。寺东、北两面侧湖，此水便成净池也。池上有客亭。"而元代于钦《齐乘》则谓："《水经注》泺水北为大明湖，西有大明寺，水成净池，池上有亭。即北渚也。今名五龙潭，潭上五龙庙，亭则废矣。"

由此可知，五龙潭实为古代大明湖的一部分，而且是其中最为精美的一部分，即净池。而净池上的客亭，即当年李北海、杜甫所宴集之历下亭。此"海右古亭"之处即今五龙潭，它早在北魏时即已美不胜收："左右楸桐负日，俯仰目对鱼鸟，极水木明瑟，可谓濠梁之性，物我无违矣。"（《水经注》）而今之大明湖，《水经注》称"历水陂"，北宋时称"西湖"，称大明湖最早见于金代元好问《济南行记》。大约因为古大明湖此时已逐渐湮塞而以西湖袭其名。而五龙潭之名则是因为元代在潭上建五方龙王庙，故潭名五龙潭，后庙废而潭名仍旧。清人朱照曾记此事说："古净池，深潭，莫能穷其底。好事者建小神庙于潭边，塑五神像，乃曰五龙潭。小神者，龙神称谓之词，非小庙也。"（《锦秋老屋稿》）

五龙潭又名龙居泉、灰湾泉

关于秦琼故宅的传说

当然，五龙潭之所以蜚声众口，还是与上面提到的那个秦琼府第的故事传说有关。秦琼（？～638），唐代名将，字叔宝，齐州历城（今济南）人，初属隋将来护儿帐内，后从张须陀。降唐后，随李世民击败宋金刚、王世充、窦建德等，屡建奇功，进封翼国公。参与"玄武门之变"，官至左武卫大将军。贞观十二年（638）卒。赠徐州都督，陪葬昭陵。改封胡国公。

关于秦琼的出生地有两种说法，一说为济南"西关沙苑"，一说为"南山仲宫"。关于他在五龙潭旁有豪华府第的记载，初见于张养浩《复龙祥观施田记》一文，文中说："五龙潭，闻故老言，此唐胡国公秦琼第遗址。一夕雷雨，溃而为渊。""闻故老言"，有尚不能确定之意。而到了清代乾隆年间，著名学者桂馥在《潭西精舍记》中则几乎以断定的口吻称："历城西门外唐翼国公故宅，一夕化为渊，即五龙潭也。"而与桂馥差不多同时的清代济南诗人朱照则称："秦琼，字叔宝，官武威将军，封胡国公。历城南山仲宫人。显贵后，建府第于净池边，今之五龙潭也。"（《锦秋老屋稿》）

而关于秦琼故宅的依据还不仅此。清代济南诗人范坰有诗云："美良川上马嘶风，归画凌烟意态雄。留得城西遗宅在，丰碑七尺表胡公。"在诗的笺注中，诗人说："秦叔宝宅，在西关沙苑，今五龙潭。山门内有碑，书'唐左武卫大将军胡国公秦叔宝故宅'。"（《风沦集》）而在今五龙潭公园内，恰恰竖着一块石碑，上书"大唐左武卫大将军胡国公秦叔宝之故居"。该碑在上世纪五十年代就在五龙潭院内，"文革"中被搬掉。1987年修建公园时又从地下挖了出来，不知两块石碑有无关连。

应该说，传说毕竟是传说，它不能取代历史真实。对五龙潭为秦府遗址之说驳斥最力者当属尹廷兰。尹廷兰，字畹阶，清乾嘉间济南名士、诗人、学者，乾隆三十九年（1774）举人，官高唐州学正。尹廷兰少时受业于同邑学问大家周永年，精考证之学。经过一番认真考证，他认为：桂馥"谓潭为唐武卫大将军胡国公秦叔宝故宅，一夕化为渊，则传记实无所据"。他据《水经注》指出，"五龙潭在元魏时已成净池，胡公何为于水中筑室，身后致神物潴其宫乎！"

最后，他断然指出："以潭为胡公宅则伪撰故实。"（详见尹廷兰《潭西精舍后记》）而1995年秦琼之父秦爱墓志铭的发现更加佐证了尹廷兰的论断。是年，济南市经七小纬六路银行宿舍楼施工过程中发现秦爱墓志铭。从墓志铭得知，秦爱，字季养，正是唐代开国名将秦琼的父亲。隋大业十年（614）卒于齐州历城怀智里，终年69岁。秦琼的曾祖父秦孝达、祖父秦方太均为北魏、北齐的官吏。由此可知，秦琼的故居是在历城县怀智里，即今经七小纬六路一带。

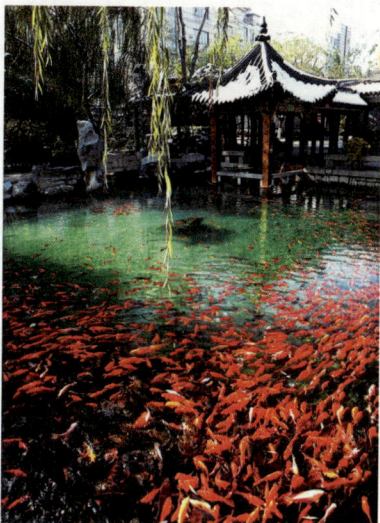

龙潭观鱼　摄影／明雪影

其家亦非冶铁世家。

那么，为什么会有秦宅化渊这个传说，而且传得如此神乎其神呢？应当说，这个传说亦有一定的历史依据。据今秦氏后裔言讲，五龙潭并未建秦琼府第，但建有秦琼祠堂，且不属秦家所有。这是有诸多史实依据的，如曾在清道光间任济南知府的吴振棫《暇日出游杂成诗》笺注中，便有"五龙潭侧有秦叔宝祠"的记载。

潭西胜境 水木明瑟

五龙潭还是济南四大泉群之一，其周围有泉20余处，率多名泉。当然，五龙潭之美还在于其清雅隽永的文化气息。这里有潭西精舍，系清代著名学者桂馥和他的朋友集资所建，作为四方文人雅士聚会咏诗下榻之处。而在建精舍时不意间挖出一新泉，水势甚佳。桂馥大喜，遂命名为"七十三泉"。

随后，他又将天镜泉水引入其中，两泉汇合，绕屋穿廊，潭西精舍成了名副其实的水景园。桂馥于其中修建了谈助亭、倚杖桥、芳林、水榭、画壁等。并不无自得地写了《潭上杂咏》八首，且看其《潭西精舍》："树色不离门，水声长绕屋。昨夜月上时，散步未能宿。"《画壁》："既有石泉响，何必松间听。谁知浙江潮，翻从壁上生。"

而当时文人吟咏潭西精舍与七十三泉之诗，所在多有。如清代济南诗人周奕簧《潭西精舍呈刘寄庵先生》诗："潭西开胜境，讲舍最萧森。水木延清赏，濠梁托素心。听泉俯涧石，伫月立花阴。城市嚣尘里，幽踪那寻。"

如今，精舍早已不复存在，只有那众多的清泉依然于鸣禽园柳之中不知疲倦地淙淙流淌。公园主人将当代著名诗人孔孚的诗作《泉边》镌刻在公园的山石上，更为这座园林增添了清秀典雅的气息和色彩。那诗作是："掬一捧泉水，洗一洗眼睛，心也绿了。"

The Five-Dragon Pool

An Ancient Pavilion with Wonderful Scenery

The Five-Dragon Pool, also known as Dragon Living Pool or Grey Bay Pool, was called Clean Pool in Shui Jing Zhu, a book written by Li Daoyuan in the Northern Wei Dynasty. Since Jin Dynasty, the Five-Dragon Pool has been listed as the "seventy-two most famous fountains". However, it was named Grey Bay Pool rather than Five-Dragon Pool at the Famous Fountains Stone because it received the later name in the Yuan Dynasty. The poem Five-Dragon Pool , was written by Liu Chi (a poet of the Ming Dynasty)and will most often come to people's minds whenever they stand by the pool. The poem reads,"It was said to be home to mythical beasts but where are they? Inside there was ancient halls and outside deep pools. Trees were thick with leaves, clouds were continuous and pavilions were so high that even the sun was shut out. Why not sit beside the clear pool and enjoy a peaceful mind?"

留取丹心"不老松"

邓王
恩尽
铭美

　　王尽美病逝的时候只有 27 岁，邓恩铭被杀害的时候只有 28 岁。为了中国的革命事业，两位山东共产党组织的创始人还不到 30 岁就献出了自己宝贵的生命。但是，他们的精神和业绩永远会被人们铭记，堪比"不老松"。革命英烈的碧血，抛洒在济南大地上。王尽美、邓恩铭的丹心，跳动在史书里。

撰文 / 张继平　摄影 / 梁大磊

　　济南三合街的闻名与王尽美有关：1923 年，王尽美同志在此办学，改"新育小学"为"育才小学"（今三合街小学），并自任校长，办学的同时还从事党的地下活动。

　　王尽美（1898 ～ 1925），中共"一大"代表，山东省中国共产党的创始人之一。原名瑞俊，字灼斋，山东莒县（今属诸城）人。1918 年考入济南山东省立第一师范学校。在校期间，他积极参加五四运动，组织励新学会，主编《励新》半月刊。1920 年 9 月，他组织马克思学说研究会，后又组织共产党小组。

1921 年 7 月，他和邓恩铭一起代表山东共产党小组出席中国共产党第一次全国代表大会，会后任中共山东区支部书记。1922 年 1 月，他赴莫斯科出席远东各国共产党及民族革命团体第一次代表大会，回国后参加党的第二次全国代表大会，并任中国劳动组合书记部山东支部主任，创办《山东劳动周刊》。同年 8 月被派往山海关从事工人运动，是京奉铁路工人大罢工的组织者和领导者，也是开滦五矿总同盟罢工指挥部的成员。1923 年 2 月，王尽美回山东负责党的工作，主办了《晨钟报》《现代青年》《十日》等报刊。遵照党的指示，他曾以个人身份加入国民党。

四角楼里的革命

育英中学内的两座四角楼，样式基本相仿，建筑年代大约在 20 世纪初始年代。因其建筑平面为方形，南北、东西各为五开间，故俗称"四角楼"。

这两座四角楼院在 1919 年以前曾是山东高等学堂（山东大学前身）的外籍教习（老师）住房，现在东楼为学校图书馆，西楼为办公所用。两座四角楼南面，均为高石台阶，经南外廊进入楼内。进楼后为一南北通廊，廊两侧各为相通的两室，通廊北端为楼梯；二楼布局基本与一楼相似，为木制楼板。两座四角楼之间原来曾有一座天桥相通，后来被拆除。四角楼的东、西、北三个墙面的窗楣皆为平直式，与南墙的半圆券式窗楣和前柱廊形成强烈反差。

四角楼楼顶为不完全四坡顶，四个斜脊背收到上端变为平顶，方形平面上砖砌女儿墙。这种别致的平坡结合的屋顶形式，在济南的老建筑中是不多见的。上个世纪 20 年代，革命先驱王翔千（原育英中学教员）与王尽美、邓恩铭（中共一大代表）在育英中学校园内宣传马列主义，开展地下工作。1922 年 9 月 16 日，在王尽美、王翔千的主持下，在四角楼西楼召开中国社会主义青年团山东地方团（山东地下团省委）成立大会。从此，山东各地的学生运动在党的直接领导下，蓬勃发展起来。"七七"事变前的历次反帝反封建学生运动，育英中学的学生都曾积极参加。而今，四角楼已经成为该校学生进行爱国主义教育和革命传统教育、缅怀革命先驱的基地。

1923 年秋，中国国民党在济南三合街开设一所"育才小学"，作为省党部秘密办公的地点。当时，王尽美致力于国共两党合作，中国共产党的许多人就在这所学校担任教职，王尽美本人还一度担任三合街小学校长之职。那时，国共的共同目标是进行国民革命，反对帝国主义和军阀。王尽美，不但是革命先驱，而且多才多艺。他娴于丝竹，曾以琵琶弹奏《梅花三弄》为听众激赏；他还擅于丹青，1923 年 5 月，王尽美在济南教育会场主持马克思诞辰纪念会，会场上悬挂的巨幅马克思画像就是他亲手所绘。

当时，国民党在山东可以公开或半公开地活动，而山东的共产党、共青团组织成立时间短，人数不多，没有合法地位，加上群众对党还不了解，活动很不方便。在这种情况下，王尽美、邓恩铭积极促成山东的国共合作，这样，中国共产党和共青团的有些活动就可以借国民党的名义开展，效果也就比原来显著多了。比如，1925 年 3 月 12 日，孙中山在北京病逝，济南在商埠公园（今中山公园）、青岛在胶澳中学举行有数万人参加的追悼大会。济南的盛大纪念活动连续三天，许多团员在会上发表激动人心的讲演，散发传单和小册子，热情宣传国民革命。益都、潍县、平原等地也都以国民党的名义举行悼念活动。大批青年通过悼念活动提高了觉悟，进而加入了革命行列。

君与恩铭不老松

中共山东省领导机关旧址位于原东流水街 105 号院内存留下来的二层小楼（现位于五龙潭公园内），1925～1927 年山东地方执行委员会领导机关的一部曾分设于此处，当时，王尽美、邓恩铭同志曾在这里从事革命活动。1925 年前后，任弼时、邓中夏、关向英等党中央领导人来济南时也曾在此居住。王尽美曾在此写下了《长江歌词》抒发爱国热忱。1929 年又写下了"无情最是东流水，日夜滔滔去不停。半是劳动血与泪，几人从此看分明"的诗句，反映了当时工人阶级的痛苦生活。

由于王尽美、邓恩铭等人卓有成效的工作，山东的革命形势喜人。当时统治山东的北洋军阀张宗昌迫于众怒难犯，无可奈何。1926 年，团中央对山东团的工作做了这样的评价："山东组织虽处极反动的政治压迫之下，然同志尚能很积极工作，且秘密发展组织亦颇有成绩。"

王尽美同志虽然去世较早，但在党内一直有极好的"口碑"。建国后，毛泽东主席也向山东省的领导同志讲起王尽美。他说："你们山东有个王尽美，是个好同志。"1961 年 8 月 21 日，董必武深情地怀念起王尽美，在去武汉的列车上挥笔写了一首《忆王尽美同志》的诗："四十年前会上逢，南湖泛舟语从容。济南名士知多少，君与恩铭不老松。"这首诗作，现在镌刻在五龙潭公园内王尽美、邓恩铭大型雕像的底座上。

董老诗中提到的"恩铭"即邓恩铭，是山东中国共产党的另一位创始人，王尽美的好战友。1921 年 7 月，他与王尽美一起到上海参加中国共产党第一次全国代表大会。1922 年他又与王尽美一起到莫斯科参加"远东各国共产党和民族革命团体代表大会"，两人在那里一同聆听了列宁

当时的中共山东省领导机关旧址位于现在的五龙潭公园内

关于民族和殖民地问题的演说，考察了苏联的现实。同年 7 月，王尽美、邓恩铭等赴上海出席了中共二大。二大后，在中国共产党济南独立组的基础上，建立了中国共产党济南地方支部，王尽美任书记，成员有邓恩铭等 9 人。

一片丹心照汗青

如果说王尽美的革命活动多集中于济南的话，那么，邓恩铭对青岛就"情有独钟"了。1923年春，邓恩铭受党组织派遣到青岛，以教学、办报作掩护进行革命活动，从事党、团组织的创建工作和工人运动。当时的青岛已成为山东工人阶级最集中的工业城市，由于长期受帝国主义和反动势力的剥削压迫，青岛人民蕴藏着强烈的反抗情绪。经过紧张工作，1923年8月，青岛的第一个党组织也诞生了，邓恩铭任书记。10月，王尽美来青岛指导党团工作和工人运动。11月18日，青岛历史上的第一个团组织中国社会主义青年团青岛支部诞生，邓恩铭再次担任书记职务。

1924年10月，王尽美染上了肺结核，但他仍然坚持工作。到了1925年的春天，青岛的工人运动逐渐兴起，由自发到自觉，由经济斗争发展到了政治斗争，工人运动出现了第一次高潮。王尽美这段时间长住青岛，他不顾病魔的折磨，和邓恩铭等一起领导罢工。1925年2月，胶济铁路局上层发生内讧，王尽美和邓恩铭利用这一时机，发动胶济铁路和四方机厂工人举行全厂大罢工，斗争的锋芒直接对准帝国主义和北洋军阀。罢工历时9天，取得重大胜利。可以说，作为山东共产党组织的创始人，王尽美和邓恩铭二人在齐鲁大地上写下了一段革命战友亲密合作、肝胆相照的佳话。

1925年7月，王尽美因病逝世。他留下的遗言是："全体同志要好好工作，为无产阶级和全人类的解放和共产主义的彻底实现而奋斗到底！"王尽美逝世后，邓恩铭接替他，担任中共山东地方执行委员会书记，继续战斗。

1929年1月19日，邓恩铭从淄博矿区返回济南，由于叛徒告密，不幸被捕。狱中，邓恩铭面对严刑拷打，坚贞不屈。1931年4月5日早晨6时，邓恩铭在济南纬八路侯家大院刑场被杀害。

王尽美病逝的时候只有27岁，邓恩铭被杀害的时候只有28岁。为了中国的革命事业，两位山东共产党的创始人还不到30岁就献出了自己宝贵的生命。但是，他们的精神和业绩永远会被人们铭记，堪比"不老松"。

革命英烈的碧血，抛洒在济南大地上。王尽美、邓恩铭的丹心，跳动在史书里。

Wang Jinmei and Deng Enming:

Leave My Heart to "Ever-young Pine"

Wang Jinmei died from disease at the age of 27 and Deng Enming was killed at only 28. The two founders of the Shandong Communist Party branch sacrificed their valuable lives for China's revolution. However, their spirit and contribution will be remembered forever, like the ever young pine trees. Revolutionaries' blood was spilled in the land of Jinan, and their heartbeat is recorded in history.

秋柳吟罢震江湖

王士禛

站在秋柳园街北眺，大明湖景色依旧，波光潋滟，湖中荷香四溢，水岸垂杨披拂。赏美景，思古人，"今人不见古时月，今月曾经照古人"的感慨油然而生。

撰文 / 张继平　摄影 / 梁大磊

秋柳园，一个非常有诗意的名字。

秋柳园遗址在现在的大明湖东南岸的一片树林中，据传此地曾是清初才子王士禛读书的地方。

柳叶摇落赋秋柳

王士禛二十二岁便入京考中进士，此后文名渐著。两年后，他游历济南，邀请在济南的众名士，集会于大明湖天心水面亭上。此时已是秋意甚浓，王士禛见环湖柳树叶已微黄，若有摇落之

态，触景生情，即席赋"秋柳"诗四首，当时在场的文人徐东痴遂以《和阮亭秋柳诗》四首酬答，气氛热烈，一时传为佳话。后来，王诗传开，竟然风靡一时，大江南北一时和者数十家，"闺秀亦也多和作"（见《渔洋诗话》）。再后来，历下文人在这里成立了"秋柳诗社"，并建馆舍多间，取名"秋柳园"，并在此观柳赏荷，即兴赋诗，挥笔联句，步韵唱和。清代朱照云的"数椽馆舍明湖侧，后辈人传秋柳章"、董芸的"霜后残荷雨后萍，几株烟柳尚青青"，咏的就是秋柳园。大约在清末年间，人们又将大明湖畔秋柳园南的一条小巷命名为"秋柳园街"。

王士禛，字子真，号阮亭，别号渔洋山人。他年少才丰，六岁入塾，聪颖好学，除必读功课外，还增读《文选》等书。其兄王士禄常选一些唐诗，让其誊写，反复诵读。其祖父也经常教导诗词音律和书法，十一岁那年，祖父酒后叫读孙答对，祖父出对曰："醉爱羲之迹"，王士禛应声作答："闲吟白也诗"，

王士禛雕像

得到众人称赞。十五岁时，他已经写了不少诗篇，编成《落笺堂初稿》。十七岁参加县、府、道童子试，皆名列第一。顺治八年（1651），赴乡试中举，十二年，进京会试中进士，时年二十二岁。顺治十六年得任扬州推官，五年后调任京职，先后在户部、礼部、兵部，翰林院、国子监任职，后官至刑部尚书（相当于现在的司法部长）。在任扬州推官期间，平反了"海寇案"，拯救了大批百姓性命。在清理盐税案中，上书求朝廷豁免欠税，处理冤案 80 多起。在户部主政时，革除旧规，力戒循私作弊。王士禛任刑部尚书期间，时有捐纳通制王五逼凶致人毙命，太医院吏目吴谦同谋诈索一案，由刑部审理。南司主事马世泰受贿开脱吴谦，拟定王五流徙、吴谦免议。后经康熙帝御旨三司会审，依律王五当斩，吴谦当绞。王士禛在此案中因失察错审被革职。时已年逾古稀的王士禛回到家乡新城（今桓台），以著述为业。

忍向烟波问板桥

王士禛的诗清新蕴藉、刻画工整。他提出的神韵诗论，强调诗文创作的兴到神会和含蓄。主张诗歌"天然不可凑泊"，"洒脱自然，别有情致"而不落俗套，以"不著一字，尽得风流"为作

诗要诀。所传诗文中，有不少题咏济南风物，记叙济南掌故之作，并精选有《神韵集》《唐人万首绝句》等诗集。王士禛交游极广，不以势位高低论交。其友中有木匠、缝纫工、农夫、僧道以至闺阁妇女等。泰州平民吴纪嘉，在生活极度贫困的情况下，写出《陋轩诗集》。王士禛在扬州得知后，奔波百余里，亲去拜访，并为其诗集作序，使之得以广泛流传。淄川塾师蒲松龄是他的好友之一，他曾评点《聊斋志异》并题诗。王士禛一生著述五百余种，作诗四千余首，主要有《渔洋山人精华录》《渔洋文略》《蚕尾集》《池北偶谈》《香祖笔记》《居易录》《渔洋诗集》《带经堂集》《感旧集》等，有"一代诗宗"之称。

王士禛在大明湖畔作的《秋柳诗》四首，一向被视为其代表作之一。但由于本诗用典较多，语意隐晦，所指究竟为何，至今难有共识。许多介绍文章也只提"秋柳"，鲜有著录全诗者。为使读者一窥全貌，先迻录《秋柳诗》如下：

其一：

秋来何处最销魂，残照西风白下门。
他日差池春燕影，只今憔悴晚烟痕。
愁生陌上黄骢曲，梦远江南乌夜村。
莫听临风三弄笛，玉关哀怨总难论。

其二：

娟娟凉露欲为霜，万缕千条拂玉塘。
浦里青荷中妇镜，江干黄竹女儿箱。
空怜板渚隋堤水，不见琅琊大道王。
若过洛阳风景地，含情重向永丰坊。

其三：

东风作絮糁春衣，太息萧条物物非。
扶荔宫中花事尽，灵和殿里昔人稀。
相逢南雁皆愁侣，好语西乌莫夜飞。
往日风流问枚叔，梁园回首素心违。

其四：

桃根桃叶真相怜，眺尽平芜欲化烟。
秋色向人犹旖旎，春闺曾与致缠绵。
新愁帝子悲今日，旧事公孙忆往年。
记否青门珠络鼓，松枝相映夕阳边。

关于诗的写作背景，王士禛《渔洋山人自撰年谱》谓：此诗于清顺治十四年秋，与邱石常、柳蒉、杨通久兄弟等在济南大明湖所作。这一年，王士禛二十四岁。虽然他已会试中会，但由于未赴殿试，实际上并未步入仕途。再者，本年虽距明清鼎革已有十三年之久，但那场巨大激烈的变革给王士禛内心所造成的创伤，并没有消失。王士禛曾述其十五岁前所作，并"大为先辈所赏"之《落叶诗魂》："年年摇落吴江思，忍向烟波问板桥。"正可视为其从明亡以后至写《秋柳诗》时的心态反映。

今月曾经照古人

　　《秋柳诗》第一首，"秋来何处最销魂，残照西风白下门。"在这里，时间是秋天的傍晚，空间是西风吹拂、残阳涂抹的白下门。白下门，指南京而言，在清初数十年间，它是故明遗民心目中明政权的象征。当他身处大明湖畔，却心系大明故地，故而将诗景归敛为秋风残照中的白下门。这里应该说明的是，在创作《秋柳诗》之前，王士禛并未到过南京。所以，这一想象，正拨动着故明遗民的心弦，传达出他们故国不堪回首的心态。白下清溪，昔日留都繁华已逝，秋风残照，眼前凄凉之景堪哀，能不令人备觉销魂？由是，诗歌顿然形成一股浓烈的黯淡衰飒的情调色彩。为了强化诗歌的这一特征，此诗颔联又将昔日与今日截然有别进行了对照，"他日差池春燕影，只今憔悴晚烟痕"，往日是春意盎然，燕影翩跹，今朝则秋风残照，晚烟憔悴，这种巨大反差，进一步展现了首联强调"销魂"的意蕴。睹物伤时，自我又无力挽天，无可奈何之中，于是，只好"愁生陌上"，"梦远江南"。

　　《秋柳诗》第二首，以秋季景物的描绘为线索，切入了诗人由景物的昔盛今衰而引起的惊悸和战栗。娟娟寒露，万缕柳丝，湖里青荷，岸边黄竹，乃至一泓湖水，满目秋光，本是秋季临湖面对之空间景物，但诗句却回避对景物作具体描绘，而是将景物纳入诗人自己的内心世界，通过种种典故的运用，揭示这些景物中蕴含的胜地不常、盛筵难再的凄凉和辛酸。因此，此诗刻画之空间虽不宽阔，但其含意却显得十分悠长。王士禛在《菜根堂诗集序》中曾述其作《秋柳》诗之

秋来何处最销魂，残照西风白下门

缘起云："一日会饮水面亭，亭下杨柳千余株，披拂水际，绰约近人。叶始微黄，乍染秋色，若有摇落之态。"这幅秋景一旦纳入诗人感旧伤今的内心世界，它就以凄凉辛酸的面目出现，向人诉说着昔日的繁华与今日的孤寂。

《秋柳诗》第三首以时光流逝为出发点，强调因此引起了空间的沧桑变化。年年相似的寒来暑往，终于埋没了故都昔日的繁荣，只留下"花事尽""昔人稀"的萧条结局。这固是过去的悲剧，但又何尝不是今天的悲剧？诗人以敏锐的感觉意识到这点，往往最容易引人共鸣。

作为全诗总结，在第四首中，王士禛颇有感慨：尽管眼前秋光旖旎撩人，但让人记忆犹新的还是往日春意。从时光总是流逝的立足点来看，不论是美人也好，美景也罢，过去的一切已成往事，而眼前的一切也将如烟消散。尽管面对时光流逝，不断有人在悲今日、忆往年。但在沉闷的珠络鼓的反复拍打声中，也许只有那荒原上映照着夕阳的松柏杨柳是时代社会变化的最好见证。诗人以反复缠绵，幽微细腻的特征，诉说着内心的孤独和渺茫。正契合了明清异代之际文人的普遍情绪，故而产生了轰动效应，"秋柳"也因此获得了永恒的生命。

王士禛主张诗歌应该有神韵，其实这也正是秋柳园街不懈的追求，在那斑驳的青石板路上一直就有一种神韵荡漾。如今，秋柳园馆舍及水面亭早已毁圮，然而此处景色依旧。明湖波光潋滟，岸畔小溪潺潺，溪上虹桥卧波，湖中荷香四溢，溪岸垂杨披拂，人们依然常在柳荫下草坪上怀古凭吊，吟诗作文。富有诗意的秋柳园，确实是因诗得名的好去处。应该说，没有王士禛，就没有秋柳诗；没有秋柳诗，不会有秋柳园；没有秋柳园，就不会有那条铺在青石板上的秋柳园街。站在秋柳园街北眺，大明湖波光潋滟，湖中荷香四溢，溪岸垂杨披拂。赏美景，思古人，大有"今人不见古时月，今月曾经照古人"之感。

Wang Shizhen

His Ode to Autumn Willow Amazed the Literary World

As seen from the Autumn Willow Garden Street, Daming Lake is as beautiful as it was in the past with its water shining and charming, the fragrance of lotus spreading broadly and poplars fluttering elegantly. Appreciating the beautiful scenery and thinking of the ancients, we will naturally have the emotional sigh, such as "we cannot see the ancient moon, while the ancient moon has accompanied the ancients".

当年王侯故宫水

济南的老街巷里，如今还保留着老街"原汁原味"的，已为数不多了。王府池子街上只有几十户人家，多为青砖平房，小户门楼。人们走在这条小街上，不仅会感受到一种大都市难得的宁静，也会感受到一种极强的亲和力，它的淡雅、洗练、温馨、和谐，令人流连忘返。

撰文 / 张继平　摄影 / 王　平（除署名外）

济南的老街巷里，如今还保留着老街"原汁原味"的，已为数不多了。王府池子街可谓仅存不多的著名老街之一，是人们领略济南老城风情的极佳去处。

王府池子街东起西更道街，西连芙蓉街；北抵起凤桥街，南接平泉胡同。街道纵横交叉，南北较长，东西较短，纵向街道多有小弯。街上只有几十户人家，多为青砖平房，小户门楼。人们走在这条小街上，不仅会感受到一种大都市难得的宁静，也会感受到一种极强的亲和力，它的淡雅、洗练、温馨、和谐，令人流连忘返。

流杯池畔话古今

王府池子街是因街西侧有著名的王府池子而得名的。

雪染珍珠泉

王府池在唐宋时期就是一处泉林胜地，最早叫做灰泉，又称濯缨湖。金《名泉碑》、明《七十二泉诗》、清《七十二泉记》均著录。濯缨湖之名，取《孟子·离娄上》"清斯濯缨，浊斯濯足矣"之意。清道光《济南府志·卷六·山水二》载："濯缨泉称湖，前在德王宫内，今在院署西墙外百余步，俗称王府池，围圆四十余丈，由地沟北流，穿民居，出起凤桥下，至院后会珍珠泉水，经百花、鹊华两桥入大明湖。"实际上，早在1600多年前的北魏时期，此地便为许多文人学士所青睐。他们经常聚于池畔作"曲水流觞"之饮，并将此处誉称为"流杯池"。至宋，那位曾知齐州的曾巩先生，又在此地修建了"名士轩"。

这么幽雅卓美的去处，自然引起了历史上那些达官显贵的垂涎。金末元初，山东行尚书省兼兵马都元帅、知济南府事张荣开始选择珍珠泉一带修建府第，始为私人宅第。从那时起，济南人把这里称为"张舍人园子"，一叫就是多少年。后来，张荣的孙子、元大都督张宏又在王府池子池畔修建了一座蔚为壮观的"白云楼"。登楼远眺，全城景物，历历在目；尤其雪后，凭栏寻望，晴光四野，绮丽景色，令人叹为观止。因此有了"历下八景"中的一景："白云雪霁"。清人范坰曾写诗并自注云："王府池即濯缨湖，白云楼在其上。"

江南水乡韵致

明代成化年间，德王朱见潾建德王府，王府池子仍在德王府之中，为王府西苑，遂将灰泉之名改为濯缨湖。清兵攻占济南后，废德王府改名巡抚衙署之外，筑墙隔开。据记载，过去池中还有一沙渚，当地人多于此捞鱼虾，故名"捞虾渚"。清初山东巡抚李树德于沙渚中央建有一亭，人称"王府池新亭"。其亭造型玲珑，彩绘秀美，栏杆精雕，多饰"亚"字图样。亭周绕以回廊，廊接虹桥，景象万千。由于这里景色秀丽，世人以唐朝诗人王维的"辋川别业"喻称之。解放前亭废。民间因该湖原属于王府，故称之为"王府池子"。后来湖边土山多被夷平，建起许多民居，湖水面积不断缩小，终成为今日仅亩余的一方池水。

王府池子现泉池长30米，宽19米，池岸石砌。盛水期水势甚佳，色洁如璧，水涌似珠，纷纷扬扬，洒满泉池。岸边垂柳依依，民居傍泉而建，颇有江南水乡韵致。树丛之间，藤架遮荫，下设石桌石凳，暑天，附近居民常于此乘凉、品茗。

王府池子街的南段原名魏家胡同，是上世纪六十年代合并到王府池子街的。街北口路东墙根下，有腾蛟泉，泉池虽小但极方整，墙上有清水泉名刻石，十分醒目。濯缨泉和腾蛟泉皆为济南七十二名泉之一，一街得占两泉，更为该街增色不少。

情思泉水般流淌

王府池子原来是王爷的园池，如今隐藏在曲曲折折的老街旧巷里，终于属于民间了，实可谓"当年王侯家中池，今日百姓门前塘"。王府池子附近的民居，估计至少都有数十年的历史。青石板铺就的街道、潺潺的流水，简单的石板桥、古色古香的对联，一不小心跳出来的泉眼，让你真的怀疑自己来到了江南——王府池子是一幅悠然的画，小桥、流水、人家、写生的学生、游泳的老老少少、清净温婉的氛围，浓厚韵味的文化，垂柳倒映入清澈的河水中，王府池子这幅清净悠

在王府池子，领略地道济南风情　摄影／李瑞勇

然的画将永远印刻在我的心中。王府池子多像一位小家碧玉，悠悠淡淡，情思像泉水一样流淌。王府池子多像一曲木琴奏出的民乐，叮咚声中跃出欢乐的音符。

　　那天我和朋友相约，来到这里，但见一潭碧水清澈见底，泉池岸边民居错落，杨柳耸翠，藤架笼荫。靠近看，池底涌起串串水泡，晶莹剔透，和着天上飘落的阵阵细雨，水面顿时布满点点水花，如同万千鱼儿戏水。这时池对岸传来阵阵木杵声，寻声觅去，只见三五妇女正在岸边石板上洗衣，说笑声和木杵的敲击声交织在一起。

　　老街是一个城市文化的精髓所在，它积淀浓缩了自然历史文化精华。余秋雨说，历史本身也不会否认一切，真切的人生回忆会给它增添声色和情致，但它终究还是要以自己的漫长来比照出人生的短促，以自己的粗线条来勾勒出人生的局限。我想，老街也是这样。

Wang Fu Chi Zi

It Belonged to the Gentry at Old Times

Of the old alleys in Jinan, few retain the "original flavors" of those old streets. But one may well say that Wang fu Chi Zi Street is one of the few existing famous old streets and is the best location for people who appreciate the charms of old Jinan city. In Wang Fu Chi Zi Street, there are only a few households that are single story houses made of grey brick and they are very small buildings. Walking in this street, people can not only feel the quietness that is hard to come by in a metropolis, but also they can sense an extremely strong power of kinship. Its elegance, simplicity, warmth, and harmony make visitors indulge in pleasures and many may forget to return home.

将军本色诗人骨

辛弃疾

"铁板铜琶，继东坡高唱大江东去，美芹悲黍，冀南宋莫随鸿雁南飞。"恰切地概括了辛弃疾的生平业绩。国家不幸，昏庸腐朽的南宋王朝，未能给辛弃疾驰骋疆场、恢复中原的机会，然而愤怒出诗人，却使他那么多铁板铜琶、雄壮慷慨的词作喷薄而出，并终与苏轼一起成为宋词豪放一派的代表。

撰文 / 侯　琪　　摄影 / 梁大磊

　　辛弃疾（1140～1207），字幼安，中年后别号稼轩居士，宋代济南府历城县人。自幼生活在金人统治下的辛弃疾，是跟随祖父长大成人的。青少年时，他曾与金代著名文学家、书法家党怀英一道，受教于诗人刘瞻，这对他后来的文学创作，应该是有很大影响的。

　　另一个对他产生很大影响的是祖父辛赞。辛赞为家族人多拖累，滞留汴京，不得已出仕金朝。但他却"心存汉阙"，闲暇时常带辛弃疾登高望远，指点江山，并一直打算寻机起兵抗金，以报亡国之恨。

辛弃疾15岁及18岁时，曾两次去燕京（今北京市）参加进士考试。辛赞还嘱咐他注意燕京一带的地理形势，以为将来起义进军预作准备。受祖父影响，辛弃疾早就立下了光复故国的志向，并在祖父去世不久，就揭竿而起，聚众抗金，随后率部属约两千人加入了活动于莱芜、泰安一带的耿京起义大军，被任命为掌书记。

耿京义军中有一济南僧人义端，是经辛弃疾介绍加入义军的。不久，义端竟趁机窃取义军印信叛逃。耿京欲杀介绍人辛弃疾，辛弃疾约以三天期限捉拿义端，过期甘愿伏诛。英武过人的辛弃疾纵马急追，终于在通往金营的路上抓获了义端。

绍兴三十一年（1161），宋金和议。次年耿京接受辛弃疾的建议归顺南宋，并委派贾瑞、辛弃疾南下建康觐见宋高宗。不料辛弃疾等领到宋廷颁发的官诰节钺返回北方时，耿京已被部下张安国杀害，张也因此成了金朝的济州知府。辛弃疾在海州获悉此事，乃约忠义军统制王世隆，率精兵五十骑突袭金营，生擒张安国，并迅速杀出重围，献俘临安，斩张安国于市。

有关这段传奇般的经历，南归后的辛弃疾曾满怀豪情地追忆道："壮岁旌旗拥万夫，锦襜突骑渡江初。燕兵夜娖银胡，汉箭朝飞金仆姑。"跃然纸上的，是一个英姿雄发的将军形象。

由于耿京已死，辛弃疾所在的义军已不存在，他只好留在南方。不思恢复的宋高宗，只给了辛弃疾江阴签判这样一个微职。

南归后的辛弃疾，几十年宦海沉浮，历任建康府通判、司农寺主簿、滁州知州、江东安抚司参议官、江西提点刑狱加秘阁修撰、湖北及湖南转运副使、江西安抚使、福建安抚使等职，多为地方大员。在任期间，颇有政绩。如在滁州招流散，教民兵，兴建奠忱楼、繁雄馆；在江西围剿茶商军，救荒赈灾；在湖北严惩奸盗，致地方安宁平和；在湖南创建飞虎军，浚治陂塘，兴利除害，整顿乡社，创办学校等等，做了不少利国利民的好事。

然而，辛弃疾的最大志向是建功疆场，恢复中原。例如他的《菩萨蛮·书江西造口壁》："郁孤台下清江水，中间多少行人泪，西北望长安，可怜无数山……"再如《破阵子·为陈同甫赋壮词以寄之》："醉里挑灯看剑，梦回吹角连营。八百里分麾下炙，五十弦翻塞外声。沙场秋点兵。马作的卢飞快，弓如霹雳弦惊。了却君王天下事，赢得生前身后名，可怜白发生。"便深切表现了他的爱国壮怀。然而可惜的是，南宋王朝不思恢复，一味屈辱地割地赔款求和，以便偏安江南。绝大多数时期，朝中也是主和派控制大局。在这种形势下，辛弃疾不为重用，尤其得不到在抗金前线统兵御敌的机会，就是很自然的事情了。

不仅如此，他还要遭受主和派大臣们的排挤、压制、弹劾。辛弃疾一生累遭谪迁，除了他"不畏强御，刚拙自信，年来不为众人所容"的个性原因之外，宫廷倾轧怕是最重要的原因。

尽管如此，念念不忘恢复中原的辛弃疾，一有机会便会向朝廷进言，写下了著名的《美芹十论》以及《九议》《论阻江为险须藉两淮疏》《议练民兵守淮疏》等疏、奏文字，呼吁朝廷"光复旧物"，提出了恢复中原的具体措施，但一次次得不到朝廷的认可。壮志难酬，万般无奈之下，他只有纵情诗酒，慷慨悲歌，这期间，是辛弃疾创作的高峰期。

辛弃疾的主要成就是词作，其风格雄浑悲壮，气势磅礴。如《水龙吟·登建康赏心亭》上片：

楚天千里清秋，水随天去秋无际。遥岑远目，献愁供恨，玉簪螺髻。落日楼头，断鸿声里，江南游子。把吴钩看了，栏杆拍遍，无人会、登临意。

那么悠远寥廓、沉郁苍凉，让人不由得生出前不见古人，后不见来者的无尽感慨。

大明湖畔的稼轩祠

还有许多人耳熟能详的《永遇乐·京口北固亭怀古》：

千古江山，英雄无觅，孙仲谋处。……四十三年，望中犹记，烽火扬州路。可堪回首，佛狸祠下，一片神鸦社鼓。凭谁问：廉颇老矣，尚能饭否。

作者吊古抚今，抒发着自己报国无路的痛苦与激愤，雄壮中透着几分悲凉。而将这种痛苦与激愤抒写到极致的，是他的《水调歌头·汤朝美司谏见和，用韵为谢》："……说剑论诗余事，醉舞狂歌欲倒，老子颇堪哀。白发宁有种，——醒时栽。"结末两句，构思之巧，寓意之深，抒情之烈，确为神来之笔。再如《贺新郎·用前韵送杜叔高》下片："……起望衣冠神州路，白日消残战骨。叹夷甫诸人清绝！夜半狂歌悲风起，听铮铮、阵马檐间铁。南共北，正分裂。"作者于国事家事的揪心浩叹、夜半悲风吹檐铃呜咽之中，猛醒到"南共北，正分裂"。其悲苦激愤，正可想见！

辛弃疾的家乡济南，秀丽的大明湖畔有稼轩祠，祠堂正厅有郭沫若撰书的楹联："铁板铜琶，继东坡高唱大江东去；美芹悲黍，冀南宋莫随鸿雁南飞。"恰当地概括了辛弃疾的生平业绩。国家不幸，昏庸腐朽的南宋王朝，未能给辛弃疾驰骋疆场、恢复中原的机会，然而愤怒出诗人，却使他那么多铁板铜琶、雄壮慷慨的词作喷薄而出，并终与苏轼一起，成为宋词豪放一派的代表。

辛词的风格，归入豪放一派，是大体确实的。但他不少田园词作，艺术成就亦极高，甚至并不亚于他的"豪放词"。辛弃疾的青少年时代，生活在"潇洒似江南"的故土济南，而中年之后落职家居的江西信州带湖及铅山县期思渡一带，又是典型的江南风光，长期生活在这种优美的田园环境中，对他的创作发生了潜移默化的影响。在这样的环境中，他得以暂时忘却国事民瘼，陶醉在安谧平和的乡间原野之中。于是他兴致勃勃地写道："明月别枝惊鹊，清风半夜鸣蝉。稻花香里说丰年，听取蛙声一片。七八个星天外，两三点雨山前。旧时茅店社林边，路转溪桥忽见。"

——《西江月·夜行黄沙道中》

清新爽朗的优美意境，声情并茂的轻松叙说，让人感受到作者超人的才华。

辛弃疾超人的才华，在其《清平乐·村居》中表现得更为明显，他那么轻松愉悦、浑然天成地写道："茅檐低小，溪上青青草。醉里吴音相媚好，白发谁家翁媪？大儿锄豆溪东，中儿正织鸡笼。最喜小儿无赖，溪头卧剥莲蓬。"

这是何等轻松自在、活灵活现的农家风情！其成就当不在陶渊明、孟浩然之下。而如此优美的田园词作，在辛词中还为数不少，如《鹧鸪天·代人赋》《西江月·遣兴》《浣溪沙》《清平乐·博山道中即事》《清平乐·桎校山园书所见》等，均为此类佳作。

辛弃疾还有一些情致委婉、婉约清丽的词作，也很有特色，信手撷二三佳句如下：

众里寻他千百度，蓦然回首，那人却在，灯火阑珊处。

——《青玉案·元夕》

浮云出处元无定，得似浮云也自由。

——《鹧鸪天》

而今识尽愁滋味，欲说还休，欲说还休，却道天凉好个秋！

——《丑奴儿·书博山道中壁》

上引诸句，构思之巧妙，意境之清新，抒情之深婉，语言之明快，与济南宋代女词人李清照何其相似。无独有偶的是，辛弃疾字幼安，李清照字易安，二人又分别是宋词豪放婉约两派的代表人物。漫说济南历史上还有那么多诗文大家，仅有二安，也就不枉"济南自古是诗城"的雅称了。

Poet Is the True Color of the General

The poetic line "the mighty river flows eastward, yet Southern Song Dynasty doesn't fly southward with the swan goose" best summarizes his lifetime achievements. However, the misfortune of the nation and the corruption of the Southern Song Dynasty never provided him with the opportunity to dash about in a battlefield and regain Middle China. But the outrage within him helped to bring about so many powerful and magnificent poetic works, and he finally became an outstanding representative of the gallant school of Song Poems together with Su Shi .

独运长波赴海流

小清河

国外有句谚语：唯有变，才是不变的。济南，正是有了小清河文化丰厚底蕴的滋养，日渐成为一个欣欣向荣的现代化大都市。济南人民对小清河的情感也如小清河一样清澈流长。

撰文/张继平　摄影/王　锋（除署名外）

那年冬季的一天，我站在一幢高楼的窗前，鸟瞰小清河。一场飘飘洒洒的大雪过后，整个城市银装素裹，洁白皑皑。小清河蜿蜒而舒展地静静流淌，穿行在这座城市的街衢和楼宇之间。岸边的柳树垂着银色的丝条，不远处的亭阁仿佛是一幅雪景大画上夺目的点缀。我观赏，我遐想，总感觉有一种摄人心魄的壮美充溢胸间。

一条充满梦想的河

久违的雪更能带给我们家乡的气息、家乡的记忆、家乡的思念，它能让我们的感情在那雪国的回忆中徜徉。小清河的雪，小清河的风，轻巧得甚至没有任何影子，也没有声息。然而，在这平平淡淡中，我们又觉得，小清河的有一些日子或者有一些事情，依然是那么光鲜或者晦暗，依然是那么值得怀念和留恋。这些日子或事情，也许是热闹的、时尚的、快活的，或者是庄重的、朴素的、哀怨的，甚至是沧桑的、痛苦的。

此刻，我目力所及的小清河，正是她从市区臧家屯至黄台码头一线。形容大江大河，文人们爱用"源远流长"。可站在我现在的位置看小清河，"源远"谈不上，她的源头仅在十数里外的西

古往今来，小清河一直是"黄金河道"　摄影/陈长礼

253

郊睦里闸和市中心的几大泉群。发源于一个内陆城市中心的河流，在这个世界上并不多见。"流长"却绝对够资格。《齐乘》说她：自济南"蜿蜒东北流约五百里，至马车渎入海。"乾隆《历城县志》也说她："小清之源出于历城之趵突泉中，汇渏、漯、孝妇诸泉，东北抵乐安（今广饶）高家港，达于海。"作为一条河流，最远大的理想莫过于奔向大海，大海是千万条流水灵魂的归宿，一切的流水都有源头，却不是每一条都能独流入海的，而小清河却能保持自我，与长江、黄河一样矢志不渝，奔向大海。"达于海"，就会被人尊崇，被人仰慕，被人一代代的赞颂，小清河就是这样一条充满梦想的河。

"小清河文化现象"

小清河河道为史传大禹治水"四渎"之一的古济水下游古渠。小清河自南宋齐王刘豫率众开发至今，已有近900年的历史。历史上它承载着济南的商贸运输、泄洪、灌溉等诸多功能，历史上的济南曾经是一个发达的内陆港口城市。小清河作为这座城市的母亲河，对济南古代社会政治、经济、文化产生了巨大的影响，对济南文明的形成和发展起到了不可或缺的作用，一直是一条"黄金水道"。可以骄傲地说，济南，正是得益于这条塑造千年辉煌的小清河，才呈现百业兴旺、万民富足的盛世景象。

小清河自古就有"小盐河"之称。乾隆《历城县志·盐法》这样记载："历（下）不产盐，而城北泺口则商贾聚集之所，凡济南、泰安、东昌、兖、沂、曹六府所食之盐自武定府利津县属之永阜场，筑包船运，皆由大清河经蒲关抵泺口，乃分运各州县，故泺亦（山）东省运盐之一大总汇也。"有清一代，山东各州府所食之盐，基本都是从海边永阜场盐场由大清河运至泺口，再从此转运各地的。可是到了光绪二十年，也就是1894年，黄河改道，全部淹没了永阜场盐场。自1895年起，"改从官台场筑包，由小清河运至黄台桥，设垣囤积，改用车运至泺口，再发水运。"（《续修历城县志·盐法》）从此，黄台桥码头又成了盐商聚集之地。后来，山东盐运使张毓蕖（名莲芬，浙江余杭人，官僚民族资本家，枣庄煤矿的创始人）见马拉人推的转运方式非常不便，出资"创修黄台桥至泺口小铁路一段，名曰清泺小铁路，以资转运"。1912年津浦铁路通车后，张毓蕖又与津浦铁路局会商，拆卸小铁路，改修为津浦铁路支线，"衔接正轨，沿路各县需盐，均可由小清河黄台桥装车，直达本境，商民称便。"

"小河萦九曲，茂木郁千章。"（明朱善《一斋集·丁亥舟行小清河》）小清河，一渠清水，万千鱼虾，绿荫夹岸，船桅林立……人们都知道小清河是一条美丽的河，也是一条散发着历史文化馨香的河。人们称赞小清河，不仅仅因为它的舟楫渔盐之利，人文气质，包容精神，是小清河文化的意象特征。顽强的精神，高洁的禀赋，是小清河精神文化的内涵特征，这种精神在今天看来仍具有象征意义。独运长波，勇往直前，是小清河坚忍不拔的意志和精神。小清河在古人心目中，它虽没有那种磅礴气势，又屡有断绝、泛滥的命运，却能曲折千里，独流赴海。这表现出其不屈不挠，坚忍不拔，不达于海，誓不罢休的顽强拼搏精神，这种意志铸就了小清河独特的精神。

表里皆净，秀色澄澈，是小清河优秀的品质。这种品质，可以用一个"清"字来概括。清代学者蒋作锦《小清河考》就曾称赞小清河"澄清刚劲"。由此产生的文化现象可以称为独有

小清河是济南城市的母亲河

的"小清河文化现象"。这种含贞自洁，永拒外污的高尚品性，也成为后世歌咏的主题。流润千里，济泽百代，是小清河兼有的宽广胸襟和美德。小清河自济南发源，滋润着山东诸县市的风物稼穑。而且，小清河水质甘美，清而下垂，可以饮用，可以入药。小清河德美，在清代顺治、康熙、乾隆诸多御制祭文中，均有"洁清秉德"、"安澜千里"、"通和润物"的赞誉之词。

赋说小清河

　　1924 年 6 月，66 岁的康有为再次来到济南。五月端午前一天，康有为兴致勃勃地登上了被李白誉为"兹山何峻拔，绿翠如芙蓉"的华山。他四面观望，展现在眼前的是一幅气势磅礴的河山长卷：黄河奔腾，小清河前环，齐烟九点错落其间。恰似一幅气势磅礴的山水大画。康有为看后喜不自胜，认定这里是国内外少见的山美水秀的好地方。他在《新济南记》曰："南京钟山紫金峰，北京翠微山、煤山，扬州的七星山，苏州的横山，然山水之美，皆不若华不注也，诚宜移都会于华不注前，全国各省都会，未有能比之者。"想起年轻时的抱负，他突然觉得都会"诚宜移于"华山之前的小清河畔。他甚至详尽地论证了他开发小清河一带济南北部新城的具体设想："但开一新济南，尤美善矣。今驰道已至黄台山，黄台桥有农林学校在焉。诚宜从黄台桥通驰道于华山前，以华山为公园，稍缀亭台，循花木，先移各学校于山前，驰道间设一公会堂，为吏士公会之所。徒酒楼间女其间，因人情之譃乐，藉以开辟之，则游人率而来。车马杂沓，咸愿受一廛而为氓，乃为之限定园宅之制令，宅地必方十丈以外，宅必楼，瓦必红，宅式不得同，庶几青岛之阛规美观焉。不十年，新济南必雄美冠中国都会。"在这里，他认为，他心目中规划的济南北部新城完全可以和他自称第二故乡的青岛相媲美，并作出了"新济南必雄美冠中国都会"的大胆预言。

国外有句谚语：唯有变，才是不变的。济南，正是有了小清河文化丰厚底蕴的滋养，日渐成为一个欣欣向荣的现代化大都市。济南人民对小清河的情感也如小清河一样清澈流长。故欣然命笔写赋一章，赋曰：

　　六合漠漠，世界泱泱。十万都城，灯火堂堂。文化昌明，浩浩汤汤。惟我济南，气宇轩昂。小河萦九曲，茂木郁千章。一渠清水，斑驳往事，经磨历炼兮体势开张。绿荫夹岸，故情可寻，满眼风情兮霞彩飞扬。

　　小清河者，发端于渌源也，因舟楫渔盐之利而天下名扬。居临泉畔，水边童稚，嬉戏乐而精神爽；北近黄河，稷下士人，诵长歌而频飞觞。风物长宜兮灵气飞动，明珠璀璨兮锦彩张扬。漫天烟霞，棹歌悠扬。四季和风舒畅，八节万物腾芳。一派青碧，万象宏张。林园蓊郁兮云树海涌，傲然东流兮神韵满腔。春华烂熳，夏日爽凉，秋风玉露，冬雪银装。更当阴云之际，鹊华连亘，烟雾环萦，若有若无，时隐时现，凭高眺望，荡气回肠。夹两岸之灵秀，绘百里之画廊。漫天紫气兮兹而来，一片祥云应运而降。

　　斗转星移，开来继往。云汉泛槎，新奏华章。科学发展，得天地之形胜；四年变样，唱一曲之新腔。试水通航，平添三分红火；荡舟摇桨，不减昔日风光。治河佑民，千金一诺；水通人和，永垂史章！待来年，芳草连天，留连戏蝶时时舞；鲜花满堤，翩然娇莺恰恰唱。钓竿弯曲，钓无边风月；飞鸟比翼，赏蒹葭苍苍。万古情怀，澎湃胸中；绿在水底，悠然心上。休暇来此一游，气定神闲；度假至此一驻，占尽风光。

　　古济水之风清兮，可以洗却风尘；小清河之水洌兮，令人神怡心旷。四海宾客陶然而来，九州游子悠然神往。智者乐水，看水木明瑟，鱼鸟沉浮；听跳珠溅玉，万荷竞响；仁者乐山，闻十里花气，千山松香。噫！济南市乃文化名城、齐鲁古城、创意新城，道不尽春华秋实；小清河为活力之水、人文之水、和谐之水，写不完诗赋辞章。表里皆净，秀色澄澈，是小清河高洁禀赋；含贞自洁，独运长波，乃小清河特有意象；人文气质，包容精神，为小清河阔达襟怀；流润千里，济泽百代，实小清河博大理想。

　　歌曰："亘古长河，泉城精魄。浩歌一曲，百代绝唱。千秋高咏，万古流长！乐莫乐兮，一起举觞。既歌且颂，福德无疆！"

The Waves Flow into the Sea

　　There is a foreign saying, "Only change is eternal". It's similar to the idea of that changes help to nourish the Xiaoqing River Culture and Jinan has become a prosperous modern city because of it. The affection that the people of Jinan have for the Xiaoqing River is as long and pure as the river itself.

寻找济南"桃花源"

晴空下一望无垠的碧波，低掠过水面的飞鸟，堤岸上婀娜的杨柳……这里是春末夏初的小清河湿地。一说起济南，人们首先想到的往往会是水涌若轮的趵突泉，暮鼓晨钟的千佛山，或者风荷摇曳的大明湖，殊不知在这座城市的西部，竟有着这样一个美丽无比的去处。

撰文 / 姚　正　图片由小清河湿地公园提供（除署名外）

晴空下一望无垠的碧波，低掠过水面的飞鸟，堤案上婀娜的杨柳……这里是春末夏初的小清河国家湿地。

一说起济南，人们首先想到的往往会是水涌若轮的趵突泉，暮鼓晨钟的千佛山，或者风荷摇曳的大明湖，殊不知在这座城市的西部，竟有着这样一个去处。

"忽逢桃花林，夹岸数百步，中无杂树，芳草鲜美，落英缤纷……"一千五百余年前，东晋诗人陶渊明在《桃花源记》中描述了这样一个美若梦幻的世界。

在小清河国家湿地公园，我们看到济南版"桃花源"的轮廓已经日显清晰。

此处性灵可栖

"春眠不觉晓，处处问题不少，我的生活越来越热闹，没有时间弹琴看书，没有时间享受孤独……"汽车音响放着郝云的民谣，车内的我们带着一颗略显烦乱的心。穿越过一片片田野与村庄，我们最终抵达了此行的目的地——小清河国家湿地公园。

这里的气温相较市区明显低了一个"台阶"，徐徐清风送来的荷香更是令人惬意，夏虫的鸣叫都不会教人觉得喧扰。放眼望去，晴空下大片的荷花盛开着，杨柳的枝条温柔地垂到水面，芦苇荡绵延数十里，好不壮观。

小清河国家湿地公园位于济南市的西部，横跨长清、槐荫两区，东到南水北调东线引水渠，西到高怀路，南到冯庄村与老李村间道路，北到玉符河南河岸线，总面积 1130 公顷，其中，水域面积约 300 公顷，相当于 5 个大明湖。

公园内湿地总面积近 500 公顷。其中，天然湿地 200 余公顷，包括沼泽湿地与河流湿地。济西湿地由黄河、小清河、玉符河、玉清湖等水源交汇形成，湿地景观以水景为主，汊港纵横，水流清冽，芦苇丛生，水生植物极其丰富。

乘一叶扁舟，往湿地深处行去，但见水面泛着层层涟漪，水底的青荇轻轻地摇摆，间或看到游鱼倏忽而过……

在济南这座城市的西部，在小清河湿地公园，人们得以从喧嚣而疾速的现代生活中挣脱出来，给自己的灵魂放个假，看看天上的云，听听穿过柳梢的风。

济南版"桃花源"　摄影／梁大磊

小清河湿地公园堪称动植物的博物馆

"泉城之肾"的价值

小清河湿地公园堪称动植物的博物馆。公园内有高等植物 115 科 867 种，其中，蕨类植物 29 种；裸子植物 2 种；被子植物 836 种。列入国家 Ⅱ 级保护的植物有中华结缕草、鹅掌楸、野大豆、黄檗、紫椴和水曲柳等 6 种。湿地植物主要以芦苇、香蒲为主，伴有荷花、莲花、浮萍、水藻等水生植物。园内的野生动物有 57 科 202 种，其中，鱼类 21 种，两栖类 6 种，爬行类 11 种，鸟类 141 种，哺乳类 23 种。常见鸟类主要有：白鹭、天鹅、黄鹂、大雁、池鹭、赤麻鸭、绿头鸭、鹧鸪。

小清河湿地公园之于济南这座城市的意义不止于此。按照建设"永续健康的小清河源头、湿地生态文化和地域文化展示平台、人与自然和谐共存的生态乐园"的要求，小清河湿地对城市环境有着巨大的改善作用，对济南西部景观体系和抗洪排水能力有了不同程度的优化，提升了济南西部乃至济南市的人居吸引力。

"湿地与海洋、森林并称为地球的三大生态系统，被誉为'地球之肾'，在生物多样性保护、水源涵养、大气调节、物质生产等诸多方面具有重要作用。"纪录片《湿润的文明》详尽展示了中国湿地的风貌，也向人们阐释了湿地之于生态环境的重要性。

现在，济南有了小清河国家湿地公园，泉城有了属于自己的"城市之肾"。

Xiaoqing River Wetland

Seeking Jinan's Shangri-La

Boundless waves under the blue sky, birds skimming over the water and graceful willows on the shore - here is Xiaoqing River Wetland in late spring. When talking about beauty in Jinan, we often think of only Baotu Spring, Buddha Mountain and Daming Lake. Seldom will most people recognize, in the western part of city, that there is another Shangri-la.

石祠承载大孝道

济南市长清区孝里镇驻地的孝堂山，海拔仅有 60 米，山上岩石裸露，杂草丛生，稀稀落落的几株柏树点缀其间，给人一种十分荒凉的感觉。然而"山不在高，有仙则名"，就是这样一座很不起眼的小山丘，因其承载中华文化之丰厚而久负盛名。

撰文 / 张华松

济南市长清区孝里镇驻地的孝堂山，海拔仅有 60 米，山上岩石裸露，杂草丛生，稀稀落落的几株柏树点缀其间，给人一种十分荒凉的感觉。然而"山不在高，有仙则名"，就是这样一座很不起眼的小山丘，因其承载文化之丰厚而久负盛名。

蕴藏艺术瑰宝

孝堂山本名巫山。《左传》"齐侯登巫山，以望晋师"即此。公元前 555 年冬，防门之战期间，齐灵公登上巫山，察看战场形势，竟被晋国人搞的疑兵阵吓得魂飞魄散，落荒而逃。如此，孝堂山是济南地区最早见诸文献的山体之一。

孝堂山上有大型汉墓，墓前享堂由石板、石块、石条建造，故而称作石祠。石祠属于单檐悬

孝堂山石祠有很大的历史建筑研究价值　摄影 / 王新勇

山卷棚顶房屋，建于东汉初年，被学术界普遍认为是我国现存最古老的地面房屋建筑。

孝堂山石祠已具有墙壁、柱、梁、枋、斗、屋顶、瓦当、板瓦、筒瓦等各种组成部分；两山屋顶作排山结构；檐椽已有卷杀等。这一切都表明后世的许多建筑手法和形式至迟东汉初年就已经形成了。孝堂山石祠对于我们研究和认识汉代建筑来说，也具有相当大的价值。

石祠内石壁和石梁上，有精美的汉画像，雕刻方法是在打磨光滑平整的石面上，以细若游丝而又遒劲有力的阴线刻画各种人物和事象，有时也兼采用凹面线刻的技法，表现出很高的艺术水准和创新精神。画面场面宏大，内容广泛，既有反映出巡、狩猎、征战、献俘、朝会、谒见、宴饮、庖厨、百戏等现实生活的题材，又有关于历史故事（如周公辅成王、孔子见老子、泗水捞鼎）和神话故事（女娲、西王母、贯胸人）以及天文星象、祥禽瑞兽等方面的内容，简直包罗万象，展示出一个丰富多彩、琳琅满目的富有生命力的宏大世界。

孝堂山石祠画像以其宏大的场面、丰富的内容和精湛的雕刻艺术而成为举世公认的汉画像艺术瑰宝，故其连同石祠早在20世纪60年代就被列为全国第一批重点文物保护单位。

孝堂山汉墓之谜

如今的孝堂山汉墓，封土高有三米，周长八十多米，是典型的崖墓。北宋时，孝堂山地处青州赴东京的官道旁，李清照的丈夫赵明诚是著名金石学家，每次路过这里，都要登山看看。他说，当时"隧道尚存，惟塞其后而空其前"，这便证明这座大墓墓道也有前后之分。这样的大墓，自然不是一般人家所能兴建的。

墓前石祠中的画像应是墓主生前活动的再现。我们看石祠画像所表现的最为壮观豪奢的场面是王侯贵族出巡的行列。画面上自西而东共有车四乘，车上各乘三人，马三十骑，骑马的人有背负弓箭筒的，有吹排箫的，有吹笙的，有击花鼓的。巨大的乐车，分为上下两层，下层四人两相对坐，正在吹排箫等；上层正中置一大鼓，两人正在挥舞鼓槌。车盖如伞，两侧下垂作龙首状。乐车后面是出巡的王车，此车以四马牵引，车身与车盖极为华丽，车内端坐一人，在车盖后侧刻有"大王车"三字。这种豪奢的生活场景，使我们有理由推测，墓主人很可能是东汉第一任济北王刘寿，否则也一定是一位地位很高的贵族豪强。

然而，历史上的人们却将孝堂山大墓归到郭巨名下，甚至今日，还有人信之不疑。

宋代编纂成书的《太平御览》第114卷四引旧题刘向所著的《孝子图》中，有一篇《郭巨传》，说的是，河内温县（今属河南）人郭巨将父亲留下的两千万家产全部分给两个弟弟，然后借住邻家的一处凶宅来独自赡养母亲。郭巨之妻生下一个男孩，郭巨考虑到多了一张嘴，会影响对母亲的供养，就与妻子商量把孩子埋掉。于是夫妻抱子携锹来到屋外，找了块地儿，就忙乎着挖土掘坑，不料从土中挖出一釜黄金，釜中还有一个铁券，上面写有"赐孝子郭巨"五个大字。郭巨把黄金归还房主，房主不接受，就上报官府。官府依据铁券题记，尽数归郭巨。从此，郭巨就用这些金子来上养老母下养小儿了。

刘向是西汉后期硕儒，从有关他的可靠文献资料来看，他不曾著有《孝子传》一书，因此诚如古今学者所认为的那样，《孝子传》是后世伪托之作；另外，这个故事是明显违背人情物理的，以刘向的思想境界和道德情趣，也是绝对不会为他立传的。

辨误：孝堂山与郭巨无关

郭巨与孝里，郭巨与孝堂山，原本是风马牛不相及的。那么，郭巨的故事是如何附会到孝堂山的呢？大概是因为孝堂山本名巫山，慢读就是"巫儿山"，"巫儿"讹读作"无儿"，《齐乘》："清河北经巫山，俗讹为无儿山。"于是好事之徒就把所谓的孝子郭巨埋儿的故事搬了来，附会到孝堂山上了。至于"孝堂"一名的由来，应该是由巫山上的享堂讹变来的，孝、享两字发声之声母相同，韵母也相近，读起来容易混淆。由孝堂，很容易联想到孝堂是孝子祭祀先人的场所，所以孝堂就有了孝子堂的别名。北魏郦道元《水经注》："今巫山之上有石室，世谓之孝子堂。"

到了北齐武平元年（570），陇东王、齐州（济南）刺史胡长仁路经孝堂山，命人以他的名义撰文书写了一篇《陇东王感孝颂》，才将郭巨与孝堂山的关系给确定下来。这篇《感孝颂》，至今仍完好地保存在石祠西山墙外壁上，碑刻上下1.24米，左右2.18米，额题"陇东王感孝颂"为篆书两行，颂文为隶书。石刻字迹工整，笔势开张，是石祠上后人题记中篇幅最大、字数最多、书体最为工整的一篇。

可是如此便出现了矛盾，因为孝子堂之孝子如果是指郭巨，那么孝子堂后面的大墓就应该是郭巨母亲的。光绪《肥城县志》卷二说："山上又有古墓，相传郭巨奉母来此，母没，因葬焉。或云即巨墓。今沂水县西一百里亦有郭巨墓，山西义县东北五里亦有郭巨墓。考古者皆以为非是，则此墓最古也。"这样一来，到底是郭巨的坟墓，还是郭巨母亲的坟墓，也搞不清楚了。

但是无论如何，将郭巨的故事附会到孝堂山都是荒诞无稽的。1992年版《长清县志》的作者很有科学头脑，很有实事求是的精神，明确指出孝里、孝堂山与郭巨没有关系，是很难得的。

孝堂山汉墓遗址　摄影／刘富国

Xiaotang Hill

Carrying the Filial Piety Culture of China

Xiaotang Hill lies in the seat of Xiaoli Town in the Changqing District in Jinan and is only 60 meters in elevation. There are bare rocks, rank grass, and a couple of cypress trees on it, radiating a bleak and desolate feeling. However, no matter how high the mountain is, its name will spread far and wide as if there is a fairy. For such an inconspicuous hill, it has long enjoyed a good reputation because of its rich cultural history. Xiaotang Hill is one of the earliest massifs that could be seen from literature in Jinan.

现代泉城的"加速器"

西客站

京沪高速铁路从济南西站经过。济南西站，京沪高速铁路五个始发站点之一。随着列车逐渐驶进济南，车窗外的城市显现出清晰的层次：先是一片漫无边际的村庄和偶尔闪过的高些的楼房，而后出现一丛丛的高楼住宅区；再往里，更新更高的楼房迎面而来，现代泉城映入眼帘。

撰文 / 孙又新

从北京南站坐高铁去济南西站，最快只需要 92 分钟。一上列车，北京空气里弥漫的严肃氛围就消失得无影无踪。T 恤、休闲装和旅游鞋取代了西装、皮鞋和公文包。车厢里没了从北京到天津时的安静，取而代之的是人们的高声谈笑。

出发前，车厢里会不时播放广播。一位女播音员用甜美的普通话告诉大家，列车就要出发了，请乘客们放好行李，等待列车员来查票。每到一站，她又会用同样的嗓音报站。

京沪高速铁路从济南西站经过。随着列车逐渐驶进济南，车窗外的城市显现出清晰的层次：先是一片漫无边际的村庄和偶尔闪过的高些的楼房，而后出现一丛丛的高楼住宅区；再往里，更新更高的楼房组成了水泥森林，也有不少大型建筑映入眼帘。很显然，从济南西站看到的济南是座和国际接轨的现代化城市。

济南西站被称为现代济南的"加速器"　摄影 / 林珈宇

一路向西

如果你在网上搜索栏输入"济南西站"四个字，一定会看到如下一段文字：济南西站，京沪高速铁路五个始发站点之一。站场总规模8台17线，其中1座基本站台和7座岛式中间站台，设2条正线，15条到发线。京沪高铁、济南西站通过京沪高铁胶济联络线与京沪铁路济南站相连接，西站主站房地面以上部分整体三层、局部四层，地下整体二层、局部三层。

济南人都知道，济南西站位于"大西边"，出租车司机都爱接去那的活儿。济南西站位于济南市规划搬迁的张庄机场西侧，它的售票窗口和自动售票机数量惊人：已建成的人工售票窗口共有46个，加上48台自动售票机，共有94个售票点。从地理位置来看，济南西站距市中心8.5km，如果不堵车大概是二十分钟的车程。

在济南西站的建设上，设计方案以济南西客站为推进点、结合地铁系统的发展和地铁站点的定位，形成了"十字形空间发展轴""混合布局共建区""一环、两核点、三节点"的总体空间结构。值得一提的是，设计中为济南西站提出了独特的空间意象，总体可以概括为："串联山水，轴连老城，延续城市发展脉络"。

对于空间交通的贡献，济南西站同样有着不俗的表现：该区域的交通方式在计划中包括高铁、地铁、长途车、公交车及大容量快速交通（BRT）、出租车及小汽车交通，分为地面交通、空中交通和地下交通三种，为该区域的市民出行提供了极大的便利条件。

京沪高铁的"1/23"

2011年5月23日，京沪高铁全线车站命名尘埃落定。在这份拥有23个成员的名单上，济南西站赫然在列。

谈起济南西站，总是和京沪高铁有着千丝万缕的联系：济南西站与京沪高铁一起于2011年6月30日首发，7月1日正式通车投入使用。2013年1月7日，济南西站公交枢纽正式启用。2013年9月30日起开通两条定制公交。至2014年春运，济南西站共有195趟车次，G字头170趟，D字头25趟，阵容相当豪华。

京沪高铁建成后，与既有京沪铁路将实现客货分流，前者为客运专线，后者是货运主线。届时，北京至上海高速列车年输送旅客单方向可达8000余万人次。按8台17线布置的济南西站拥有强大的承载能力，设计日发送旅客10万人次，2030年日均达30万人次。

2014年国庆节黄金周较年内其他假期时间长、列车开行密度大，因此济南西站客流量较去年同期有明显增长。客流主要以旅游、探亲流为主，流向为直通的北京、南京、上海、长沙、武汉、杭州、沈阳方向以及管内各站及青岛方向。客流流向明显呈现"节前由北向南，节后由南向北的趋势。"据悉，10月5日为"国庆"运输的客流最高峰，当日发送旅客5.55万人。

京沪高铁建成后，届时北京到上海直达只需5～7小时，将比京沪铁路上的直达列车缩短9小时，而且列车发车时间短，高峰期将实现5～10分钟一列。根据统计，算上第二阶段和备用线动车组，京沪高铁开通初期济南西站每天停靠（含始发和终到）的动车组达到了150趟之多，超过了上海虹桥站，居北京南站和南京南站之后。

其中，济南西站至北京的动车组数量每天达到了 62 趟（51 趟 G 字头、11 趟 D 字头），每天 7:10 ～ 21:40 不间断发车，高峰时刻几乎每五分钟一趟进京列车，其中 G 字头最快 1 小时 32 分，D 字头则由 3 小时 15 分缩短至 2 小时 06 分。

与此同时，济南西站至上海虹桥的动车数也飙升到了 63 趟，加上在济南站停靠的青岛至上海 4 趟高速动车，总数达到了 67 趟（60 趟 G 字头、7 趟 D 字头），每天 7:00 ～ 19:44 实现了公交式流水发车，最快仅需 3 小时 21 分。而此前，济南至上海仅有一趟动车组，运行时间 7 小时 38 分。

京沪高铁开通后，济南至北京、上海车票供应紧张的情况将不复存在，无需再提前订票、买票，到站后将彻底实现随买随走。正式通车后，济南到杭州每天开行 G 字头高速动车 8 趟、D 字头动车 1 趟（卧铺动车）。

济南现代化的"火车头"

在老火车站的旧址上建起的，是现代派风格的济南新火车站。同新火车站毗邻的是长途汽车站，城里满满当当，人们行色匆匆，除了街角的大槐树下有几个老头儿在下着棋，路上几乎看不到一个停下来欣赏风景的人。

济南老城狭窄的路两边遍布着各色建筑，若你走入老城区，能够看到那些建筑还保持着 19 世纪末 20 世纪初甚至更早的模样。在暖洋洋的熏风中，这座老城显得祥和而且生机勃勃，当年那些长袍马褂的人们仿佛一直都在，一旦我拐过街角，就会和手举标语身穿制服的学生撞个满怀。

在济南的"十二马路"里"急行军"，对于再有经验的出租车师傅来说都不是一件容易的事。但是要迅速找到济南西站很简单，你必须走出老城，一路向西去。说济南西站是济南西部最有人气的地方也不为过，不过如果说它是济南西部最气派的建筑，定会有"一院三馆"跳出来表示不服。

看着位于西部占地面积广阔的济南西站，我想起了一个富有象征性意义的历史事件。1822 年，巴西刚刚独立时，整个桑托斯城最宏伟的建筑是一座教堂。1867 年，为了建立联结圣保罗市的铁路，人们毫不犹豫地推倒了它。在高铁的轰鸣声中，商业原则取代了传统的宗法，拉着济南向现代化一路狂奔。

Jinan Western Station

Accelerating the Development of the Modern City

The Beijing-Shanghai high-speed railway goes through Jinan's western station, which is one of the five stations that are a part of the Beijing-Shanghai high-speed railway system. As the train gradually slows down coming into Jinan, the outline of the city can easily be viewed from outside the train window becoming clearer and clearer. The first thing people can see are the boundless villages and some tall buildings that go by from time to time. Then there are clumps of uptowns of high-rise buildings. And finally upon arriving to the Jinan station there are massive concrete structures consisting of new high rise buildings and suddenly the modern Jinan appears to greet the passengers.

还记得大明湖畔的那个她吗？

夏雨荷

琼瑶的爱情世界里，有不少为爱痴情，又为爱悲情的女子，大明湖畔的夏雨荷算是其中之一，但也是其中很特别的一个。她的美貌、教养和琴声曾让微服私访的乾隆皇帝魂牵梦绕，她亦曾视这位风流倜傥的乾隆皇帝为知音。不过，所谓魂牵梦绕最终烟消云散，一句"知音"却让她付出一生去等待。

撰文 / 耿宗璘

琼瑶的爱情世界里，有不少为爱痴情，又为爱悲情的女子，大明湖畔的夏雨荷算是其中之一，但也是其中很特别的一个。那句"你还记得大明湖畔的夏雨荷吗"虽出自紫薇之口，却也是夏雨荷这位济南女性对于爱情和知音，无比坚忍的最强有力的表达。

相传，夏雨荷是世居大明湖畔一个书香门第的大家闺秀。她的美貌、教养和琴声曾让微服私访的乾隆皇帝魂牵梦绕，她亦曾视这位风流倜傥的乾隆皇帝为知音。不过，所谓魂牵梦绕最终烟消云散，一句"知音"却让她付出一生去等待。下面，就是关于她一生的故事。

人生若只如初见

那一年，18岁的夏雨荷爱上乾隆皇帝的时候，他是何等意气风发，俊朗帅气。这位英俊的皇帝，就是在"接天莲叶无穷碧，映日荷花别样红"的赏荷季节，来到大明湖上微服游玩。只见微风徐徐，幽香四溢，湖边的柳树也随风起舞，这让乾隆皇帝真是醉了！

帅哥独行，当然必有邂逅美女的桥段。大明湖东北角，有一处四面环水、荷莲围绕的雨荷厅，红墙碧瓦，廊郭迂回，亭台轩榭，错落有致。厅内摆设简约古雅，一位婉约极致的济南姑娘正端坐琴前，随着纤纤玉指的弹拨，一曲悠扬悦耳的古曲回荡在大明湖的上空。琴声虽不响，但还是随着柳动，伴着湖水，穿过荷花，飘到了乾隆皇帝的耳中。乾隆皇帝循声望去，弹琴者竟生得如此美丽，远胜过自己后宫佳丽三千。想不到泉城济南，不仅景美，人也是极美的。美景、音乐加上美人，恐怕乾隆帝当时真是醉了！

不愧是出身书香门第，夏雨荷不仅落落大方，而且知书识礼。琴棋书画样样精通的夏雨荷让乾隆皇帝欣赏不已，而眼前的这位彬彬有礼的帅哥，更是让夏雨荷十分崇拜。埋藏18年的心第一次开始了萌动，当得知这位公子便是当今圣上乾隆时，夏雨荷更是又惊又喜，老天爷真是眷顾，将真命天子派到了身边。乾隆皇帝在湖畔暂住的日子，是她最幸福的时光。这时间里仿佛只有对方，只有率真和欢笑，只有开怀与缠绵。人生中所有的痛苦仿佛都随着这个人的到来而消失不见。这段日子里，夏雨荷与乾隆有时吟诗，有时作画；时而抚琴，时而弈棋；兴致到处，荡舟游湖，赏荷观雨；困倦时刻，相依湖畔，共度良辰美景。

乾隆皇帝无疑遇到了心目中的绝美佳人，而年仅18岁的夏雨荷更是认为自己遇到了一生的知音，她爱上他，除却天子的光环，更为他的天才所倾倒。夏雨荷曾用鲜荷花瓣、嫩荷叶、莲子和冰糖为乾隆冲泡大明湖雨荷茶，让见多识广的皇帝赞叹不已。而乾隆随即将随身所带折扇铺在案头，饱蘸墨色，在扇上画成一幅"大明湖烟雨图"，并即兴题诗一首："雨后荷花承恩露，满城春色映朝阳。大明湖上风光好，泰岳峰高圣泽长。"

君问归期未有期

美好的日子总是短暂，乾隆皇帝即将离去，夏雨荷为了表明芳心暗许，在锦帕上写下了一首古乐府诗赠送给皇帝："君当如磐石，妾当如蒲草。蒲草韧如丝，磐石无转移。"拿着锦帕，乾隆感慨良多，随即在夏雨荷古琴背面写下了"知音难觅"四个字，并许诺会回来接她。

夏雨荷，的确是一位有眼光的姑娘，她爱上的公子不仅相貌堂堂，而且懂她。但她却并不知道，皇上的心意深不可测，她看到了故事的开头，却看不到故事的结尾。皇上真的就像磐石一般，掉在大明湖中，虽激起了涟漪，却最终消失不见。而一句"知音"相称，却让夏雨荷等了一辈子。

夏雨荷，的确是一位聪明的姑娘，她深知后宫佳丽如云，争宠的手段更是花样迭出。而且，深知礼法制度的她，更不会不清不楚地就跟皇上回宫，她想要名正言顺地嫁入皇宫，所以定是要皇上八抬大轿来接的。只是，她预见了故事的开始，却没有预见故事的结尾。乾隆皇上身边总是美女、才女不断，风流倜傥的皇上回到京城，就已经忘了那位大明湖畔的夏雨荷。

　　无限的等待当然是痛苦的。光阴荏苒，日月如梭，夏雨荷一直没有嫁人。一晃十多年过去了，夏雨荷女儿紫薇已经到了豆蔻年华。岁月无情地流逝，盼不到离人回，雨荷的心如槁木，每天唯一能做的，就是对着湖水，以琴为心，倾诉着不尽的相思，期盼有一天良人能够归来。忧思成疾的夏雨荷，最终精神恍惚起来。

　　无限的等待无疑也是值得的。夏雨荷说，她遇到了一个让她等的人。一天晚上，她蒙眬间似乎真的看到了那个风流倜傥的乾隆皇帝款款而来，她急忙起身相迎，怎奈门一开，风将烛台打翻，点燃了她的古琴，也烧毁了她的"知音"，痛苦万分的她选择了绝食而死。

接天莲叶无穷碧
摄影 / 庄少玲

此情可待成追忆

为了那句"知音"，夏雨荷等了一辈子，盼了一辈子，怨了一辈子，口中还在呢喃着："君当如磐石，妾当如蒲草，蒲草韧如丝，磐石无转移。"

为了那句"知音"，夏雨荷虽然怨，但依然坚定，她至死都在感谢上苍给了她这么个"可等、可盼、可怨的人"。

临终前，这位传统的济南女人，终于鼓足了勇气，向女儿紫薇说道："紫薇，答应我，永远不要做第二个夏雨荷！"

琼瑶将这段故事写进了小说，并搬上了荧幕，《还珠格格》红遍大江南北。故事里，夏紫薇见到皇上时，可雨荷早已逝世，只留下当年她视若珍宝的折扇信物，依旧如新。"皇上，您还记得大明湖畔的夏雨荷吗？"父女相认之时，紫薇的幽幽一问，诉不尽母亲生前多少哀怨，多少期待。岁月流逝，前尘隔海。斯人已逝，碧波荡漾的大明湖却永远保存了夏雨荷的深情、哀婉与相思之意。如今人们来到济南，都要慕名去大明湖观赏。不仅是为了去赏一赏那烟雨美景，亦是去怀念这样一段逝去的深情。细细去听，湖上风声仿若呜咽，似也在怀念这样一个可悲可叹、可敬可慕的女子。

情人易寻，知音难觅，夏雨荷这样一位有着忠贞品格的济南女性，你可理解了吗？

Xia Yuhe

Do You Still Remember the Girl Beside the Daming Lake

In the romantic fictions written by Qiongyao, there are many female characters holding steadfast to an unbridled passion of love but also feeling a deep sorrow for love as well. Among them is the character, Xia Yuhe beside Daming Lake. Maybe you remember people who ask, "do you still remember Xia Yuhe beside Daming Lake?" Although it's uttered by Zi Wei, it is indeed a long-suffering and most powerful expression from Xia Yuhe. Xia Yuhe, is a character who is a great lady of Jinan from a literary family who resided near Daming Lake for generations. She met the Emperor Qianlong, who was secretly touring the public with private uniform, and he falls for her because of her beauty, education, and the sound of her music. Later she becomes the soulmate of Emperor Qianlong who is described as "being easy in his own skin".

济南有个"唐三藏"

一代"英雄"不应落寞史册，义净值得世人去凭吊，去铭记。2011年，济南长清张夏镇通明山，苍松翠柏之间，一座庄严宏伟的寺院在此落成，取名义净寺，为的就是纪念这位渐渐被世人遗忘的佛学大师。晨钟暮鼓，佛乐声声，香云缭绕，穿越千年，义净孤行的背影似乎仍然可辨……

撰文 / 单　青　任宇波　摄影 / 王新勇

济南长清灵岩寺内辟支佛塔是佛教建筑的精华之一，塔的底座，镶嵌了一块记载着一位唐代高僧取经经历的浮雕。

1300多年前，一位高僧在济南出生。同是西行求法的高僧，玄奘走陆路，而他走水路，因精通经、律、论，他也同样被人称为"三藏法师"，与玄奘齐名，他就是从济南走出、独赴印度取经的"唐三藏"——义净大师。

然而，玄奘经小说《西游记》渲染而家喻户晓，比他小三十多岁、生长在济南的义净，却因种种原因鲜为人知。

新修建的义净寺

除了佛祖，没有人与他同行

义净发愿去天竺求法那年，刚满 17 岁。他始终忘不了 14 岁时，亲教师善遇法师、轨范师慧智禅师指点他读的《佛国记》，法显在书中逐一描述的天竺三十余国见闻，他几乎都能心诵，鹫峰鸡岭，鹿苑祇林，那烂陀寺……从那时起，这些就入了他的梦。然而，"仰法显之雅操，慕玄奘之高风"，真正开始效法前贤，却已是 20 年后的事了。

唐高宗咸亨二年（671）十一月，广州码头，37 岁的义净告别前来送行的龚州使君冯孝铨等友人，登上了波斯商船。

暮色降临，喧闹的广州城渐渐隐去，只剩下引航的几盏灯火在忽明忽暗，为他送行。那些年里，西域各国战乱纷繁，过去法显、玄奘法师开辟的陆路阻隔，去天竺，僧人们大多选择了水路。好在自贞观以来，南海夷道商船来往频繁，每年从五月开始，波斯、大食商人就会挂起百丈帆，顺西南季风，载着香料、珠宝远涉重洋而来，到了十一月份，再借着东北季风，满载交易的茶叶、瓷器、丝绸踏波而去。

"面翼轸，背番禺"，义净莫名地愁绪百重。回想咸亨元年，同行僧众数十人，壮志满怀地出了洛阳城，前路辽阔。未曾想，首先是处一，接着弘祎、玄逵……他们或被俗事牵绊，或身体有疾，到广州时，浩浩荡荡的一群人，就只剩下了他和弟子善行。

商船驶入南海夷道，就从太平洋跨入了变幻莫测的印度洋。义净在《大唐求法高僧传》中写道："长截洪冥，似山之涛横海；斜通巨壑，如云之浪滔天。"数十年前，同样搭乘波斯商船前往天竺的并州常愍禅师，就因遇大风暴、舍身救人而长眠海底。

二十多天的颠簸后，义净与善行终于抵达了西行第一站室利佛逝国（今苏门答腊岛）。六个月后，转向末罗瑜国。复停两月，转向羯荼。在此期间，善行因病只好先期回国。从此，除了佛祖之外，再没有人与他同行——他将经历孤独、疾病、迫害等种种劫数，甚至有死亡的风险。

从羯荼北行十余日，义净独自站在船头，向东望见海岸，"但见椰子树槟榔林森然可爱。岸上之人，见船至，争乘小艇有盈百数，皆将椰子、芭蕉及藤竹器来求市易。其所爱者，但唯铁焉。大如两指，可得椰子或五或十。丈夫悉皆露体，妇女以片叶遮形。商人戏授其衣，即便摇手不用。"义净后来在《南海寄归求法》中这样描述裸人国。

咸亨四年（673）二月八日，义净终于到达耽摩立底国（今东印度），再往北，就是天竺了。鹫峰鸡岭，鹿苑祇林，那烂陀寺……圣地似乎近在咫尺。

再度启程，却是一年以后。从耽摩立底去那烂陀寺，漫长的旅程是一次历险，天竺小国割据，沿途盗贼劫匪出没，玄奘弟子大乘灯就因此被迫滞留此地 12 年。

跟着几百人的商队上了路，义净途中还是染病掉了队，遇了劫匪，险些丧命。"那时印度东海岸部落皮肤黑的人，看到皮肤较白的人就要吃掉，义净为了保命，曾用泥巴把脸上身上都涂黑了。后来《西游记》中的'吃唐僧肉'，实际上是义净作品中的记载"，山东大学宗教学教授陈坚介绍。

义净在那烂陀寺待了 10 年，向著名僧人宝师子和智月等学习经典，研究瑜伽、中观、因明、俱舍论等学，同时考察印度佛教教规、寺庙经济和社会习俗，周游各处佛教圣址，并开始着手佛

长清张夏镇通明山中的义净寺

经的翻译，《根本说一切有部毗夸耶颂》五卷和《一百五十赞佛颂》一卷就是在此时翻译的。

20 余年间，义净取经足迹遍及佛教圣地，游历了东南亚 30 多个国家，取回 400 余部合 50 万颂佛经，还带回金刚座真容一铺，舍利 300 粒，这些都成为中国宗教界的瑰宝。

"不依国主，则法事难立"

义净回到大唐的时候，境遇已经与几十年前的玄奘不同了。

武周证圣元年（695）仲夏，当他走到洛阳城外，迎接他的，是一场史无前例的浩荡皇恩，规格之高，超过当年的玄奘。玄奘抵达长安时，京城留守房玄龄派了一位司马和一位大将军，再加上长安县县令迎接，其余大多为僧人和百姓。

义净抵达洛阳时，武则天亲移圣驾，率百官迎于洛阳上东门外，一时，"洛阳缁侣，备设幡幢，兼阵鼓乐，在前导引。敕于佛授记寺安置，所得梵本，并令翻译。"这一年，义净 61 岁。

刚回洛阳不久，他就立了一"功"。

武则天做皇帝时，最好符瑞图谶。她声称有人从水中得到一个石函，里面有玉册一本，上刻 12 字铭文，众人都不认得，便请义净辨识。出家人不可妄语，但又深知"不依国主，则法事难立"，义净最终决定"不负圣望"，译曰"天册神皇万岁，忠辅圣母长安"，与武则天演了一出"君权天授"的双簧戏。同年五月，武则天下诏书再次褒答义净。借着义净读出的玉册上的这段文字，证圣元年九月，武则天改元为"天册万岁"。

宗教遇上政治，各有所图，也就纠缠不清了。正如济南文史研究专家朋星博士所说的，在中国古代，儒家思想占有统治地位，武则天作为一个女人当上皇帝，这样篡夺的"头衔"，在儒家看来实属"大逆不道"。要坐稳女皇帝之位，就需要寻求意识形态的支持，而佛教中众生平等的理论给了武则天很好的支持。所以，武则天对和尚非常尊重。

对义净来说，译经弘法，也必须得到皇帝的支持。此后，义净自设译场，翻译活动得到了朝

廷和僧众的大力支持。先后在洛阳延福坊大福先寺、西京长安延康坊西明寺、东京福先寺、长安荐福寺等寺院翻译佛经，共译出《华严经》《金光明最胜王》《胜光天子》等经论 107 部，总共达 428 卷之多。

"义净译经，坚持直译，在原文下加注说明，订正译音译义；在语译方面，区分俗语雅语，又常在意译汉字下标出四声和反切，以求得准确的发音。"朋星在研究中总结道。因译经卓有成就，义净被封为"三藏法师"。

义净译述虽然遍历三藏，但专攻律部，这是受到他 26 岁时，在洛阳和长安游学生涯的影响。在那期间，佛教各派纷争，戒律松弛，受到儒道的双面夹击，渐现颓势。受慧智禅师的影响，义净认为"戒律乃我佛之根本，亦为我等安身立命之所在"。因此，正本清源，考察印度的戒律成为义净取经的重点，希望用印度"正统"的典范，纠正中国佛教的"偏误"。

"取经回来的人多少都会有点理想主义。"陈坚教授说道，义净确实想把印度的东西介绍到中国，让中国的僧徒更加严格，改变佛教鱼龙混杂的现状。"但佛教中国化发展到唐朝时已经成熟，可以摆脱印度的影响，义净想借助印度的戒律改革，当然会力不从心，要对抗当时整个中国的佛教潮流，难度太大，也不现实。"他为达到规范戒律的初衷，义净在少林寺建立"戒坛"，但还是难以推行。

落寞史册谁凭吊？

玄宗先天二年 (713) 正月十七日，义净在长安大荐福寺翻经院圆寂，享年七十有九。

无论是生前的备极荣宠，还是死后的历史评价，无论是取经的艰难过程，还是译经的丰硕成果，作为出国游历 20 余年的元老"海归派"，义净都是当之无愧的佛门龙象。但我们不禁要问，为何玄奘有着更高的知名度，为何两人在后世俗众心目中的地位有着天壤之别？

陈坚分析认为，《唐史》有载，"武后革命，流毒海内"，肃清武后流毒的运动一直持续到北宋。这样一来，导致"武则天支持过的人和宗派，之后都没有很好的命运，名声也为其所牵累"，

[273]

备受武后推崇的义净法师自然也难逃厄运。因此,有关义净法师的记载,很有可能是在这样的背景下,被后世销毁的。

玄奘之所以能被世人铭记,主要缘于《西游记》的普及。作为通俗的文艺作品,《西游记》具有家喻户晓的影响力,通过小说的渲染,玄奘从佛教高高在上的经典人物变为一名普通人,这使得他在世俗中的认知度极高,自明代后一直深入人心。朋星也表示:"义净也是唐三藏,但是后来《西游记》一写,'三藏'这个称呼就被狭义化了,大家认为专指玄奘。"

此外,中国人凡事都推崇"第一人",玄奘作为唐朝取经第一人,首先在名声上就有很大的优势。加之赶上贞观之治这样一个让人艳羡、交口称赞的年代,时势造英雄,玄奘跟着唐太宗也"沾了光"。

但从佛学角度讲,以现在的眼光来看,义净没有仅仅停留在玄奘翻译"束之高阁"的佛家经典上,而是补充了玄奘翻译唯识学的一些不足,还注重对现实佛教理论和戒律的考量和重塑。相比玄奘,义净的思想更有现实的关怀。

"义净在印度待的时间比玄奘还长。玄奘一路得到多国皇帝的接待,但除了译经以外,只留下一个口述并由弟子记录写下的《大唐西域记》。"陈坚提到,义净的两部著作《大唐西域求法高僧传》和《南海寄归内法传》,都是自己亲手写下的心血结晶,对中印文化交流、佛教文化建设作出了杰出的贡献。

"从现在的角度看,用戒律规范人们一些细节上的行为,仍然具有现实意义,比如闯红灯,乱扔垃圾等等。"陈坚认为,佛教界为追求觉悟打破戒律、不拘小节只是一个方面。佛教里一个讲境界,一个讲戒律,境界高了不能把戒律破了。不论是古时的农业社会,还是现今的工业社会,都需要戒律的规范和驯养。戒律的精神,便是遵守规范的精神,义净的当代精神仍然值得探寻。

其实,在探险、求法、翻译、著述等诸方面,义净正是继法显、玄奘之后最有贡献的代表人物,后世将他与东晋法显大师和唐代的玄奘并称为"三大求法高僧",又与后秦时代的鸠摩罗什、梁朝真谛大师和玄奘并称为"四大译经家",其著作被译为法、英、日等国文字。

一代"英雄"不应落寞史册,义净值得世人去凭吊,去铭记。2011年,济南长清张夏镇通明山,苍松翠柏之间,一座庄严宏伟的寺院在此落成,取名义净寺,为的就是纪念这位渐渐被世人遗忘的佛学大师。晨钟暮鼓,佛乐声声,香云缭绕,穿越千年,义净孤行的背影似乎仍然可辨……

Yi Jing

There Was a "Tang Sanzang" in Jinan

The generation of a hero should never be ignored by history. Yi Jing is a person who deserves our mourning and honor. In 2011, a splendid temple named Yijing Temple was built in Tongming Mountain, Zhangxia town, Changqing, Jinan. Surrounded by green pines and verdant cypress, this temple was built in commemoration of the great Buddhist master who has mostly been forgotten by people. After thousands of years, Yi Jing's lonely figure could still be felt in the sounds of morning bell and evening drum as well as the Buddhist music and the images of curling clouds.

江北文玩第一家

也许你难以想象高大上的文化与接地气的市场如何能有机结合起来。但是就在泉城风景秀丽、松柏翠绿的英雄山北麓，有一座别样的文化市场——济南英雄山文化市场。作为与北京的潘家园、上海的豫园、南京的夫子庙齐名的全国四大文化市场之一，这里在节假日，每天都能迎来两三万人。

撰文 / 耿宗璘

也许你难以想象高大上的文化与接地气的市场如何能有机结合起来。但是就在泉城风景秀丽、松柏翠绿的英雄山北麓，有一座别样的文化市场——济南英雄山文化市场。作为与北京的潘家园、上海的豫园、南京的夫子庙齐名的全国四大文化市场之一，这里在节假日，每天都能迎来两三万人。

来到这个古香古色的文化市场，你会发现，图书期刊、古玩字画、奇石玉器、花卉根雕、工艺陶瓷、笔墨纸砚、文体用品、小商品应有尽有。想买东西的，总能淘到宝贝，不想买东西的，就是逛逛也是醉了。英雄山文化市场应当成为济南人周末度假的好去处。

29 间平房变身大市场

每天早上六点多，上班族们或许还沉浸在周末第一天假日的懒散中，可英雄山文化市场已经相当热闹了。自行车、三轮车，英雄山文化市场的店家们正带着自己的宝贝，源源不断地涌入市场内，他们在加紧布置自己的摊位，摆出自己最稀罕的宝贝。因为他们知道，用不了一两个小

济南英雄山文化市场是全国四大文化市场之一　摄影 / 赵溪熹

时，这个现在看来还非常宽敞的市场，将被来自济南乃至全国各地的人站满，比肩接踵的热闹场景，他们比谁都更有体会。

这样一个热闹的市场，成立之初却并不起眼。1985 年前后，一个自发的文化早市出现在英雄山脚下的小树林中，每天清早几个小时和星期日的全天，都会有一些古玩字画、陶瓷雕刻工艺品及花鸟虫鱼猫狗龟兔、小百货商品等交易。发展到 80 年代后期，英雄山早市的影响力已经非常之大，热闹程度称得上人山人海，被称作是全国最大的马路交易市场。随着社会的发展，1992 年，英雄山文化市场正式成立。市场成立初期，只有 29 间平房、2 间办公室、27 个业户，主要经营图书生意。

"我是 1992 年最早一批进入英雄山文化市场的业户。"山东读乐尔文化传媒有限公司的老孙说道。早在文化市场成立前，读乐尔的图书生意就已经做得有声有色了，当初进驻文化市场，大家还有些不情愿，"我们以前有自己的店面，而且这边地理位置在当时算是很偏僻了，几乎没有人知道这个地方。不过后来英雄山文化市场的发展远出乎我的意料，几年之内文化市场竟成了人们节假日休闲的极好去处。"如今的读乐尔，早已发展成了拥有 1500 多平方米面积、五万多种图书的大书店，"我们从最早期的什么图书都卖，到后来的只做少儿读物和期刊杂志，再到如今的突出重点、涵盖更多范围，我见过从社会名人知识分子到目不识丁的各色人等"。老孙总结了自己的生意经，在他看来，无论来看书的人是什么身份，书店都会向他们敞开，以满足更多人的需求为最终目标。他相信，市场不会错，读者、客户也不会错。

摊子不大只为乐子

如今的英雄山文化市场，典雅的仿古建筑和优美的地理环境交相辉映，杂糅了中国几千年的历史风物，贯通了济南人几千年的文化气脉，在济南可谓是家喻户晓。从一开始的默默无闻，到后来的别具一格，用了 20 多年的时间，不过在很多业户看来，一切仿佛就发生在昨天。

"我 1993 年就来文化市场摆摊了。"今年已经退休的老田，在文化市场上有一个狭小的摊位，摊上紧凑地摆放着他的各式宝贝：邮票、纪念章、小人书。种类不多，但样样都是精品，"当初来这里的时候，摊子非常简单，就是几块砖头，垫起一块石板，在上边铺上布，摆上东西就可以卖了，后来变成了大铁橱子，橱子上边可以摆商品，橱子里我们还能放上货。现在就更好了，头上有顶棚，太阳晒不着，雨也淋不着，比以前可舒服多了。"

每到周六周天，老田都会来这里守上一整天，有时一上午也不开张，但老田似乎并不着急。他时不时靠在椅子上打个盹儿，很有耐心地等待着有缘人的光顾，"我从前也会像很多业户一样，一大早就赶来摆摊。不过现在退休了，吃喝不愁，摆摊就为图个乐。"

济南联合书社门前，一大早就有不少等候买书的学生和家长。今年已经四十多岁的老板徐冰，热情地招呼着客人。大学里学医学的徐冰，有着健壮的体格和清秀的面庞，让不少顾客以为眼前的这位老板也就三十来岁，"我是 1995 年来到这里的，当时也没有什么开书店的经验。"徐冰说，1995 年，在一家事业单位拿着铁饭碗的他为了追寻自己的梦想，毅然走上了创业的道路，"我专业是医学，但我平时非常喜欢看人文社科类的图书，所以对书还是懂一些的。"徐冰最早的书店，只有一间屋，15 平方米，堆满了各种书，"当时连个吃饭落脚的地方都没有。"爱书的徐冰说，能整天跟书打交道，再苦也觉得幸福。如今，他的书店早已不是当年只有十几平米的小房间了，但图书还是满满当当地放满了整个书店。

徐冰说，到 1998 年，文化市场已经初具规模。图书经营业户发展到 150 余户。知名度、客流量日益剧增，主动要求进场经营的业户一间难求。而后文化市场进入了大规模建设时期，相关配套设施也逐步完善起来，市场的人气越来越旺了，"那个时候，来书店的人非常多，书籍也是非常好卖的，书店也进入了一段快速发展的时期。"

厚重感与新鲜感可以并存

"现在的图书行业对从业人员要求越来越高了，"随着时间的推移，济南有名的致远书店、三联书店陆续关门大吉，老孙深刻体会到图书行业面临的困难，"从咱文化市场上书店的数量也能看得出来，最多的时候一百多家是有的，但如今也就六七十家了。"不过老孙依然认为，传统的实体书店是永远不会被淘汰的。

整个上午，老田都没有开张，不过他似乎已经习惯了，神情很是淡定，"现在来我这儿的，看的多买的少。如今人们已经不太喜欢集邮啦，那些小东西是现在最时兴的。"老田看着不远处大大小小的文玩把件摊说道。的确，文玩把件的摊位如今已经占据了文化市场相当多的位置，或许今后一段时间内，这些小东西会吸引很多人的目光。老田说，英雄山文化市场其实自始至终都在不断吸纳着各种新鲜事物，厚重感与新鲜感从来都不存在根本性矛盾。

比起老田他们，经营砗磲生意的徐江东算是英雄山文化市场的新人了，不过店里的人气却是相当旺，柜台前有不少顾客咨询购买，"砗磲被誉为佛家七宝之一，很早就是非常珍贵的东西了。"徐江东说，最近几年来，砗磲再次进入人们的视野，逐渐成为收藏热点，"最大的砗磲能达到一米三，能做成大的摆件，也能做成小的把件挂件，所以男女老少都很喜欢。"尽管如今还有不少人不太了解砗磲，但是徐江东觉得，砗磲有着巨大的市场潜力。对于未来，他充满了信心，"文化市场人流量大，来看来买的人特别多，这是我选择在这里落户的重要原因。"

既有传统手艺，也有新奇宝贝，全国乃至全世界的各种文化元素在文化市场相聚、碰撞，纷而不杂、繁而不乱，隐隐透出儒雅大气的"济南府"文化精神，英雄山文化市场，早已成为济南的城市名片。

Hero Mountain Cultural Market

The No.1 Market of Cultural Products and Collectables in Northern China

Perhaps it is hard to imagine combining serious culture with a real markeplace. However, there is a special cultural market called the Jinan Hero Mountain Cultural Market at the northern foot of Hero Mountain, a beautiful mountain with green pines and cypress trees. As one of the four cultural markets in China that enjoys equal popularity with Pan Jia Yuan in Beijing, Yu Yuan in Shanghai, and Fu Zi Miao in Nanjing, Jinan Hero Mountain Cultural Market greets 20 thousands to 30 thousands people every day during holidays.

百草须尝四百载

　　山东是药材大省，很多药材等产量在旧时都名列全国前茅。济南药市会是全国三大药市会之一。老舍在文集中描述道："到了药集……一捆一捆，一袋一袋，一包一包，全是药材，全没有标签！""到底是中国，处处事事带着古风：咱们的祖先遍尝百草，到如今咱们依旧是这样"。

撰文 / 牛国栋　摄影 / 朱　军

　　山东是药材大省，灵芝、薄荷、柴胡、远志、半夏、金银花、蟾蜍、全蝎等产量在旧时都名列全国前茅。

　　济南是医圣扁鹊的故乡，中药业历史悠久，传统中药材品种多达三百种以上。以药乡为代表的南部山区和城北的药山都是传统的中药材产地。

从药王生日说起

　　平阴的东阿镇和后来的东流水街都因盛产滋补药品阿胶而闻名遐迩。

　　至清代，济南已拥有十几家药栈，七八十家药店，其中有创于明朝万历年间的颐寿堂、清朝

康熙年间的千芝堂、清朝道光年间的济诚堂及光绪年间的宏济堂等。至解放初期，济南的中药店达三百多家。

过去的趵突泉前门西侧（今泺源大街西段）路北，立有药王庙，为明万历年间山东最高行政长官布政使孙承荣主持修建，庙内大殿正中立神农塑像，为主祀药王，两旁配祀岐伯、韦药王，另有雷公、秦越人（扁鹊）、长桑君、淳于意、张仲景、华佗、王叔和、皇甫士安、葛洪、孙思邈等十大名医列于两廊。

济南的中药文化有迹可循

每年农历正月初一早晨及四月二十八日药王诞辰日，济南药界代表齐聚庙内焚香敬神。庙内主持雇戏班上演神功戏，观者如潮。

而药王生日之时正值春暖花开，来此敬香的药商、药农不约而同地携带各种中草药和中成药在趵突泉前街至正觉寺街东首摆摊设点出售，其他行当的商人也跟进来，携各种商品扎堆儿交易，从而自发形成了一年一度的中药材交易大会——药市会。

由于赶会的人逐年增多，会址便逐渐扩展到山水沟、三合街一带及其周边的毛家坟、南券门巷、东西双龙街、豆腐巷、精忠街、凤凰街、祭坛巷等街巷，南端顶到南圩子墙，改称三和街药市会，也叫千佛山药市会。

"逛了药市会，一年不长病"

1931年济南市国药业公会成立后，决定将药市会改在农历三月二十开始，会期长达十到十五天。前来赶会的有冀、豫、皖、东三省及省内各地的药农、药商，甚至韩国仁川的药商也乘船转道而来。

鼎盛时药农药商达数千人，赶会者达十万之众，药材成交量达六七十万斤。

1927年出版的《济南快览》中写道："济南人民多信中医，故中国药室甚为发达，几无街无之。夏历三、四月之交，趵突泉且有极大之药市，南北各省药商多皆趋之。"

1934年出版的《济南大观》则将药市会上兜售的各类中药材种类举例罗列："药粮为服皮、陈皮、神曲、麦芽、谷芽、槟榔、山楂、酸枣、甘草、瓜蒌、木瓜、砂仁、豆蔻、元肉、桂皮、半夏、藿香、菊花、车前子、麦冬、红花、厚朴、茯苓等百余种……本省制品如阿胶、坎离砂、朱砂膏、保坤丹、德胜丹"。因交易繁盛，济南还与河北祁州（今安国）、河南禹州（今禹县）并称全国三大药市会。

当时，济南民间流行着"逛了药市会，一年不长病"的说法，因此，老百姓都乐意到这里看热闹、买东西，以图祛病消灾。每至庙会，南关一带的大街小巷人头攒动，摩肩接踵，热闹非凡。

华北最大药材大会

　　各色中药材、旧货、绸布、杂货、广货等商贩云集，叫卖声不断。说书的、唱戏的、打把势卖艺的、变戏法儿的、拉洋片的，或撂地打开场子或扎起台子，蒙上席棚，总之都来讨个好彩头，挣个份子钱。中国的集市一向离不开"吃"，甜沫、油条、油炸糕、炸鸡蛋包、把子肉、锅贴、馄饨、油旋、米粉、烤地瓜等各色济南小吃也聚拢过来，让赶会的人饱饱口福。

　　上世纪30年代初，在济南齐鲁大学执教国文的老舍经常来山水沟一带转转，并对药市会的盛况印象深刻。

　　为此，他还专门写了散文《药集》，发表在1932年6月第1卷第9期的《华年》周刊上。文中写道："到了药集……一捆一捆，一袋一袋，一包一包，全是药材，全没有标签！"他还说："我很爱这个集：第一，我觉得这里全是国货……第二，卖药的人们非常安静，一点不吵不闹……第三，我觉得到底中国药（应简称为'国药'，比西洋药好，因为'国药'吃下去不管治病与否，至少能帮助人们增长抵抗力……第四，到底是中国，处处事事带着古风：咱们的祖先遍尝百草，到如今咱们依旧是这样。"

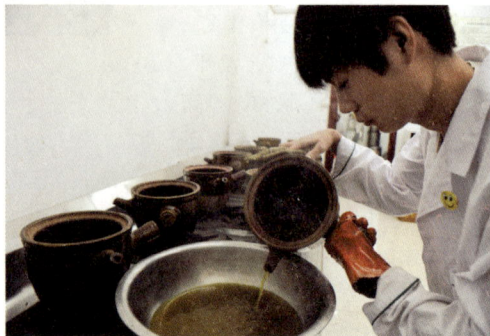

　　"七七"事变后，药市会逐年衰败，直到济南解放后，药市会才逐渐恢复。

　　新中国成立后的十几年内，药市会仍十分兴盛，还一度叫做药材交流大会和城乡物资交流大会。每年赶会群众多达几十万人次，成为华北地区规模最大的药材大会。1965年，经过一次大的水患且刚刚整治好的山水沟举行了最后一次药市会。

　　1966年"文革"开始后，有着几百年历史的药市会随即中止。上世纪70年代末，千佛山庙会恢复，药商、药农多赶千佛山庙会，中草药交易遂成为千佛山庙会的一部分。

The Herb Market

Having a History of 400 Years

　　As a big province for medicinal materials, the production of many medicinal materials in Shandong rose to the top in old China. Jinan Herb Market is one of the three major herb markets in China. Laoshe has said in his collected works, "Once arriving at The Herb Market, all you can see are herbs with no label. They have been put in bunches, bags and packages. After all this is China, everything reflects ancient customs. Our ancients have tasted hundreds of herbs and now we are exactly the same. "

60 层里的济南味儿

油旋

油旋起源于清朝时期，是济南的传统名吃。它外皮酥脆，内瓤柔嫩，葱香透鼻，因其形似螺旋，表面油润呈金黄色，所以被叫做油旋。油旋要先烙后烤，烤好之后，葱香浓郁，片片成旋，然而原料仅仅只有猪油、葱、细盐和面粉而已，所以油旋能够如此美味，全靠精细的手艺。油旋是济南人钟爱的早点之一。

撰文 / 樊禹辰 摄影 / 张允平

"来俩油旋，一碗甜沫！"

生活在济南，早上听到最多、排队最长的，一定是油旋摊。金黄色的油旋咬一口，满嘴酥香。

油旋是济南的传统名吃，外皮酥脆，内瓤柔嫩，葱香透鼻，因其形似螺旋，表面油润呈金黄色，所以被叫做油旋。油旋要先烙后烤，烤好之后，葱香浓郁，片片成旋，然而原料仅仅只有猪油、葱、细盐和面粉而已，所以油旋能够如此美味，全靠精细的手艺。

众里寻它千百度

油旋是济南的特色小吃，但是关于油旋在济南的起源，则有很多种说法。

有人说，清道光时，城里的凤集楼开始经营油旋，但说得最多的是由齐河徐氏三兄弟传来。

一百多年前，齐河县徐氏三兄弟，在济南城里县西巷南首赁了一间门头，开始经营油旋。为适应济南口味，加入葱油泥及细盐，边做边卖，颇受顾客欢迎。甚至每天早晨去巡抚衙门点卯的官吏，也来此购买油旋，边走边吃，大口嚼之，赞不绝口，因此生意兴隆，被称作"徐家油旋"。

这两种说法，究竟哪一种才是正确的，已经无从考究了。

油旋是济南人民的"心头物"

清代顾仲编著的《养小录》中这样记载油旋的制作："……和面作剂，擀开。再入油成剂，擀开。再入油成剂，再擀如此七次。灶烙之，甚美。"据说道光年间济南城里的凤集楼是较早经营油旋的店家，光绪二十年开业的"文升园"饭庄，曾以经营油旋等众多地方小吃而闻名泉城。

做工精到自然香

小小的油旋看上去虽不起眼，制作工艺却不简单。

和面最重要，春夏秋冬四个季节和面时的掺水量是不同的。做完油旋后应做到"三光（手光、盆光、面光）"，意思是面的软硬、黏湿程度恰到好处，手上和盆里干干净净，连一点多余的面也留不下。

和软面作剂，用小面轴擀成一长条面片，先抹一层花生油，再抹上细盐拌成的猪油大葱泥，而后用右手卷起面片的一头，左手拉着面片的另一头向外抻长，随卷随抻，抻得极薄。

卷成一螺旋状圆柱，掐去面头，置鏊子上，手上蘸点花生油，用手指压成直径两寸许、厚半寸的圆薄饼，烙至微黄，再入炉内烤。色泽呈金黄时取出，用中指摁一下油旋中间，压出了小凹来，就成了中空旋形的油旋。

油旋外皮酥内瓤软，葱香扑鼻，若来碗甜沫或馄饨同食，那真是回味无穷，妙不可言。

济南有位得到油旋手艺真传的老人，叫苏将林，他在一次接受媒体采访时说道："制作油旋一共8道工序，每道工序都不能马虎。"

苏将林老人说，和面、擀皮儿、打油、撒盐、涂猪油葱花、抻面、烤制、用拇指摁出旋涡，一个完整的油旋就出炉了。

这些工序都有讲究，和面要软，七成面三成水；擀皮儿要薄至透明；打在面皮上的油必须是上好的花生油；撒盐要均匀；猪油葱花不能偷工减料，因为猪油是为了起酥，葱花是为了出香；抻面这个环节最重要，把长长的面皮儿一点点卷起来，是为了出旋儿，这个环节讲究手劲，太使劲面会断，劲儿不够卷出来的旋儿很厚；一个生油旋做成后，放进烤炉烤至两面金黄，不能焦；最后一道工序是用大拇指在油旋中间摁出旋儿，让热气慢慢散出来，才能里嫩外酥。

在苏将林看来，一个油旋达到4个要求就算成功了：里嫩外酥、外表金黄、酥香，里里外外的酥皮达到60层。

名人金口味依旧

油旋伴随着济南的发展，也在这个城市中留下许多自己的故事。

苏将林老人讲述了这样一个让他永生难忘的故事。

时间退回到1958年。

一天上午，苏将林像往常一样正在店里忙碌，突然店里接到紧急通知，说防疫部门要来检查卫生。

济南防疫站的工作人员破天荒地把大大小小的检测仪器扛到了店里，两名穿白大褂的女同志不仅把打油旋用的油、盐、葱等配料化验了一个遍，还用显微镜把苏将林和耿师傅的手研究了好半天，苏将林后来才明白那是在检测他们手上的细菌。

检查完毕后，店里经理说有客人等着拿油旋，正说着两名穿中山装的中年男子来到屋里，站在苏将林和耿师傅身后等着。

苏将林感到奇怪的是这两名"顾客"始终未说过一句话，两眼一直盯着他俩做油旋。很快，20 个油旋做好了，这两个人小心翼翼地将每个油旋用透明塑料纸包好后才离开。

10 分钟后，经理兴冲冲地跑进来喘着粗气说："报告给你们一个特大喜讯，你们知不知道，你俩刚才打的油旋是送给敬爱的毛主席吃的，他老人家正在济南考察。"

里嫩外酥、外表金黄、酥香、里外酥皮达到60 层，就算成功了

苏将林当时别提心里有多高兴了，那一天，整个店里洋溢在一片欢乐的气氛里，苏将林后来听说毛主席当时住的地方离店只隔着四条马路。

国学大师季羡林，山东临清人，6 岁起就离开家来到了济南，在济南从小学一直念完高中，直到大学离开济南去了北京。他的《我的童年》《月是故乡明》等多篇散文中都提到了济南。在济南的生活经历给季羡林留下了非常大的印记，季羡林非常喜欢济南的油旋，去北京后更是念念不忘，济南的很多朋友都知道季羡林喜欢吃油旋，每次去看望他都会带着当天新做的油旋让季老尝鲜。

大观园的"油旋张"也是济南非常有名气的油旋店，季羡林就曾为店里题字：软酥香，油旋张。

在不断出新创新的今天，人们可以选择的可能性越来越多，无数旧的东西被淹没在新生的事物中，美食亦如此。

我们庆幸，油旋并没有因时光的推进而消失在记忆中，即便大街上的饭店门头越做越大，即便油旋往往只有一个摊位或几平方米的门头，但依旧会在济南人的饮食中占据一席之地。

时间久了，它已是这个城市的一部分，已是这个城市人们的习惯。

Youxuan

Jinan Flavor Inside 60 Layers

Youxuan is a traditional famous dish in Jinan with an outer skin that tastes crispy, has an inner flesh that's tender, and has an overwhelming onion flavor. Due to it looking like a corkscrew spin with a well-greased and golden-yellow-colored surface, it is thus called "Youxuan". It needs to be baked first and roasted next. When the roasting is finished, it'll present itself with an overwhelming onion fragrance and spin-like appearance even though it consists of just lard, onion, fine salt, and flour. The delicious flavor of Youxuan comes from the delicate craft to make it. As one of the snacks with distinguishing features in Jinan, Youxuan has been one of the breakfasts that cater to the locals.

请缨报国少年郎

纵观终军短暂的一生，虽然没有建立惊天动地的丰功伟业，却为后世有志少年树立了光辉的人生楷模。他心存高远，壮怀激烈，勇于担当，敢于牺牲，这种伟大的英雄精神两千多年来不知感染过多少人，激励过多少人！

撰文 / 张华松

济南正南、泰山正北，有一座独擅山川之胜的小城——仲宫镇。仲宫，本名终官，古时叫终翁聚，西汉少年英雄终军（字子云）就诞生在这里，时间是汉武帝建元元年，也即公元前 140 年。

少年书生展风流

元朔六年（前 123），终军十八岁，因其博学口辩以及文才而被济南郡推举为博士弟子。按照当时规定，终军首先赶往郡治东平陵城（故址在今济南章丘龙山镇阎家村北），办理一应的手续。太守召见终军，见终军一表人材、谈吐不凡，不觉暗暗称奇叹赏，便想与终军结交，岂知终军心存高远，只是不卑不亢地拱了拱手，就告辞身退，踏上了去往长安的征程。

一路上晓行夜宿，栉风沐雨，历尽艰辛，自不必说。且说一日，抵达函谷关（今河南灵宝东北）下。函谷关乃天下第一雄关要隘，行人出入，需要有帛制的缭作为凭证。关吏将缭发给终军，并告诉终军要妥善保管，出关时还要交验这个证件。终军听了不禁哈哈大笑，说道："大丈夫既然西游京师，将来出关就不必用它！"说罢，弃缭而去。

来到长安，终军就径去公车府上书，谈论时政得失。汉武帝看了终军的上书，大加称赏，当即传令召见，见上书者竟是一位风流倜傥的少年书生，便愈发的喜欢，于是把他留在身边，担任谒者给事中。给事中属于内朝侍臣，掌管顾问应对，且参与政事，有时还能伴从皇帝出巡，或者代表皇帝到地方巡视工作，总之是很有势权的。

奏对中的政治智慧

元狩元年（前 122），也就是终军进京的次年十月（当时历法，以冬十月为一年中的第一个月），汉武帝去雍县（今陕西凤翔南）祭祀五帝，乘便狩猎，捕获了一匹毛色纯白的怪兽——长着麋鹿一样的身子却少长一只角、马一样的蹄子却多出一条腿的怪兽。同时，又发现一棵很奇怪的树木，它枝丫分批，却又向上与树干结为一体。武帝是位很喜欢神道设教的皇帝，便就怪兽奇树出现的寓意询问随行众臣，大家不明所以，缄口无言，只有终军侃侃而谈，纵论古今，一一作答。从终

军的这篇洋洋洒洒的长篇奏对中，我们不仅可以领略到他出众的文才，更可以发现他积极的政治态度、阴阳儒家的政治信仰以及很不一般的政治智慧。

首先，他在上奏中热情歌颂汉武帝德泽南洽而军威北畅的巨大武功，歌颂汉武帝赏罚严明任人唯贤的清明政治，歌颂汉武帝谦恭向善的圣德，并认为凡此都是古代那些封禅的伟大帝王所望尘莫及的。这一切虽说是在歌功颂德，却也基本符合客观实际。

其次，终军生当儒术独尊的时代，自然会在思想上打上深深的时代烙印，因此他要用阴阳儒家的天人感应学说，将怪兽奇树的出现解释成一种祥瑞。至于他根据这一祥瑞，大胆预言将有更多的少数民族归化于朝廷，大概是有鉴于当时汉朝国势蒸蒸日上，少数民族内附将愈来愈多的客观形势。于是，次年秋天果然有匈奴昆邪王率四万多部众来降，终军本人也因此愈发受到汉武帝的崇信了。

最后，他建议用独角兽瑞兽做牺牲以祭祀五帝，建议改元，建议举行封禅大典。三项建议的头一项，武帝当即就采纳了。改元，不久也成为现实，武帝把这一年定为元狩元年，又将过去的十八年划分为三段，定第一个六年的年号为"建元"，第二个六年为"元光"，第三个六年为"元朔"。中国古代皇帝以祥瑞定年号的制度就是从这时开始的。至于封禅，虽然晚在六年以后的元鼎元年才正式提到议事日程，又过了六年，即元封元年，才正式举行，但首倡此议的却是终军，虽然武帝当时没有明确表态，但有心于封禅还是可以肯定的，因此济北王（都城在今济南长清归德）揣摩到皇帝的心思，立即上书，把泰山以及泰山周围的县邑献给了朝廷，以便皇帝举行封禅大典。

封禅是天下一统的标志，终军是汉武帝大一统政治的坚定拥护者，也是汉武帝封禅运动的积极推动者。

武帝廷前责徐偃

元狩六年（前117）六月，汉武帝派遣博士褚大、徐偃等六人分道巡视郡国，检举地方上的违法官吏以及鱼肉乡里的豪强兼并之家。可是徐偃在巡行的过程中，却假托皇帝的诏命，允许胶东和鲁国煮盐、冶铁。徐偃回朝后，御史大夫张汤要弹劾他，认为他矫制，罪该万死。徐偃不服，援引《春秋经》上的说法，认为大夫出国，如果可以利国利民，就可以不经请示而独自决断。张汤虽然惯于以《春秋》断狱，竟也被徐偃的抗辩搞得哑口无言，一筹莫展。不得已，武帝招来终军当庭责难徐偃。

终军首先指出在当今大一统的形势下，徐偃援引《春秋》而假托君命的错误。他说：矫制在诸侯林立、各自为政的古代尚情有可原，那么在当今大一统的社会形势下就是罪不可恕的了；徐偃受皇帝之命巡视帝国辖下的诸侯国，却自称是"出疆"，这岂不是说诸侯国是独立王国，岂不是违背了《春秋》"王者无外"的古训，这是最不能容忍的；徐偃声称矫制是为了"安社稷存万民"，则纯属夸大其词，也是不能成立的。驳倒了徐偃矫制的理论根据，然后终军又用铁一般的事实戳穿徐偃的谎言：第一，鲁国、胶东国是不缺盐铁的，因为邻郡完全有能力向它们提供充足的盐铁，而负责调度盐铁的盐铁官也是负责任的；第二，徐偃声称所以矫制允许炼铁铸造铁器，是为了解决春耕之急需。可是事实上以鲁国现有的条件，到秋天才能起火冶铸，因此徐偃所言纯属欺人之谈；最后，终军指出徐偃矫制的动机，是"矫作威福，以从民望，干名采誉"。并建议武帝将徐偃交付御史治罪。

徐偃理屈词穷，低头认罪。武帝对终军的诘难十分满意，并当即采纳了终军的建议。

壮怀激烈，为后世楷模

终军不仅以实际行动坚决捍卫汉武帝的新经济政策，维护汉朝中央政府的绝对权威，而且在巩固国家的统一方面也做出了一定的贡献，乃至以身殉国。

早在元狩四年（前119），当汉朝政府应匈奴之约请，派丞相长史任敞率团前往匈奴议和劝降时，终军就自告奋勇，要求随团出行。或许出于爱惜人才的缘故，武帝并没有批准终军的请求。

元鼎四年（前113），汉武帝招募使者出使南越国，以便彻底南越国的归附问题。终军闻之，马上求见武帝，请求出使，说道："愿受长缨，必羁南越王而致之阙下！"他要用长长的绳索把南越王捆绑了押送到长安的宫阙之下。壮士壮言，汉武帝也就恩准了。

终军与安国少季、勇士魏臣到了南越，南越王赵兴及太后表示愿意归附汉朝，并通过汉朝使者上书朝廷，请求将南越国的地位比同于汉朝内地的一般诸侯王国，南越王每三年朝贡汉朝天子一次。汉武帝很高兴，诏令终军等人暂时留驻南越，维持当地秩序。可是，以南越丞相吕嘉为首的拒汉派，极力反对归附，并于次年年初阴谋发动叛乱，杀害了南越王赵兴、太后，终军等汉朝使者也同时遇害。

终军死时，年仅二十八岁，所以时人惋惜地称呼他为"终童"。

纵观终军短暂的一生，虽然没有建立惊天动地的丰功伟业，却为后世有志少年树立了光辉的人生楷模。他心存高远，壮怀激烈，勇于担当，敢于牺牲，这种伟大的英雄精神两千多年来不知感染过多少人，激励过多少人！

另据《汉书·艺文志》，终军有著作八篇，列儒家类，后世散佚。清代著名学者、济南人马国翰《玉函山房辑佚书》辑得四篇。

Zhong Jun

The Boy Who Asked to Serve the Country

When taking a look at the entirety of Zhong Jun's short life, there is no one earthshaking undertaking that stands out, but as a whole his life stands out as a shining example for teenagers with noble aspirations. He was ambitious, enthusiastic, responsible and dauntless, and whose great heroic spirit has inspired and encouraged countless people for more than 2000 years.

元曲泰斗忧天下

张养浩在济南隐居八年，品清泉，赏龙洞，游大明湖，登华不注，寄情济南山水，埋头诗文散曲，心情自然十分惬意，他在《寨儿令·辞参议还家连次乡会十余日，故赋此》中潇洒地写道："离省堂，到家乡，正荷花烂开云锦香。游玩秋光，朋友相将，日日大筵张。汇波楼醉墨淋浪，历下亭金缕悠扬，大明湖播画舫，华不注倒壶觞，这几场忙杀柘枝娘。"

撰文／牛国栋

张养浩（1269～1329），字希孟，号云庄，系唐朝名相张九龄之弟弟张九皋第二十三代孙，元代著名政治家、散曲家。原籍章丘相公庄，从其祖父起迁居济南府历城县。

他少时好学，十九岁作《白云楼赋》，一鸣惊人，后历任翰林院侍讲学士、监察御史、礼部尚书等。

他曾主持元代的前两次进士科考试，取中者后来多成为元代历史上的名人。

离省堂，到家乡

张养浩为官清廉刚毅，敢于向权奸乱政之人犯颜直谏，但政治抱负和理想始终未能如愿。

1321年，他以"父老归养"为由辞官回济南，在北园建云庄，开挖云锦池，建遂闲堂、处士庵，立绰然、九皋、翠阴、拙逸、半仙、乐全等亭谢，园内罗列有挂月峰、待凤石等十座奇石，被其称之为"十友"。

他在济南隐居八年，

峰峦如聚，波涛如怒，山河表里潼关路。望西都，意踟蹰，伤心秦汉经行处，宫阙万间都做了土。兴，百姓苦；亡，百姓苦。

张养浩《山坡羊·潼关怀古》　绘图/张含婧

品清泉，赏龙洞，游大明湖，登华不注，寄情济南山水，埋头诗文散曲，心情自然十分惬意，他在《寨儿令·辞参议还家连次乡会十余日，故赋此》中潇洒地写道："离省堂，到家乡，正荷花烂开云锦香。游玩秋光，朋友相将，日日大筵张。汇波搂醉墨淋浪，历下亭金缕悠扬，大明湖播画舫，华不注倒壶觞，这几场忙杀柘枝娘。"

他流传于世的散曲小令一百六十余首，诗四百多首，其中《三事忠告》《归田类稿》《云庄休居自适小乐府》《哀流民操》《山坡羊·潼关怀古》等诗文为人所称道，明朱权《太和正音谱》谓其散曲如"玉树临风"。

他的《行书酷暑贴》等书法作品也堪称一绝，他所题写的《迎祥宫碑记》至今立于舜井旁。朝廷曾六次以高官厚禄征召归田园居的他，但他坚持不从。

为了百姓再次赴任

元天历二年（1329），朝廷第七次诏请他出任陕西行台御史中丞主持救灾。他以拯救灾民为己任。遂受命赴任，星夜兼程，向灾民开仓放粮，向死者赐以棺木，并留下了"峰峦如聚，波涛如怒，山河表里潼关路。望西都，意踟蹰，伤心秦汉经行处，宫阙万间都做了土。兴，百姓苦；亡，百姓苦"（《山坡羊·潼关怀古》）这近乎于呐喊的散曲名句。

在任四个月没有回家食宿，终因劳疾卒于任所，终年六十岁。

他去世后，朝廷追封其为滨国公，谥号文忠，归葬于云庄，即今北园刘家桥以北，小清河五柳闸以南，后人称其为张公坟，附近还建有张文忠公祠，张养浩的弟子、历史学家、状元张起岩和其另一弟子黄溍分别撰写了神道碑和祠堂碑，只可惜这两通石碑均毁于明代，仅有碑文传世。

他和弟子张起岩生前合作《迎祥宫碑》，碑文为张起岩撰书，张养浩题篆额，碑文概述自金代至元代百年间陈志渊及其众徒来济南建全真教庙宇的历史沿革，1986 年重立于舜井街舜园。

今张养浩墓前尚存左右对立两座祭文碑，分别由明弘治六年（1493）吏部尚书尹旻及明万历三年（1575）文华殿大学士殷士瞻撰写。

墓道前端还有两座石雕狮子，刻纹漫漶，当属元代遗物。附近村庄也因张公坟而得名，居民中十有八九是张姓，多是张氏二十三代至二十七代的子孙，至今仍有七八百人之众。

鞠躬尽瘁"七聘堂主"

旧时村子里存有张氏家谱和张养浩画像，均毁于"文革"。如今这里已成为北园办事处柳云社区。

张养浩生前在济南府城中心的大布政司街（今省府前街）东的巷子里有府邸，此街也因其官号得名尚书府街。

明朝时其位于尚书府街西侧故居改为张文忠公祠，祠堂系从云庄旧址迁此，还一度称之为"七聘堂"，源自皇帝曾七次下诏聘任的史实。

"文革"时祠堂被毁，分成了几个院子成了居民住宅。尚书府街名也与相连的另一条有着"封资修"街名的皇亲巷一道，改称玉环泉街。

明朝后期，云庄已破败不堪，十大奇石也逐渐分散到各处，其中龙、凤、龟、麟四大灵石分别移到城里的巡抚衙门（今珍珠泉大院）、布政使司（今省政府大院）、府学（文庙）、皇亭和通乐园（万竹园）。凤石原立于布政司内（今省府）凤翥池上，"文革"时被砸毁；苍云、振玉二石为新城（今桓台）王士禛（王渔洋）家族所得，其余去向不明。

今存的龟石立于趵突泉公园，高近 4 米，重约 8 吨，玲珑剔透，集聚太湖石品中的"皱、瘦、透、漏"的诸多特点；苍云、振玉二石今位于桓台王士禛纪念馆内；麟石现存其墓地。

Zhang Yanghao

A Master of Yuanqu Who always Care For the People

Zhang Yanghao lived in seclusion in Jinan for 8 years where he drank clear fountains, appreciated Dragon Cave, visited Daming Lake and climbed Huabuzhu Mountain. Abandoning himself in beautiful scenery in Jinan and dedicating himself in literature, he had a pleasant and satisfying life. He had wrote unrestrained in his poem *Ode to Returning to Hometown from Officialdom and Taking Part in Country Communities*. He wrote, "I withdrew from officialdom and Returned to my hometown, seeing blooming lotus and cloud-like brocades. I enjoyed the autumn, meeting friends and having lavish feasts. Writing in Huibo Building, singing in Lixia Pavilion, rowing on Daming Lake and drinking in Huabuzhu Mountain and watching girls dancing were all wonderful experiences for me."

高长甜脆　世界葱王

章丘大葱

　　山东人种葱、嗜食葱的具体年代无从可考，但从北魏贾思勰所著《齐民要术》中的记述了解到，至少在 1400 多年以前，山东境内已普遍种葱，且春夏种小葱，冬令为大葱。而章丘大葱之名，即来源于济南章丘。章丘大葱之所以受国人喜爱，主要具有"高、长、脆、甜"四大特点。其优良品种"大梧桐"，一般株高 150～170 厘米，最高达到 2 米，单株重达 1 斤多。章丘大葱因此被誉为"世界葱王"。

撰文 / 牛国栋

　　葱，一种百合科多年生宿根草本植物，原产于中国西部和俄罗斯西伯利亚，是由野生种在中国驯化选育而成，后传入朝鲜半岛、日本，乃至欧洲。中国关于葱的记载始见于《尔雅》《山海经》《礼记》《齐民要术》《清异录》等古籍文献当中。

鲁菜历来重葱香

　　葱又名菜伯、和事草等，其中的"和事草"之名是言其在烹饪中虽用量不多，所起的调和味道之作用却非常重要。

　　尤其是鲁菜，历来重葱香，向有"如言山东菜，菜菜不离葱"之说，像烤鸭、锅烧肘子、油炸大肠、炸脂盖等名菜，都以葱调味或佐食，而葱烧海参、葱烧蹄筋、葱爆肉、葱油鱼、葱椒鱼、葱扒鱼唇、葱炒鸡蛋、葱炒虾酱、葱油饼、葱味包子以及葱油肚丝等各种凉拌菜，葱更成为主角，或葱段，或葱丝，抑或葱末。还有葱油泥、葱椒泥、葱油、葱椒绍酒等用葱制成的调味品。

　　济南名吃油旋，就是要先抹上葱泥再制作。而葱油，则是鲁菜中著名的奶汤菜肴的底油，以及红扒菜的淋油。很多山东人或者说是北方人的家庭中，葱与姜、蒜一道成为家庭厨房中不可或缺的作料。以致用整根葱蘸甜面酱、豆瓣酱卷面饼或煎饼即食，成为很多山东人的家常饮食习惯，甚至成为山东人的标志符号之一。

稳坐"葱王"宝座

　　山东人种葱、嗜食葱的具体年代无从可考，但从北魏贾思勰所著《齐民要术》中的记述了解到，至少在 1400 多年以前，山东境内已普遍种葱，且春夏种小葱，冬令为大葱。而章丘大葱之名，即来源于济南章丘，这一历史悠久的大葱主产地。

　　明嘉靖九年（1530）刊行的《章丘县志》中就有章丘大葱的记载。

　　当时章丘女郎山西麓一带（今乔家、马家、石家、高家庄等地）栽培大葱已很普遍。

　　《山东通志·物产》载："葱，产章丘者佳。" 1927 年出版的《济南快览·物产》中说："章丘之葱，每枝重及筋（斤），尤为东人之特别嗜好品。"章丘大葱之所以受山东人喜爱，主要具有"高、长、脆、甜"等四大特点。

高，是指大葱的植株高大，其中的优良品种"大梧桐"，一般株高 150 ~ 170 厘米，最高达到 2 米，单株重达 1 斤多，章丘大葱因此被誉为"世界葱王"；长，指的是大葱的主要部分葱白，长且直，一般在 50 ~ 60 厘米，最长 1 米左右，葱白茎粗可达 5 厘米；脆，指的是葱白质地脆嫩爽口，无筋无渣；甜，则是指葱白香甜可口，辣味清淡，最宜生食。

食葱，是山东人的标志之一　摄影 / CFP

老舍眼里章丘葱

上世纪 30 年代，老舍先生应邀到齐鲁大学执教时来济南，对济南的大葱印象极为深刻。

他在《到了济南（之三）》一文中写道："济南有许多好的事儿，随便说几种吧：葱好，这是公认的吧……不要花，不看叶，但看葱白儿，你便觉得伟丽了。看运动家，别看他或她的脸，要先看那两条完美的腿，看葱亦然……济南的葱白起码有三尺来长吧……这还不算什么，最美是那个晶亮，含着水，细润，纯洁的白颜色……山东人吃得多，是不知葱之美者也！"

这还没完，他进一步又说："济南的葱，老实讲，实在没有奇怪的味道，而且确实是甜津津的。假如你不信，吃一棵尝尝。"

现如今，章丘大葱不仅畅销国内，而且打入了日本、韩国等国际市场。现已扩大到 15 万多亩，总产达 10 亿公斤以上。主产区为枣园、绣惠、宁家埠三乡镇结壤地区。1992 年荣获曼谷农业博览会金奖；1998 年开始连续三年荣获全国农业博览会金奖。1999 年 7 月，"章丘大葱"商标注册成功，成为中国蔬菜类第一件原产地证明商标。根据大葱产地特点、种植情况和产品特色，不同的生产者、经营者分别注册了"万新""绣惠""绿蕾""刁镇"等商标。

Zhangqiu onion

Tall, Long, Crispy, and Sweet——Simply the Best in China

We may never know the specific time when Shandong people began planting and later being addicted to onions. However, we do know from *Qimin Yaoshu*, written by Jia Sixie in North Wei Dynasty, that no later than 1400 years ago onions were popular in Shandong. In spring and summer they planted shallots and in winter they planted scallions. Zhangqiu onion gets its name from the place of production which is Zhangqiu, Jinan of Shandong Province. Zhangqiu onion is well liked by people with four main factors. The onion is tall, long, crispy, and sweet. Its excellent breed Huge Wutong is generally 150cm to 170cm high and each are half a kilogram in weight while the tallest can be as tall as 2 meters. It's for this reason that the Zhangqiu onion has been considered the best in the world.

让世界惊讶的中国制造

1960 年 4 月 15 日，中国第一辆重型汽车——黄河牌 JN150 型 8 吨载货汽车，由中国重汽的前身济南汽车制造厂试制成功，结束了中国不能生产重型汽车的历史。55 年后，中国重汽生产的汽车早已走出国门，走向世界。2014 年，中国重汽集团出口整车 3.43 万辆，创造了国内重卡行业出口"十连冠"的伟绩。那重卡的轰鸣声里，透着中国重汽的热情，带着中国制造的骄傲。

撰文 / 姚　正　摄影 / 刘　磊

"中国制造"是全球一个广受认识的标签。在各种商品中，不论是在电子零件，或是在衣物鞋履，都能看见这个标签，因此中国常被称为"世界工厂"。在维基百科的"中国制造"条目中，有着这样一段叙述。

2014 年 9 月 6 日、10 日，总计 93 吨的 iPhone6 分两批由郑州搭乘波音 777 飞机发往美国芝加哥，而中国内地因未进入首批发售名单，狂热的果粉们甚至以接近两倍的高价从黄牛手中购入。此情此景，不能不教人感慨。

当人们为中国制造的 iPhone、Prada、Ferragamo 而狂热的时候，那些真正的"中国制造"品牌声名则多少显得有些落寞，中国重汽就是其中不容忽视的一个。

时至今日，中国重汽在国内外都具有明显优势

中国重汽生产的重型卡车从历史深处驶来，时至今日，在那些纵横交错的高速公路上，依旧可以听到重汽制造的轰鸣，透着热情，透着骄傲。

1960，启程

1956 年，中国重汽集团有限公司的前身济南汽车制造总厂成立。

1960 年 4 月 15 日，中国第一辆重型汽车——黄河牌 JN150 型 8 吨载货汽车，由中国重汽的前身济南汽车制造厂试制成功，结束了中国不能生产重型汽车的历史。

新中国成立后，中国重型汽车生产一直处于空白。20 世纪 50 年代，济南汽车制造厂，这个仅有 20 年汽车维修、汽车零部件制造历史的小厂，开始了自己的汽车梦想。

1958 年 4 月，济南汽车制造厂参照前苏联嘎斯 49 试制出黄河牌 JN220 型越野汽车，当年生产 29 辆，从此翻开了济南制造汽车的历史。

1959 年，时任厂长的刘德惠与王子开争取到了 8 吨越野车的生产计划，随后从交通厅要下来了两辆样车（斯柯达 706 系列），一辆拿来解剖，另一辆供设计者测绘画图，黄河 JN150 的生产研发工作就此展开。

接下来的时间里，测绘，画图，做技术方分析⋯⋯工人干部一起投入到前期准备工作中，经过两个多月的绘制，图纸基本成型，进入组织生产阶段。

据王子开老人回忆，当时厂里没有现成的设备，很多设备都是自制的。驾驶室没有模具，就采用老办法，先是敲一个车壳，然后在外面附上水泥，硬化后把里面车壳拿掉，就成了一个简单的水泥模具，这套模具在那个年代使用了很久。厂里还特地成立了革新车间，自制专用组合机床上百台。

经过两年时间日以继夜的努力，终于在 1960 年 4 月试制出两辆 8 吨汽车，定名为黄河牌 JN150 型汽车。

当年 5 月，毛泽东到山东视察，得知济南汽车制造厂刚刚试制成功黄河 8 吨载重汽车，提出要看一看。当时，济南珍珠泉正举行山东省技术革新、技术革命最新成果成就展览。刘德惠接到通知后，怀着激动的心情安排人将汽车送到了珍珠泉展览会场。

在披红戴花的黄河 8 吨载重汽车旁，毛泽东饶有兴趣地听着讲解，得知眼前这台载重汽车填补了国家大型载重汽车的空白后，毛泽东很高兴，说："很好！要发愤图强，自力更生。"陪同视察的李先念，拉开车门，登上汽车，亲自坐了坐，并说，中国人有志气，工人阶级有能力。

1966 年 1 月，朱德委员长到济汽视察，亲笔为黄河汽车题写了"黄河"车名。在此后长达二十多年的时间里，黄河重型汽车成为支撑我国国民经济发展和部队现代化建设的重要力量。

重组，凤凰涅槃

时代的变迁中，计划经济时代的辉煌泯灭在市场经济的大潮中，中国重汽在上世纪末陷入破产边缘：资产总额 93.63 亿元，负债 129.67 亿元，累计亏损 83 亿元，欠发职工工资 4.42 亿元，生产陷入停顿。

中国重汽生产车间

    2000年7月26日，时任总理朱镕基主持召开国务院第74次总理办公会议，专题研究重汽的问题，并形成会议《纪要》，原则同意将重汽主体部分下放山东管理。

    那年9月10日，重汽的新掌门马纯济走进中国重汽大门时，迎接他的是几百名拿着烧饼和白开水静坐讨薪的职工。中国重汽职工不但13个月没发工资，就连看病也因没交医疗保险无法报销。

    以马纯济为核心的中国重汽新领导班子，开始了艰难而复杂的重组方案制订。在制订重组方案的同时，马纯济数次进京，多方筹集资金，启动生产。重型汽车月产销量由一二百台，迅速提高到五六百台，市场形势开始好转，职工人心开始凝聚。

    2001年1月18日，新的中国重型汽车集团有限公司在济南宣告成立。马纯济提出，用发展的手段，解决重汽存在的问题。

    新重汽成立后，一方面落实各项重组政策，一方面凝聚队伍，启动生产，抓清理债务，裁减冗员，理顺机制……有着辉煌历史的中国重汽逐渐恢复生机，完成了凤凰涅槃式的变革。

    2007年中国重汽在香港主板红筹上市，初步搭建起国际化平台；2009年成功实现了与德国曼公司的战略合作，曼公司参股中国重汽（香港）有限公司25%+1股，中国重汽引进曼公司D08、D20、D26三种型号的发动机、中卡、重卡车桥及相应整车技术，为企业长远发展奠定了坚实的基础。

    2014年，在中国重卡行业出现整体亏损的背景下，中国重汽全年累计产销整车17.6万辆，同比增长9.94%；实现销售收入683亿元，同比增长10%，在重卡市场"疲软"的形势下，保持了逆势上扬。

有梦想，有未来

这座城市的深秋，在落雨的时候尤其显得萧索。康睿搭乘济南飞往成都的航班，怀揣着梦想，离开了自己生长二十余年的城市。今年大学毕业的他进入重汽的财务部门工作，培训结束后，被派往成都的部门工作，在那里，他要度过三年的时间。

同康睿一起进入公司的年轻人，有的去往山西，有的去往广西，有的去往湖北……随着中国重汽的不断发展，在全国各个区域的业务日益繁多。

不仅是国内市场，中国重汽依托在重型汽车行业所具有的明显技术和市场领先优势，产品畅销海外，被国家发改委和商务部确定为国家汽车整车出口基地。为我国重型汽车工业发展和国家经济建设做出了突出贡献。

据相关报道显示，目前，中国重汽产品已出口到九十多个国家和地区，并在全球设立六大区部，产品畅销非洲、南美洲、东南亚、中亚、中东等市场的多个国家，得到用户的广泛认可。

2014年，中国重汽集团出口整车3.43万辆，创造了国内重卡行业出口"十连冠"的伟绩。中国重汽集团被商务部确定为"首批国家级整车出口基地企业"，被国家质量监督检验检疫总局和中国汽车工业协会分别评为"出入境检验质量信用管理AA级企业"和"出口信用AAA级企业"，被中国机电产品进出口商会评为"2014年度推荐出口品牌"。

国家"一带一路"大战略，为中国重汽海外市场的发展带来重大机遇，经过海外市场十余年的发展，中国重汽产品已在发展中国家有了不俗的表现，目前正力图在爱尔兰、新西兰、新加坡等海外高端市场进行战略布局。

现今的街头，老式黄河重型卡车的身影已难再寻觅，但重汽生产的斯太尔、HOWO等汽车依然穿行在中国的各条干道上。

以黄河牌重型卡车为代表的中国制造，不仅仅是一个个形色各异的商品，它们所承载的还有属于父辈的光荣与梦想，以及这片土地上每一个个体特有的骄傲。

当时间行进到今天，我们面临着和中国重汽一样的问题：我们已经很强大，我们如何变得伟大？

Sinotruk Ltd

Made-in-China Surprising the World

The predecessor of Sinotruk Ltd is the Jinan vehicle production central factory, which was established in 1956 and laid the foundation for the Chinese heavy vehicle industry. As the first company to fully import heavy vehicle manufacturing techniques from overseas, Sinotruk made the first heavy car in 1960. Even now, Sinotruk still has a clear superiority in techniques within the market of heavy vehicle industry and its products have been exported to over 90 countries. Sinotruk Ltd has contributed plenty to the development of Chinese heavy vehicle industry and the construction of the national economy.